GO 프로그래밍 쿡북 2/e

GO 프로그래밍 쿡북 2/e

다양한 Golang 애플리케이션을 만드는 83가지 레시피

애런 토레스 지음   장세윤 옮김

i!i
에이콘

에이콘출판의 기틀을 마련하신 故 정완재 선생님 (1935-2004)

인내와 사랑 그리고 지원을 아끼지 않은 내 아내 케일리와
내 딸 헤이즐, 올린더, 아라네아에게 감사의 마음을 전한다.
가족의 도움이 있었기에 이 책을 펴낼 수 있었다.

지은이 소개

애런 토레스^{Aaron Torres}

뉴멕시코광업기술대학교^{New Mexico Institute of Mining and Technology}에서 컴퓨터공학 석사 학위를 받았다. 고성능 컴퓨팅과 대규모 웹 및 마이크로서비스 애플리케이션에서의 분산 시스템을 연구해오고 있으며, 현재 지속적 배포^{continuous delivery}와 자동화 테스트에 중점을 두고 Go 모범 사례를 개선하고자 노력하는 Go 개발자 팀을 이끌고 있다.

다수의 논문을 발표했으며, 저장 및 입출력 분야에서 여러 특허를 보유하고 있다. 자신의 지식과 아이디어를 다른 사람들과 공유하는 데 열정적이며, Go 언어와 백엔드 시스템 및 개발을 위한 오픈소스의 열렬한 팬이기도 하다.

| 기술 감수자 소개 |

에두아르 본다렌코^{Eduard Bondarenko}

우크라이나 키예프에 거주하는 소프트웨어 개발자다. 오래전에 ZXSpectrum에서 BASIC을 사용해 프로그래밍을 시작했으며, 웹 개발 영역에서 일했다. 8년 넘게 루비 온 레일즈^{Ruby on Rails}를 사용해왔다. 루비^{Ruby}를 오랫동안 사용하다가 2009년 초에 클로저^{Clojure}를 알게 됐고, 곧 그 언어의 단순함에 빠졌다. 루비와 클로저 외에 Go와 ReasonML 개발에도 관심이 많다.

아낌없는 사랑과 지원, 도움을 보내준 나의 훌륭한 아내, 아이들, 부모님께 감사한다.

| 옮긴이 소개 |

장세윤 (ronniej@naver.com)

유니티 한국 지사에서 필드 엔지니어로 근무하면서 기술 지원, 유니티 엔진 기술 홍보, 기술 문서 번역 업무를 진행했다. 프리랜서가 된 이후 엔씨소프트, 넥슨, 네오플, 골프존 등의 다양한 회사와 게임 교육 학원에서 유니티 엔진 및 언리얼 엔진 교육을 진행했으며, 현재는 프리랜서 강사, 개발자, 기술 서적 번역가로 활동하고 있다.

│ 옮긴이의 말 │

이 책은 Go 언어가 지원하는 다양한 기능을 모듈화해 설명한다. 파일 입출력, 명령줄 도구, 데이터 변환 및 합성, 에러 처리, 네트워크 프로그래밍, 데이터베이스, 웹 클라이언트 API, 마이크로서비스 애플리케이션 제작 방법, 코드 테스트 방법, 병렬 처리, 분산 시스템, 반응형 프로그래밍, 서버리스 프로그래밍 등 다양한 기능을 설명한다. 또한 테스트 가능하며 모듈화된 예제 코드를 제공하기 때문에 애플리케이션 개발 과정에서 특정 기능에 대한 내용을 쉽게 참고할 수 있도록 구성돼 있다.

번역을 진행하면서 저자의 의도를 파악하려고 문장마다 많은 노력을 기울였지만, 의도를 제대로 파악하지 못하거나 잘못 번역된 내용이 있을지도 모르겠다. 잘못된 부분에 대한 문의를 비롯해 책에 관련된 어떠한 의견이라도 소중히 여길 것이며, 잘못된 내용을 바로잡고 더 나은 책으로 만들어가는 데 좋은 자료로서 참고하겠다.

끝으로, 바쁘다는 핑계로 가사와 육아에 소홀한 남편임에도 항상 옆에서 응원해주는 아내와 많은 시간을 함께하지 못함에도 건강하게 잘 자라고 있는 아들에게 사랑한다는 말을 전하고, 번역 기회를 주신 에이콘출판사에 감사를 표한다.

│ 차례 │

지은이 소개 006

기술 감수자 소개 007

옮긴이 소개 008

옮긴이의 말 009

들어가며 022

01장 I/O와 파일 시스템   029

기술적 요구 사항 030

일반적인 I/O 인터페이스 사용하기 030

    예제 구현 031

    예제 분석 035

bytes와 strings 패키지 사용하기 036

    예제 구현 036

    예제 분석 040

디렉터리와 파일을 활용한 작업 041

    예제 구현 041

    예제 분석 046

CSV 포맷을 활용한 작업 046

    예제 구현 047

    예제 분석 052

임시 파일을 활용한 작업 053

    예제 구현 053

    예제 분석 055

text/template과 html/template을 활용한 작업 056

    예제 구현 056

　　예제 분석 063

02장 명령줄 도구   065

기술적 요구 사항 066
명령줄 플래그 사용하기 067
　　예제 구현 067
　　예제 분석 071
명령줄 매개변수 사용하기 072
　　예제 구현 072
　　예제 분석 076
환경 변수 읽기 및 설정하기 077
　　예제 구현 077
　　예제 분석 081
TOML, YAML, JSON을 사용한 환경 설정 081
　　예제 구현 082
　　예제 분석 089
유닉스 파이프를 활용한 작업 090
　　예제 구현 090
　　예제 분석 092
신호 잡기 및 처리 093
　　예제 구현 093
　　예제 분석 096
ANSI 컬러 애플리케이션 096
　　예제 구현 097
　　예제 분석 100

03장 데이터 변환 및 구성   101

기술적 요구 사항 102
데이터 타입 변환 및 인터페이스 형 변환 102
　　예제 구현 103

예제 분석 107

math와 math/big을 활용한 숫자 데이터 타입 작업 107

예제 구현 108

예제 분석 111

통화 변환과 float64에 대한 고려 112

예제 구현 112

예제 분석 116

인코딩과 디코딩에 포인터와 SQL NullType 사용하기 116

예제 구현 117

예제 분석 123

Go 데이터의 인코딩 및 디코딩 123

예제 구현 123

예제 분석 128

Go의 구조체 태그와 기본적인 리플렉션 128

예제 구현 129

예제 분석 135

클로저를 사용해 컬렉션 구현하기 135

예제 구현 136

예제 분석 139

04장 Go의 오류 처리   141

기술적 요구 사항 142

오류 처리 및 Error 인터페이스 142

예제 구현 143

예제 분석 146

pkg/errors 패키지 사용하기 및 오류 래핑 146

예제 구현 147

예제 분석 150

log 패키지 사용하기와 오류의 로그 기록 시기 이해하기 151

예제 구현 151

예제 분석 155

apex와 logrus 패키지를 활용한 구조화된 로깅 155

　　　　예제 구현 155

　　　　예제 분석 159

　　context 패키지를 활용한 로깅 160

　　　　예제 구현 160

　　　　예제 분석 164

　　패키지 수준의 전역 변수 사용하기 164

　　　　예제 구현 164

　　　　예제 분석 167

　　장기간 실행되는 프로세스에 대한 패닉 해결하기 168

　　　　예제 구현 168

　　　　예제 분석 170

05장 네트워크 프로그래밍   173

　　기술적 요구 사항 174

　　TCP/IP 에코 서버 및 클라이언트 작성하기 174

　　　　예제 구현 175

　　　　예제 분석 179

　　UDP 서버 및 클라이언트 작성하기 179

　　　　예제 구현 180

　　　　예제 분석 184

　　도메인 이름 확인 작업하기 184

　　　　예제 구현 185

　　　　예제 분석 188

　　웹소켓으로 작업하기 188

　　　　예제 구현 188

　　　　예제 분석 194

　　net/rpc를 활용해 원격 메소드(함수) 호출하기 194

　　　　예제 구현 195

　　　　예제 분석 198

　　net/mail을 활용해 이메일 파싱하기 199

　　　　예제 구현 199

　　　　예제 분석 202

MySQL과 함께 database/sql 패키지 사용하기 204

준비 204

예제 구현 205

예제 분석 210

데이터베이스 트랜잭션 인터페이스 실행하기 210

준비 211

예제 구현 211

예제 분석 215

SQL에 대한 연결 풀링, 속도 제한, 타임아웃 216

준비 216

예제 구현 216

예제 분석 219

Redis를 활용한 작업 220

준비 220

예제 구현 221

예제 분석 225

MongoDB를 활용한 NoSQL 사용하기 225

준비 226

예제 구현 227

예제 분석 230

데이터 이식성을 고려한 저장소 인터페이스 생성하기 230

준비 231

예제 구현 231

예제 분석 236

기술 요구 사항 238

http.Client 객체의 초기화, 저장, 전달하기 238

예제 구현 239

예제 분석 243

REST API용 클라이언트 작성하기 243

    예제 구현 244

    예제 분석 247

병렬 및 비동기 클라이언트 요청 실행하기 248

    예제 구현 248

    예제 분석 251

OAuth2 클라이언트 활용 252

    준비 252

    예제 구현 252

    예제 분석 256

OAuth2 토큰 저장소 인터페이스 구현하기 256

    준비 257

    예제 구현 257

    예제 분석 263

추가된 기능 및 함수 구성으로 클라이언트 래핑하기 264

    예제 구현 265

    예제 분석 269

GRPC 클라이언트 이해하기 270

    준비 270

    예제 구현 270

    예제 분석 275

RPC를 위한 twitchtv/twirp 사용하기 275

    준비 276

    예제 구현 276

    예제 분석 280

08장 Go의 애플리케이션용 마이크로서비스   281

기술적 요구 사항 282

웹 핸들러, 요청, ResponseWriter 인스턴스를 활용한 작업 283

    예제 구현 283

    예제 분석 287

상태 저장 핸들러에 구조체와 클로저 활용하기 288

예제 구현 288

예제 분석 293

Go 구조체와 사용자 입력에 대한 입력 검증 293

예제 구현 294

예제 분석 298

렌더링 및 내용 협상 298

예제 구현 299

예제 분석 302

미들웨어 구현 및 사용하기 303

예제 구현 303

예제 분석 308

리버스 프록시 애플리케이션 제작하기 308

예제 구현 309

예제 분석 312

JSON API로 GRPC 내보내기 313

준비 313

예제 구현 313

예제 분석 320

09장 Go 코드 테스트하기   323

기술적 요구 사항 324

표준 라이브러리를 사용한 모의 테스트 324

예제 구현 325

예제 분석 329

모의 인터페이스를 테스트하기 위한 Mockgen 패키지 사용하기 329

준비 330

예제 구현 330

예제 분석 334

테이블 기반 테스트를 사용해 적용 범위 향상시키기 335

예제 구현 335

예제 분석 337

서드파티 테스트 도구 사용하기 338

준비 338

예제 구현 339

예제 분석 343

Go를 사용한 동작 테스트 344

준비 345

예제 구현 345

예제 분석 349

10장 병렬 처리와 동시성   351

기술적 요구 사항 352

채널 및 select 구문 사용하기 352

예제 구현 353

예제 분석 356

sync.WaitGroup을 활용한 비동기 작업 수행하기 357

예제 구현 357

예제 분석 361

원자적 연산 및 뮤텍스 사용하기 362

예제 구현 362

예제 분석 366

context 패키지 사용하기 367

예제 구현 367

예제 분석 370

채널에 대한 상태 관리 실행하기 371

예제 구현 371

예제 분석 376

워커 풀 디자인 패턴 사용하기 376

예제 구현 376

예제 분석 382

워커를 사용해 파이프라인 생성하기 382

예제 구현 383

예제 분석 388

11장 분산 시스템   389

기술적 요구 사항 390
Consul을 활용한 서비스 검색 사용하기 390
    예제 구현 391
    예제 분석 395
Raft를 활용한 기본적인 합의 구현하기 395
    예제 구현 396
    예제 분석 404
도커를 활용한 컨테이너화 사용하기 404
    준비 405
    예제 구현 405
    예제 분석 409
오케스트레이션 및 배포 전략 410
    예제 구현 410
    예제 분석 414
모니터링 애플리케이션 415
    예제 구현 415
    예제 분석 419
지표 수집 420
    준비 420
    예제 구현 420
    예제 분석 423

12장 반응형 프로그래밍과 데이터 스트림   425

기술적 요구 사항 426
데이터 흐름 프로그래밍에 Goflow 사용하기 426
    예제 구현 427
    예제 분석 430
카프카와 Sarama 사용하기 431
    준비 431
    예제 구현 432

예제 분석 435

카프카를 활용한 비동기 생산자 사용하기 436

준비 436

예제 구현 436

예제 분석 440

카프카를 Goflow에 연결하기 440

준비 441

예제 구현 441

예제 분석 445

Go로 GraphQL 서버 작성하기 446

예제 구현 446

예제 분석 453

13장 서버리스 프로그래밍   455

Go와 구글 앱 엔진 456

준비 456

예제 구현 457

예제 분석 462

firebase.google.com/go 패키지를 활용한 파이어베이스 작업 462

준비 463

예제 구현 463

예제 분석 467

14장 성능 향상, 팁, 유용한 기법   469

기술적 요구 사항 470

pprof 도구 사용하기 470

예제 구현 471

예제 분석 475

벤치마킹 및 병목 현상 찾기 475

예제 구현 476

예제 분석 480

메모리 할당과 힙 관리 480

예제 구현 481

예제 분석 484

fasthttprouter와 fasthttp 사용하기 485

예제 구현 485

예제 분석 488

찾아보기 491

개인적으로 많은 개발자가 이 책을 Go 개발 패턴을 빠르게 찾을 수 있는 유용한 참고 자료로 이용하길 바란다. 다른 내용들과 함께 활용할 수 있어 오랫동안 볼 수 있는 유용한 참고서가 될 것이다. 여러분의 애플리케이션을 위해 참고 자료로 사용하거나 애플리케이션 기반으로 사용할 수 있는 간단한 코드가 포함돼 있는데, 모두 테스트를 거쳐 동작하는 코드다. 이 책에서는 기본적인 내용부터 고급 주제까지 다양한 내용을 다룬다.

⠿ 이 책의 대상 독자

웹 개발자, 프로그래머, 기업 제품 개발자를 대상으로 하며 Go 언어에 대한 기본 지식이 있다고 가정한다. 백엔드 애플리케이션 개발 경험은 필요하지 않지만 일부 기법의 동기를 이해하는 데 도움이 되며, 경험이 없더라도 충분히 내용을 이해할 수 있다.

이 책은 이미 익숙히 알고 있던 내용을 빠르게 상기시키거나 예제, 참고 자료가 필요한 Go 개발자를 위한 훌륭한 참고 자료를 제공한다. 오픈소스 저장소를 통해 이런 예제들을 팀과 빠르게 공유할 수 있다. Go 프로그래밍에 대한 일반적인 문제나 일반적이지 않은 문제에 대한 빠른 해답을 찾고 있다면 도움이 될 것이다.

⠿ 이 책에서 다루는 내용

1장. I/O와 파일 시스템 일반적인 Go I/O 인터페이스에 대한 내용을 다루며 파일 시스템 관련 작업을 살펴본다. 여기에는 임시 파일, 템플릿, CSV 파일을 설명한다.

2장. 명령줄 도구 명령줄을 통해 사용자 입력을 받는 내용을 다루며 TOML, YAML, JSON과 같은 일반적인 데이터 타입 처리를 살펴본다.

3장. 데이터 변환 및 구성 Go 인터페이스와 데이터 타입 간의 형 변환과 변환 방법을 설명하며, 인코딩 전략과 Go를 위한 기능적 디자인 패턴도 보여준다.

4장. Go의 오류 처리 Go에서 오류를 처리하기 위한 전략을 보여준다. 오류 전달, 처리, 로그를 기록하는 방법을 살펴본다.

5장. 네트워크 프로그래밍 UDP, TCP/IP와 같은 다양한 네트워킹 기본 요소의 사용법을 보여준다. 또한 원시 이메일 메시지와 기본적인 원격 프로시저 호출^{RPC}을 사용해 DNS$^{Domain Name System}$에 대한 내용을 살펴본다.

6장. 데이터베이스와 저장소의 모든 것 MySQL과 같은 데이터 저장 시스템을 사용하기 위한 다양한 저장 라이브러리를 다룬다. 또한 인터페이스를 사용해 애플리케이션 로직으로부터 라이브러리를 분리하는 방법을 보여준다.

7장. 웹 클라이언트와 API Go HTTP 클라이언트 인터페이스, REST 클라이언트, OAuth2 클라이언트를 구현하는 방법과 확장하는 방법을 살펴보고 gRPC를 구현한다.

8장. Go의 애플리케이션용 마이크로서비스 상태^{state}를 핸들러^{handler}로 전달하고, 사용자 입력과 미들웨어의 유효성 검사를 위한 웹 핸들러를 살펴본다.

9장. Go 코드 테스트하기 모의 테스트^{mocking}, 테스트 커버리지$^{test coverage}$, 퍼징^{fuzzing}, 동작 테스트$^{behavior testing}$, 유용한 테스트 도구에 초점을 맞추고 관련 내용을 살펴본다.

10장. 병렬 처리와 동시성 채널^{channel}과 비동기 작업, 원자^{atomic} 값, Go 컨텍스트 객체, 채널 상태 관리에 대해 참고할 수 있는 내용을 제공한다.

11장. 분산 시스템 서비스 검색, 도커^{Docker} 컨테이너화, 측정 및 모니터링, 컨테이너 오케스트레이션^{orchestration}을 구현한다. 또한 대부분 Go 애플리케이션의 배포와 제품화 과정을 다룬다.

12장. 반응형 프로그래밍과 데이터 스트림 반응형 애플리케이션$^{reactive programming}$과 데이터 흐름^{dataflow} 애플리케이션, 카프카^{Kafka}와 분산 메시지 큐, GraphQL 서버를 살펴본다.

13장. 서버리스 프로그래밍 서버를 유지하지 않고 Go 애플리케이션을 배포하는 방법을 다룬다. 여기에는 구글 앱 엔진$^{Google App Engine}$, 파이어베이스^{Firebase}, 람다^{Lambda}와 서버리스^{serverless} 환경에서 로깅^{logging}을 사용하는 방법이 포함된다.

14장. 성능 향상, 팁, 유용한 기법 벤치마킹, 병목 현상 확인하기, 최적화, Go 애플리케이션을 위한 HTTP 성능 향상을 다룬다.

⁝⠶ 이 책을 최대한 활용하는 방법

이 책을 최대한 활용하기 위해 필요한 것은 다음과 같다.

- 유닉스^{Unix} 프로그래밍 환경

- Go 1.x 시리즈의 최신 버전

- 인터넷 연결

- 각 장에서 설명하는 추가 패키지를 설치하기 위한 권한

- 각각의 기법을 위한 사전 지식과 기타 설치 요구 사항은 각 장의 '기술적 요구 사항' 절에서 설명한다.

예제 코드 다운로드

이 책에서 사용된 예제 코드는 http://www.packtpub.com/support를 방문해 이메일을 등록하면 파일을 직접 받을 수 있으며, https://github.com/PacktPublishing/Go-Programming-Cookbook-Second-Edition에서도 예제 코드를 다운로드할 수 있다.

또한 에이콘출판사의 깃허브 저장소 https://github.com/AcornPublishing/go-cookbook-2e에서도 동일한 파일을 다운로드할 수 있다.

동작 코드

실행 중인 코드의 영상은 http://bit.ly/2J2uqQ3에서 확인할 수 있다.

편집 규약

이해를 돕고자 다루는 정보에 따라 글꼴 스타일을 다르게 적용했다. 이러한 스타일의 예와 의미는 다음과 같다.

텍스트 내 코드: 텍스트에서 코드 단어는 다음과 같이 표기한다. "HandlerFunc 함수는 Handler 인터페이스를 구현한다."

코드 블록은 다음과 같이 표기한다.

```
func toString(r io.Reader) (string, error) {
    b, err := ioutil.ReadAll(r)
    if err != nil {
        return "", err
    }
    return string(b), nil
}
```

코드 블록에서 유의해야 할 부분이 있다면 다음과 같이 굵은 글꼴로 표기한다.

```
package bytestrings
import (
    "bytes"
    "io"
    "io/ioutil"
)
```

명령행 입력이나 출력은 다음과 같이 표기한다.

```
$ go mod init github.com/PacktPublishing/Go-Programming-Cookbook-Second-
Edition/Chapter01/interfaces
```

고딕: 화면상에 표시되는 메뉴나 버튼은 다음과 같이 표기한다. "**Administration** 패널에서 **System info**를 선택한다."

NOTE

> 경고나 중요한 노트는 이와 같이 나타낸다.

TIP

> 팁과 요령은 이와 같이 나타낸다.

⠿ 절

이 책에서는 몇 가지 절^{section} 제목을 반복적으로 사용한다(준비, 예제 구현, 예제 분석, 부연 설명, 참고 사항).

각 레시피(예제)는 명확한 설명을 제공하고자 다음과 같은 절 제목을 사용했다.

준비

이 절에서는 레시피의 주제를 알려주고 레시피에 필요한 소프트웨어를 설정하는 방법이나 사전 설정을 수행하는 방법을 설명한다.

예제 구현

이 절은 레시피를 수행하는 데 필요한 단계를 포함한다.

예제 분석

이 절은 일반적으로 이전 절에서 발생한 것을 자세히 설명한다.

부연 설명

이 절은 레시피에 대한 지식을 넓힐 수 있는 레시피 관련 추가 정보를 담고 있다.

참고 사항

이 절에서는 레시피를 이해하는 데 유용한 정보 링크를 제공한다.

⫶ 고객 지원

문의: 메일 제목에 책 제목을 적어서 feedback@packtpub.com으로 이메일을 보내면 된다. 이 책과 관련해 문의 사항이 있다면 questions@packtpub.com으로 이메일을 보내주길 바란다. 한국어판에 관한 질문은 이 책의 옮긴이나 에이콘출판사 편집 팀(editor@acornpub.co.kr)으로 문의할 수 있다.

정오표: 내용을 정확하게 전달하고자 최선을 다했지만, 실수가 있을 수 있다. 이 책에서 문제점을 발견했다면 출판사로 알려주길 바란다. www.packtpub.com/submit-errata 에서 책 제목을 선택하고 **Errata Submission Form** 링크를 클릭한 후 세부 사항을 입력하면 된다. 한국어판의 정오표는 에이콘출판사의 도서정보 페이지 http://www.acornpub.co.kr/book/go-cookbook-2e에서 찾아볼 수 있다.

저작권 침해: 인터넷에서 어떤 형태로든 팩트출판사 서적의 불법 복제물을 발견하면 해당 주소나 웹 사이트의 이름을 알려주길 바란다. 의심되는 불법 복제물의 링크를 copyright@packtpub.com으로 보내주면 된다.

01

I/O와 파일 시스템

Go는 기본적인 I/O와 복잡한 I/O 모두를 훌륭하게 지원한다. 이 장에서는 I/O를 처리하기 위해 사용하는 일반적인 Go 인터페이스와 이를 사용하는 방법을 살펴본다. Go 표준 라이브러리는 이 인터페이스를 자주 사용하며, 책 전반에 걸쳐 이 인터페이스를 사용할 것이다.

여기서는 인메모리^{in memory} 데이터와 스트림^{stream} 형식의 데이터를 처리하는 방법을 배울 수 있으며 파일, 디렉터리, CSV 포맷을 처리하는 예제를 볼 수 있다. 임시 파일을 처리하는 부분에서는 이름 충돌 등의 오버헤드^{overhead} 없이 파일을 처리하는 메커니즘을 살펴본다. 마지막으로 일반 텍스트와 HTML 모두에 대한 Go 표준 템플릿을 살펴본다.

이 예제들은 데이터를 표현하고 수정하기 위해 인터페이스를 사용할 수 있는 기반을 마련해줄 것이며, 여러분이 데이터를 좀 더 추상적이고 유연한 방식으로 생각하는 데 도움을 줄 것이다.

이 장에서 다루는 내용은 다음과 같다.

- 일반적인 I/O 인터페이스 사용하기

- bytes와 strings 패키지 사용하기

- 디렉터리와 파일을 활용한 작업

- CSV 포맷을 활용한 작업

- 임시 파일을 활용한 작업

- text/template 및 html/template 패키지를 활용한 작업

기술적 요구 사항

이 장의 모든 예제를 진행하기 위해서는 다음 단계에 따라 환경을 구성해야 한다.

1. https://golang.org/doc/install에서 여러분의 운영체제에 Go 1.12.6 이상의 버전을 다운로드하고 설치한다.

2. 터미널이나 콘솔 프로그램을 열고 프로젝트 디렉터리(~/projects/go-programming-cookbook 등)를 생성한 후 해당 경로로 이동한다. 모든 코드는 이 디렉터리에서 실행되고 수정될 것이다.

3. 최신 코드를 ~/projects/go-programming-cookbook-original 경로에 복제한다. 예제를 직접 입력하는 대신 이 디렉터리에서 작업할 것을 권장한다.

```
$ git clone git@github.com:PacktPublishing/Go-Programming-Cookbook-Second-
Edition.git go-programming-cookbook-original
```

일반적인 I/O 인터페이스 사용하기

Go 언어는 표준 라이브러리 전체에서 사용되는 많은 I/O 인터페이스를 제공한다. 사용 가능한 경우라면, 어디에서든지 구조체나 다른 타입을 직접 전달하는 대신 이런 인터페

이스를 활용하는 것이 바람직하다. 여기서 살펴볼 두 가지 강력한 인터페이스는 io.Reader와 io.Writer 인터페이스다. 이 인터페이스들은 표준 라이브러리 전반에 걸쳐 사용되며, 이 인터페이스의 사용법을 이해하면 더 좋은 Go 개발자가 될 수 있을 것이다.

Reader와 Writer 인터페이스는 다음과 같다.

```
type Reader interface {
    Read(p []byte) (n int, err error)
}
type Writer interface {
    Write(p []byte) (n int, err error)
}
```

또한 Go는 인터페이스를 쉽게 결합하는 방법을 제공한다. 다음의 예제 코드를 살펴보자.

```
type Seeker interface {
    Seek(offset int64, whence int) (int64, error)
}
type ReadSeeker interface {
    Reader
    Seeker
}
```

이 예제에서는 다음 코드와 같이 Pipe()라는 io 함수도 살펴볼 것이다.

```
func Pipe() (*PipeReader, *PipeWriter)
```

책의 나머지 부분에서는 이런 인터페이스들을 활용할 것이다.

예제 구현

다음의 단계들은 애플리케이션을 작성하고 실행하는 방법을 설명한다.

1. 터미널이나 콘솔 프로그램에서 ~/projects/go-programming-cookbook/chapter1/interfaces라는 이름의 새 디렉터리를 생성한다.

2. 이 디렉터리로 이동한다.

3. 다음 명령을 실행한다.

```
$ go mod init github.com/PacktPublishing/Go-Programming-Cookbook-Second-
Edition/chapter1/interfaces
```

그러면 다음을 포함하는 go.mod라는 이름의 파일을 볼 수 있을 것이다.

```
module github.com/PacktPublishing/Go-Programming-Cookbook-Second-Edition/
chapter1/interfaces
```

4. ~/projects/go-programming-cookbook-original/chapter1/interfaces에서 테스트 코드를 복사하거나 이 코드를 예제로 활용해 여러분만의 코드를 작성해본다.

5. interfaces.go라는 이름의 파일을 생성하고 다음 내용을 작성한다.

```
package interfaces

import (
    "fmt"
    "io"
    "os"
)

// Copy 함수는 버퍼를 사용해 in에서 out의 첫 번째 디렉터리로
// 데이터를 복사한다. 표준 출력(stdout)에도 데이터를 쓴다(write)
func Copy(in io.ReadSeeker, out io.Writer) error {
    // 매개변수 out과 표준 출력(Stdout)에도 데이터를 쓴다
    w := io.MultiWriter(out, os.Stdout)
    // 표준 복사, 매개변수 in에 대량의 데이터가 있는 경우 이 방법은 위험할 수 있다
    if _, err := io.Copy(w, in); err != nil {
        return err
    }
    in.Seek(0, 0)
    // 64바이트 청크(chunk)를 사용해 버퍼에 데이터를 쓴다
```

```
    buf := make([]byte, 64)
    if _, err := io.CopyBuffer(w, in, buf); err != nil {
        return err
    }
    // 새 명령줄에 출력한다
    fmt.Println()
    return nil
}
```

6. pipes.go라는 이름의 파일을 생성하고 다음 내용을 작성한다.

```
package interfaces

import (
    "io"
    "os"
)

// PipeExample 함수는 io 인터페이스를 사용하는 더 많은 예제를 제공한다
func PipeExample() error {
    // pipe reader와 pipe writer는
    // io.Reader와 io.Writer를 구현한다
    r, w := io.Pipe()
    // 이 코드는 reader가 정리를 위해 마지막에 닫을 때까지
    // 대기하기 위해 블록(block) 방식으로 동작하기 때문에
    // 별도의 go 루틴에서 실행해야 한다
    go func() {
        // 여기서는 단순한 내용을 작성한다
        // 이 내용 역시 json, base64 등으로 인코딩 가능하다
        w.Write([]byte("test\n"))
        w.Close()
    }()
    if _, err := io.Copy(os.Stdout, r); err != nil {
        return err
    }
    return nil
}
```

7. example이라는 이름의 새 디렉터리를 생성하고 이 경로로 이동한다.

8. main.go라는 이름의 파일을 생성하고 다음 내용을 작성한다.

```go
package main

import (
    "bytes"
    "fmt"
    "github.com/PacktPublishing/Go-Programming-Cookbook-Second-Edition/
chapter1/interfaces"
)
func main() {
    in := bytes.NewReader([]byte("example"))
    out := &bytes.Buffer{}
    fmt.Print("stdout on Copy = ")
    if err := interfaces.Copy(in, out); err != nil {
        panic(err)
    }
    fmt.Println("out bytes buffer =", out.String())
    fmt.Print("stdout on PipeExample = ")
    if err := interfaces.PipeExample(); err != nil {
        panic(err)
    }
}
```

9. go run .[1] 명령을 실행한다.

10. 대신 다음 명령을 실행해도 된다.

```
$ go build
$ ./example
```

그러면 다음과 같은 출력을 확인할 수 있다.

```
$ go run .
stdout on Copy = exampleexample
out bytes buffer = exampleexample
stdout on PipeExample = test
```

---

1 'go run' 다음에 한 칸을 띄우고 '.'을 입력한다. – 옮긴이

11. 코드를 복사하거나 테스트 코드를 직접 작성한 경우, 한 경로 위로 이동한 다음 go
    test 명령을 실행해 모든 테스트를 통과하는지 확인한다.[2]

예제 분석

Copy() 함수는 인터페이스 사이에서 바이트를 복사하고, 복사한 데이터를 스트림[stream]
으로 취급한다. 데이터를 스트림으로 생각하면 매우 실용적인데, 특히 네트워크 트래픽
이나 파일 시스템을 활용한 작업에 유용하다. Copy() 함수는 두 개의 Writer 스트림을
결합하는 MultiWriter 인터페이스를 생성하고 ReadSeeker를 사용해 두 번 쓴다[write].
Reader 인터페이스를 대신 사용하면 MultiWriter 인터페이스에 두 번 복사했음에도
exampleexample을 출력하는 대신 example을 출력할 것이다. 스트림이 메모리에 맞지 않
을 때는 버퍼를 사용하는 쓰기[buffered write]를 사용할 수도 있다.

PipeReader와 PipeWriter 구조체는 io.Reader와 io.Writer 인터페이스를 구현한다. 이
둘은 연결돼 있으며 인메모리 파이프[pipe]를 생성한다. 이 파이프의 주목적은 동일한 스
트림에서 다른 소스로 쓰면서 동시에 스트림으로부터 읽는 것이다. 본질적으로는 두 스
트림을 파이프로 결합시킨다.

Go 인터페이스는 일반적인 작업을 처리하는 데이터를 래핑[wrapping]하는 깔끔한 추상화
를 제공한다. 이런 특성은 I/O 작업을 수행할 때 분명하게 나타난다. 따라서 io 패키지
는 인터페이스 구성을 학습하는 데 훌륭한 재료라고 할 수 있다. pipe 패키지는 덜 사용
되는 면이 있지만, 입력 스트림과 출력 스트림을 연결할 때 스레드 안전성[thread safe]과 함
께 뛰어난 유연성을 제공한다.

---

2   예제의 코드만 작성한 경우에는 테스트 코드가 없으므로 go test 명령을 실행해도 테스트 검사를 진행하지 않는다. 작
    성 가능하다면 테스트 코드를 직접 작성하거나, 깃허브(GitHub) 저장소에서 테스트 코드를 다운로드해 테스트를 진행해
    볼 수 있다. – 옮긴이

⚡ bytes와 strings 패키지 사용하기

bytes와 strings 패키지는 문자열과 바이트를 활용한 작업과 데이터를 문자열^{string}에서
바이트^{byte} 유형으로 변환하는 데 유용한 기능을 제공한다(그 반대의 경우인 바이트를 문자열로 변환하는
기능도 제공한다). 또한 여러 공통 I/O 인터페이스와 함께 동작하는 버퍼를 생성할 수 있다.

예제 구현

다음의 단계는 애플리케이션을 작성하고 실행하는 방법을 설명한다.

1. 터미널이나 콘솔 프로그램에서 ~/projects/go-programming-cookbook/chapter1/
   bytestrings라는 이름의 새 디렉터리를 생성한다.

2. 이 디렉터리로 이동한다.

3. 다음 명령을 실행한다.

   ```
   $ go mod init github.com/PacktPublishing/Go-Programming-Cookbook-Second-
   Edition/chapter1/bytestrings
   ```

   그러면 다음을 포함하는 go.mod라는 이름의 파일을 볼 수 있을 것이다.

   ```
   module github.com/PacktPublishing/Go-Programming-Cookbook-Second-Edition/
   chapter1/bytestrings
   ```

4. ~/projects/go-programming-cookbook-original/chapter1/bytestrings에서 복사
   해 테스트하거나 이 코드를 예제로 여러분만의 코드를 작성해본다.

5. buffer.go라는 이름의 파일을 생성하고 다음 내용을 작성한다.

   ```go
   package bytestrings

   import (
       "bytes"
   ```

```go
    "io"
    "io/ioutil"
)
// Buffer 함수는 bytes 버퍼를 초기화하는 일부 기법을 보여준다
// 이 버퍼들은 io.Reader 인터페이스를 구현한다
func Buffer(rawString string) *bytes.Buffer {
    // 원시 바이트(raw bytes)로 인코딩된 문자열에서 시작한다
    rawBytes := []byte(rawString)
    // 원시 바이트나 원래의 문자열에서 버퍼를 생성하는 방법에는
    // 여러 가지가 있다
    var b = new(bytes.Buffer)
    b.Write(rawBytes)
    // 다른 방법
    b = bytes.NewBuffer(rawBytes)
    // 그리고 초기 바이트 배열을 완전히 피하는 다른 방법
    b = bytes.NewBufferString(rawString)
    return b
}
// ToString 함수는 io.Reader를 가져와 모두 사용한 다음,
// 문자열을 반환하는 예를 보여준다
func toString(r io.Reader) (string, error) {
    b, err := ioutil.ReadAll(r)
    if err != nil {
        return "", err
    }
    return string(b), nil
}
```

6. bytes.go라는 이름의 파일을 생성하고 다음 내용을 작성한다.

```go
package bytestrings

import (
    "bufio"
    "bytes"
    "fmt"
)
// WorkWithBuffer 함수는 Buffer 함수에서 생성한 버퍼를 사용할 것이다
func WorkWithBuffer() error {
    rawString := "it's easy to encode unicode into a byte array"
    b := Buffer(rawString)
    // b.Bytes()를 사용해 버퍼를 바이트로 다시 변환하거나
```

```go
    // b.String()을 사용해 버퍼를 문자열로 다시 빠르게 변환할 수 있다
    fmt.Println(b.String())
    // io Reader이므로 다음과 같은
    // 일반적인 io reader 인터페이스 함수를 사용할 수 있다
    s, err := toString(b)
    if err != nil {
        return err
    }
    fmt.Println(s)
    // 또한 바이트를 가져와 bytes reader를 생성할 수 있으며,
    // 이 reader들은 io.Reader, io.ReaderAt,
    // io.WriterTo, io.Seeker, io.ByteScanner,
    // io.RuneScanner 인터페이스를 구현한다
    reader := bytes.NewReader([]byte(rawString))
    // 버퍼링 처리된 읽기 및 토큰화(tokenzation)를 허용하는
    // 스캐너(scanner)에 연결할 수도 있다
    scanner := bufio.NewScanner(reader)
    scanner.Split(bufio.ScanWords)
    // 루프를 통해 모든 스캔 이벤트를 처리한다
    for scanner.Scan() {
        fmt.Print(scanner.Text())
    }
    return nil
}
```

7. string.go라는 이름의 파일을 생성하고 다음 내용을 작성한다.

```go
package bytestrings
import (
    "fmt"
    "io"
    "os"
    "strings"
)
// SearchString 함수는 문자열을 검색하는
// 여러 방법을 보여준다
func SearchString() {
    s := "this is a test"
    // s는 단어 this를 포함하기 때문에
    // true를 반환한다
    fmt.Println(strings.Contains(s, "this"))
    // s는 철자 a를 포함하기 때문에 true를 반환하며
```

```
        // b나 c를 포함하는 경우에도 같은 결과를 반환한다
        fmt.Println(strings.ContainsAny(s, "abc"))
        // s가 this로 시작하기 때문에 true를 반환한다
        fmt.Println(strings.HasPrefix(s, "this"))
        // s가 test로 끝나기 때문에 true를 반환한다
        fmt.Println(strings.HasSuffix(s, "test"))
}
// ModifyString 함수는 문자열을 다양한 방식으로 수정한다
func ModifyString() {
        s := "simple string"
        // [simple string]을 출력한다
        fmt.Println(strings.Split(s, " "))
        // "Simple String"을 출력한다
        fmt.Println(strings.Title(s))
        // "simple string";을 출력한다
        // 앞뒤의 모든 공백은 제거된다
        s = " simple string "
        fmt.Println(strings.TrimSpace(s))
}
// StringReader 함수는 문자열로 io.Reader 인터페이스를
// 빠르게 생성하는 방법을 보여준다
func StringReader() {
        s := "simple string"
        r := strings.NewReader(s)
        // 표준 출력(Stdout)에 출력한다
        io.Copy(os.Stdout, r)
}
```

8. example이라는 이름의 새 디렉터리를 생성하고 이 경로로 이동한다.

9. main.go라는 이름의 파일을 생성하고 다음 내용을 작성한다.

```
package main
import "github.com/PacktPublishing/Go-Programming-Cookbook-Second-Edition/
chapter1/bytestrings"
func main() {
        err := bytestrings.WorkWithBuffer()
        if err != nil {
                panic(err)
        }
        // 아래 내용을 모두 표준 출력(stdout)에 출력한다
        bytestrings.SearchString()
```

```
    bytestrings.ModifyString()
    bytestrings.StringReader()
}
```

10. go run . 명령을 실행한다.

11. 대신 다음 명령을 실행해도 된다.

```
$ go build
$ ./example
```

그러면 다음과 같은 출력을 확인할 수 있다.

```
$ go run .
it's easy to encode unicode into a byte array ??
it's easy to encode unicode into a byte array ??
it'seasytoencodeunicodeintoabytearray??true
true
true
true
[simple string]
Simple String
simple string
simple string
```

12. 코드를 복사하거나 테스트 코드를 직접 작성한 경우, 한 경로 위로 이동한 다음 go
    test 명령을 실행해 모든 테스트를 통과하는지 확인한다.

예제 분석

bytes 라이브러리는 데이터를 처리할 때 유용한 여러 편의 기능을 제공한다. 예를 들어
버퍼buffer는 streamprocessing 라이브러리나 메소드method로 작업할 때 바이트 배열보다
훨씬 더 유연하다. 일단 버퍼를 생성하면 io.Reader 인터페이스를 충족시키기 때문에
ioutil 함수를 사용해 데이터를 조작할 수 있다. 스트리밍 애플리케이션의 경우 버퍼와

스캐너scanner를 사용하고 싶을 텐데, bufio 패키지는 이런 경우에 유용하다. 때로 매우 작은 데이터 세트인 경우나 컴퓨터의 메모리 용량이 클 때는 배열이나 슬라이스slice를 사용하는 것이 더 적합하다.

Go는 이런 기본 유형을 사용할 때 인터페이스 간에 데이터를 변환하는 과정에서 다양한 유연성을 제공한다. 예를 들어, 문자열과 바이트 사이의 변환은 비교적 간단하다. 문자열을 처리하는 경우, strings 패키지는 검색, 문자열 조작 등 다양한 편의 기능을 제공한다. 어떤 때는 정규 표현식이 적절할 수도 있지만, 대부분 strings와 strconv 패키지로도 충분하다. strings 패키지는 문자열을 제목처럼 나타내거나, 문자열을 배열로 분할하거나, 공백을 없애는 기능을 제공한다. 또한 bytes 패키지의 reader 타입 대신에 사용할 수 있는 자체 Reader 인터페이스를 제공한다.

⁝ 디렉터리와 파일을 활용한 작업

플랫폼(예를 들어, 윈도우Windows와 리눅스Linux) 사이를 전환할 때는 디렉터리 및 파일 작업이 어려울 수 있다. Go는 os와 ioutils 패키지에서 파일 및 디렉터리 작업을 위한 크로스 플랫폼을 지원한다. ioutils의 예제는 이미 살펴봤지만, 다른 방법으로 활용하는 방법을 알아보자!

예제 구현

다음 단계는 애플리케이션을 작성하고 실행하는 방법을 설명한다.

1. 터미널이나 콘솔 프로그램에서 ~/projects/go-programming-cookbook/chapter1/filedirs라는 이름의 새 디렉터리를 생성한다.

2. 이 디렉터리로 이동한다.

3. 다음 명령을 실행한다.

```
$ go mod init github.com/PacktPublishing/Go-Programming-Cookbook-Second-
Edition/chapter1/filedirs
```

그러면 다음을 포함하는 go.mod라는 이름의 파일을 볼 수 있을 것이다.

```
module github.com/PacktPublishing/Go-Programming-Cookbook-Second-Edition/
chapter1/filedirs
```

4. ~/projects/go-programming-cookbook-original/chapter1/filedirs에서 복사해 테스트하거나 이 코드를 예제로 여러분만의 코드를 작성해본다.

5. dirs.go라는 이름의 파일을 생성하고 다음 내용을 작성한다.

```go
package filedirs
import (
    "errors"
    "io"
    "os"
)
// Operate 함수는 파일 및 디렉터리를 조작한다
func Operate() error {
    // 이 0755는 명령줄의 Chown에서 볼 수 있는 것과 비슷하다
    // 다음 명령은 /tmp/example 디렉터리를 생성한다
    // 또한 상대 경로 대신 절대 경로를 사용할 수도 있다
    if err := os.Mkdir("example_dir", os.FileMode(0755));
    err != nil {
        return err
    }
    // /tmp 디렉터리로 이동한다
    if err := os.Chdir("example_dir"); err != nil {
        return err
    }
    // f는 일반적인 파일 객체이며
    // 여러 인터페이스를 구현한다
    // 파일을 열 때 적절한 비트를 설정하면,
    // reader 또는 writer로 사용할 수 있다
    f, err := os.Create("test.txt")
    if err != nil {
        return err
    }
```

```go
    // 파일에 알고 있는 길이(known-length) 값을 쓰고
    // 쓰기가 제대로 완료됐는지 검증한다
    value := []byte("hello")
    count, err := f.Write(value)
    if err != nil {
        return err
    }
    if count != len(value) {
        return errors.New("incorrect length returned from write")
    }
    if err := f.Close(); err != nil {
        return err
    }
    // 파일을 읽는다
    f, err = os.Open("test.txt")
    if err != nil {
        return err
    }
    io.Copy(os.Stdout, f)
    if err := f.Close(); err != nil {
        return err
    }
    // /tmp 디렉터리로 이동한다
    if err := os.Chdir(".."); err != nil {
        return err
    }
    // cleanup, os.RemoveAll은 잘못된 디렉터리를 가리키거나
    // 사용자 입력을 사용하는 경우에 위험할 수 있다
    // 특히 root에서 실행하는 경우 위험할 수 있다
    if err := os.RemoveAll("example_dir"); err != nil {
        return err
    }
    return nil
}
```

6. files.go라는 이름의 파일을 생성하고 다음 내용을 작성한다.

```go
package filedirs
import (
    "bytes"
    "io"
    "os"
```

```go
    "strings"
)
// Capitalizer 함수는 파일을 열고 내용을 읽은 다음,
// 읽은 내용을 두 번째 파일에 쓴다
func Capitalizer(f1 *os.File, f2 *os.File) error {
    if _, err := f1.Seek(0, io.SeekStart); err != nil {
        return err
    }
    var tmp = new(bytes.Buffer)
    if _, err := io.Copy(tmp, f1); err != nil {
        return err
    }
    s := strings.ToUpper(tmp.String())
    if _, err := io.Copy(f2, strings.NewReader(s));
    err != nil {
        return err
    }
    if err := f1.Close(); err != nil {
        return err
    }
    if err := f2.Close(); err != nil {
        return err
    }
    return nil
}
// CapitalizerExample 함수는 두 파일을 생성하고 첫 번째 파일에 내용을 쓴 다음,
// 두 파일 모두에서 Capitalizer() 함수를 호출한다
func CapitalizerExample() error {
    f1, err := os.Create("file1.txt")
    if err != nil {
        return err
    }
    if _, err := f1.Write([]byte(`this file contains a number of words and
new lines`));
    err != nil {
        return err
    }
    f2, err := os.Create("file2.txt")
    if err != nil {
        return err
    }
    if err := Capitalizer(f1, f2); err != nil {
        return err
```

```
    }
    if err := os.Remove("file1.txt"); err != nil {
        return err
    }
    if err := os.Remove("file2.txt"); err != nil {
        return err
    }
    return nil
}
```

7. example이라는 이름의 새 디렉터리를 생성하고 이 경로로 이동한다.

8. main.go라는 이름의 파일을 생성하고 다음 내용을 작성한다.

```
package main
import "github.com/PacktPublishing/Go-Programming-Cookbook-Second-Edition/
chapter1/filedirs"
func main() {
    if err := filedirs.Operate(); err != nil {
        panic(err)
    }
    if err := filedirs.CapitalizerExample(); err != nil {
        panic(err)
    }
}
```

9. go run . 명령을 실행한다.

10. 대신 다음 명령을 실행해도 된다.

```
$ go build
$ ./example
```

그러면 다음과 같은 출력을 확인할 수 있다.

```
$ go run .
hello
```

11. 코드를 복사하거나 테스트 코드를 직접 작성한 경우, 한 경로 위로 이동한 다음 go test 명령을 실행해 모든 테스트를 통과하는지 확인한다.

예제 분석

유닉스에 익숙하다면 Go os 라이브러리가 매우 친숙하게 느껴질 것이며, 기본적인 모든 공용 작업을 수행할 수 있다(속성 수집을 위한 파일 통계, 다른 권한을 가진 파일 수집, 디렉터리 및 파일의 생성과 수정 등). 이번 예제에서는 디렉터리와 파일을 여러 번 조작한 후 직접 정리했다.

파일 객체를 사용하는 작업은 인메모리 스트림을 활용한 작업과 매우 유사하다. 파일은 또한 Chown, Stat, Truncate와 같은 다양한 편의 기능을 직접 제공한다. 파일과 친숙해지는 가장 쉬운 방법은 파일을 사용해보는 것이다. 이전의 모든 예제는 프로그램 종료 후에 정리하는 데 주의를 기울여야만 했다.

백엔드 애플리케이션을 만들 때 파일을 활용하는 것은 매우 일반적인 작업이다. 파일은 환경 설정, 비밀 키, 임시 저장소 등에 사용할 수 있다. Go는 os 패키지를 사용해 OS 시스템 호출을 래핑한다. 따라서 여러분이 윈도우를 사용하든 유닉스를 사용하든 관계없이 동일한 기능을 수행할 수 있다.

파일을 연 후 이를 File 구조체에 저장하고 나면, 여러 인터페이스에 쉽게 전달할 수 있다(이런 인터페이스는 앞에서 설명했다). 이전의 모든 예제에서는 디스크에 저장된 데이터를 처리하기 위해 버퍼나 인메모리 데이터 스트림 대신 os.File 구조체를 직접 사용할 수 있었다. 이는 한 번의 쓰기 호출로 동시에 stderr와 파일에 모든 로그를 기록하는 등의 특정 기법에 유용할 수 있다.

⁙ CSV 포맷을 활용한 작업

CSV는 데이터를 조작하는 데 사용되는 일반적인 포맷이다. CSV 파일을 엑셀로 가져오거나import 내보내기export를 하는 경우와 같이 매우 일반적이다. Go csv 패키지는 data

인터페이스에서 동작하기 때문에 버퍼buffer, 표준 출력(stdout), 파일file, 소켓socket에 데이터를 쉽게 기록할 수 있다. 이번 예제는 CSV 포맷에서 데이터를 가져오거나 CSV 포맷으로 데이터를 내보내는 일반적인 방법을 보여줄 것이다.

예제 구현

다음 단계는 애플리케이션을 작성하고 실행하는 방법을 설명한다.

1. 터미널이나 콘솔 프로그램에서 ~/projects/go-programming-cookbook/chapter1/csvformat이라는 이름의 새 디렉터리를 생성한다.

2. 이 디렉터리로 이동한다.

3. 다음 명령을 실행한다.

```
$ go mod init github.com/PacktPublishing/Go-Programming-Cookbook-Second-
Edition/chapter1/csvformat
```

그러면 다음을 포함하는 go.mod라는 이름의 파일을 볼 수 있을 것이다.

```
module github.com/PacktPublishing/Go-Programming-Cookbook-Second-Edition/
chapter1/csvformat
```

4. ~/projects/go-programming-cookbook-original/chapter1/csvformat에서 복사해 테스트하거나 이 코드를 예제로 여러분만의 코드를 작성해본다.

5. read_csv.go라는 이름의 파일을 생성하고 다음 내용을 작성한다.

```
package csvformat
import (
    "bytes"
    "encoding/csv"
    "fmt"
    "io"
```

```go
        "strconv"
)
// Movie 구조체는 파싱된(parsed) CSV를 저장하는 데 사용된다
type Movie struct {
    Title string
    Director string
    Year int
}
// ReadCSV 함수는 io.Reader에 전달된 CSV를 처리하는 예제를
// 보여준다
func ReadCSV(b io.Reader) ([]Movie, error) {
    r := csv.NewReader(b)
    // 이 작업은 설정 옵션을 설정하는 선택적 작업이다
    r.Comma = ';'
    r.Comment = '-'
    var movies []Movie
    // 지금은 header를 가져와 무시한다
    // header는 dictionary 키나 다른 형태의 룩업(lookup)으로 사용할 수도 있다
    _, err := r.Read()
    if err != nil && err != io.EOF {
        return nil, err
    }
    // CSV를 모두 처리할 때까지 루프를 수행한다
    for {
        record, err := r.Read()
        if err == io.EOF {
            break
        } else if err != nil {
            return nil, err
        }
        year, err := strconv.ParseInt(record[2], 10, 64)
        if err != nil {
            return nil, err
        }
        m := Movie{record[0], record[1], int(year)}
        movies = append(movies, m)
    }
    return movies, nil
}
```

6. read_csv.go 파일에 다음 함수를 추가한다.

```go
// AddMoviesFromText 함수는 CSV 파서를 사용한다
func AddMoviesFromText() error {
    // 이 예제는 csv 패키지를 사용해 문자열을 가져온 후
    // 버퍼로 변환해 읽는 예를 보여준다
    in := `
- first our headers
movie title;director;year released

- then some data
Guardians of the Galaxy Vol. 2;James Gunn;2017
Star Wars: Episode VIII;Rian Johnson;2017
`
    b := bytes.NewBufferString(in)
    m, err := ReadCSV(b)
    if err != nil {
        return err
    }
    fmt.Printf("%#vn", m)
    return nil
}
```

7. write_csv.go라는 이름의 파일을 생성하고 다음 내용을 작성한다.

```go
package csvformat
import (
    "bytes"
    "encoding/csv"
    "io"
    "os"
)
// Book 구조체는 Author와 Title을 가진다
type Book struct {
    Author string
    Title string
}
// Books는 Book 구조체 타입의 배열이며,
// 여러 책의 정보를 저장하는 데 사용된다
type Books []Book
// ToCSV 함수는 여러 개의 Book을 입력으로 받고 io.Writer에 기록한 다음,
// 오류가 발생한 경우 이를 반환한다
```

```go
func (books *Books) ToCSV(w io.Writer) error {
    n := csv.NewWriter(w)
    err := n.Write([]string{"Author", "Title"})
    if err != nil {
        return err
    }
    for _, book := range *books {
        err := n.Write([]string{book.Author, book.Title})
        if err != nil {
            return err
        }
    }
    n.Flush()
    return n.Error()
}
```

8. write_csv.go 파일에 다음 함수를 추가한다.

```go
// WriteCSVOutput 함수는 여러 책의 정보를 초기화하고
// 이를 os.Stdout에 기록한다
func WriteCSVOutput() error {
    b := Books{
        Book{
            Author: "F Scott Fitzgerald",
            Title: "The Great Gatsby",
        },
        Book{
            Author: "J D Salinger",
            Title: "The Catcher in the Rye",
        },
    }
    return b.ToCSV(os.Stdout)
}
// WriteCSVBuffer 함수는 여러 책의 정보가 담긴 버퍼 csv를 반환한다
func WriteCSVBuffer() (*bytes.Buffer, error) {
    b := Books{
        Book{
            Author: "F Scott Fitzgerald",
            Title: "The Great Gatsby",
        },
        Book{
            Author: "J D Salinger",
```

```
                Title: "The Catcher in the Rye",
            },
        }
        w := &bytes.Buffer{}
        err := b.ToCSV(w)
        return w, err
    }
```

9. example이라는 이름의 새 디렉터리를 생성하고 이 경로로 이동한다.

10. main.go라는 이름의 파일을 생성하고 다음 내용을 작성한다.

```
package main
import (
    "fmt"
    "github.com/PacktPublishing/
    Go-Programming-Cookbook-Second-Edition/
    chapter1/csvformat"
)
func main() {
    if err := csvformat.AddMoviesFromText(); err != nil {
        panic(err)
    }
    if err := csvformat.WriteCSVOutput(); err != nil {
        panic(err)
    }
    buffer, err := csvformat.WriteCSVBuffer()
    if err != nil {
        panic(err)
    }
    fmt.Println("Buffer = ", buffer.String())
}
```

11. go run . 명령을 실행한다.

12. 대신 다음 명령을 실행해도 된다.

```
$ go build
$ ./example
```

그러면 다음과 같은 출력을 확인할 수 있다.

```
$ go run .
[]csvformat.Movie{csvformat.Movie{Title:"Guardians of the
Galaxy Vol. 2", Director:"James Gunn", Year:2017},
csvformat.Movie{Title:"Star Wars: Episode VIII", Director:"Rian
Johnson", Year:2017}}
Author,Title
F Scott Fitzgerald,The Great Gatsby
J D Salinger,The Catcher in the Rye
Buffer = Author,Title
F Scott Fitzgerald,The Great Gatsby
J D Salinger,The Catcher in the Rye
```

13. 코드를 복사하거나 테스트 코드를 직접 작성한 경우, 한 경로 위로 이동한 다음 go test 명령을 실행해 모든 테스트를 통과하는지 확인한다.

예제 분석

CSV 포맷을 읽는 방법을 배우기 위해 먼저 데이터를 구조체로 나타냈다. Go에서는 데이터를 구조체로 만드는 것이 매우 유용하다. 마샬링marshaling과 인코딩 등의 작업이 비교적 간단해지기 때문이다. 읽기 예제에서는 Movie 구조체의 배열인 movies를 데이터 타입으로 사용한다. ReadCSV 함수는 CSV 데이터를 입력으로 갖는 io.Reader 인터페이스를 매개변수로 받는다. 매개변수는 파일이나 버퍼가 될 수 있다. 그런 다음, 이 데이터를 사용해 Movie 구조체를 생성하고 내용을 채운다. 연도 정보를 정수integer로 변환하는 것도 포함한다. 또한 세미콜론(;)을 구분 기호로 사용하고 하이픈(-)을 주석comment line으로 사용하는 옵션을 CSV 파서parser에 추가한다.

다음으로 반대의 경우를 살펴본다. Book 구조체는 제목title과 작가author로 표현된다. 소설책 정보를 담는 배열을 초기화한 다음, 특정 소설책 데이터를 CSV 포맷으로 io.Writer 인터페이스에 썼다. 여기서도 마찬가지로 파일이나 표준 출력(stdout), 버퍼에 쓸 수 있다.

CSV 패키지는 Go의 데이터 흐름^{data flow}을 공용 인터페이스를 구현하는 것으로 간주하려는 이유를 보여주는 훌륭한 예제다. 단 한 줄로 원하는 데이터로 쉽게 변경할 수 있으며, 과도한 메모리나 시간을 소모하지 않고도 CSV 데이터 포맷을 쉽게 조작할 수 있다. 예를 들어, 데이터 스트림에서 한 번에 하나의 레코드^{record}를 읽고 한 번에 하나의 레코드를 수정된 포맷으로 별도의 스트림에 쓸 수 있다. 이렇게 하면 메모리나 프로세스 사용량이 크게 증가하지 않을 것이다.

나중에 데이터 파이프라인과 워커 풀^{worker pool}을 살펴볼 때, 이 개념들을 결합하는 방법과 이 스트림들을 병렬로 제어하는 방법을 확인할 수 있다.

⋮⋮⋮ 임시 파일을 활용한 작업

지금까지 여러 예제에서 파일을 만들고 사용하는 방법을 살펴봤다. 또한 정리, 이름 충돌 등의 작업을 수동으로 처리해야 했다. 임시 파일과 디렉터리는 이런 문제를 좀 더 빠르고 간단하게 처리할 수 있는 방법이다.

예제 구현

다음 단계는 애플리케이션을 작성하고 실행하는 방법을 설명한다.

1. 터미널이나 콘솔 프로그램에서 ~/projects/go-programming-cookbook/chapter1/ tempfiles라는 이름의 새 디렉터리를 생성한다.

2. 이 디렉터리로 이동한다.

3. 다음 명령을 실행한다.

```
$ go mod init github.com/PacktPublishing/Go-Programming-Cookbook-Second-
Edition/chapter1/tempfiles
```

그러면 다음을 포함하는 go.mod라는 이름의 파일을 볼 수 있을 것이다.

```
module github.com/PacktPublishing/Go-Programming-Cookbook-Second-Edition/
chapter1/tempfiles
```

4. ~/projects/go-programming-cookbook-original/chapter1/tempfiles에서 복사해 테스트하거나 이 코드를 예제로 여러분만의 코드를 작성해본다.

5. temp_files.go라는 이름의 파일을 생성하고 다음 내용을 작성한다.

```go
package tempfiles
import (
    "fmt"
    "io/ioutil"
    "os"
)
// WorkWithTemp 함수는 임시 파일 및 디렉터리 작업을 하는
// 기본적인 패턴을 보여준다
func WorkWithTemp() error {
    // 예를 들어 template1-10.html과 동일한 이름을 가진 파일을 저장할
    // 임시 공간이 필요한 경우 임시 디렉터리가 좋은 접근 방법이다
    // 첫 번째 인자는 공백인데, 이는 os.TempDir()이 반환한 위치에
    // 디렉터리를 생성한다는 것을 의미한다
    t, err := ioutil.TempDir("", "tmp")
    if err != nil {
        return err
    }
    // 나중에 이 작업을 수행하려는 경우, 함수가 종료될 때
    // 임시 파일의 모든 내용을 삭제한다
    // 따라서 반드시 디렉터리 이름을 호출 함수에 반환해야 한다
    defer os.RemoveAll(t)
    // 임시 파일을 생성하기 위해서는 디렉터리가 반드시 존재해야 한다
    // t는 *os.File 객체다
    tf, err := ioutil.TempFile(t, "tmp")
    if err != nil {
        return err
    }
    fmt.Println(tf.Name())
    // 일반적으로 여기서 임시 파일을 삭제한다
    // 하지만 임시 디렉터리에 파일을 저장했기 때문에
    // 앞서 호출된 defer 구문에 의해 정리된다
```

```
        return nil
    }
```

6. example이라는 이름의 새 디렉터리를 생성하고 이 경로로 이동한다.

7. main.go라는 이름의 파일을 생성하고 다음 내용을 작성한다.

```
package main
import "github.com/PacktPublishing/Go-Programming-Cookbook-Second-Edition/
chapter1/tempfiles"
func main() {
    if err := tempfiles.WorkWithTemp(); err != nil {
        panic(err)
    }
}
```

8. `go run .` 명령을 실행한다.

9. 대신 다음 명령을 실행해도 된다.

```
$ go build
$ ./example
```

그러면 다음과 같은 출력을 확인할 수 있다(책의 경로와 다른 결과가 나타날 것이다).

```
$ go run .
/var/folders/kd/ygq5l_0d1xq1lzk_c7htft900000gn/T
/tmp764135258/tmp588787953
```

10. 코드를 복사하거나 테스트 코드를 직접 작성한 경우, 한 경로 위로 이동한 다음 go test 명령을 실행해 모든 테스트를 통과하는지 확인한다.

예제 분석

ioutil 패키지를 사용해 임시 파일과 디렉터리를 생성할 수 있다. 여전히 파일을 직접 삭제해야 하지만, RemoveAll 한 줄만 추가하면 나머지 작업은 알아서 처리될 것이다.

테스트를 작성할 때는 임시 파일을 사용할 것을 적극 권장한다. 임시 파일을 사용하면 빌드 아티팩트^{build artifact} 등에도 유용하다. Go ioutil 패키지는 OS 환경 설정을 기본값으로 사용하지만, 필요한 경우에는 다른 디렉터리를 설정할 수 있다.

⠿ text/template과 html/template을 활용한 작업

Go는 템플릿^{template}에 대한 다양한 기능을 제공한다. 템플릿 중첩, 함수 가져오기^{import}, 변수 표현, 데이터의 반복문 처리 등과 같은 작업을 간단히 처리할 수 있다. CSV writer 보다 더 정교한 기능이 필요하다면 템플릿이 훌륭한 솔루션이 될 수 있다.

템플릿에 대한 또 다른 애플리케이션으로는 웹 사이트가 있다. 서버 측 데이터를 클라이언트에 렌더링해야 할 때는 템플릿이 적합하다. 처음에 Go 템플릿은 혼란스러워 보일 수 있다. 이 절에서는 템플릿을 활용한 작업, 디렉터리 내부에 템플릿 모으기, HTML 템플릿을 활용한 작업을 살펴본다.

예제 구현

다음 단계는 애플리케이션을 작성하고 실행하는 방법을 설명한다.

1. 터미널이나 콘솔 프로그램에서 ~/projects/go-programming-cookbook/chapter1/templates라는 이름의 새 디렉터리를 생성한다.

2. 이 디렉터리로 이동한다.

3. 다음 명령을 실행한다.

```
$ go mod init github.com/PacktPublishing/Go-Programming-Cookbook-Second-Edition/chapter1/templates
```

그러면 다음을 포함하는 go.mod라는 이름의 파일을 볼 수 있을 것이다.

```
module github.com/PacktPublishing/Go-Programming-Cookbook-Second-Edition/
chapter1/templates
```

4. ~/projects/go-programming-cookbook-original/chapter1/tempfiles에서 복사해
테스트하거나 이 코드를 예제로 여러분만의 코드를 작성해본다.

5. templates.go라는 이름의 파일을 생성하고 다음 내용을 작성한다.

```go
package templates
import (
    "os"
    "strings"
    "text/template"
)

const sampleTemplate = `
    This template demonstrates printing a {{ .Variable | printf "%#v" }}.

    {{if .Condition}}
    If condition is set, we'll print this
    {{else}}
    Otherwise, we'll print this instead
    {{end}}
    Next we'll iterate over an array of strings:
    {{range $index, $item := .Items}}
        {{$index}}: {{$item}}
    {{end}}
    We can also easily import other functions like strings.Split
    then immediately used the array created as a result:
    {{ range $index, $item := split .Words ","}}
        {{$index}}: {{$item}}
    {{end}}
    Blocks are a way to embed templates into one another
    {{ block "block_example" .}}
        No Block defined!
    {{end}}
    {{/*
        여러 줄 주석을 추가하는 방법이다
    */}}
```

```
`
    const secondTemplate = `
        {{ define "block_example" }}
        {{.OtherVariable}}
        {{end}}
    `
```

6. templates.go 파일의 끝부분에 다음 함수를 추가한다.

```go
// RunTemplate 함수는 템플릿을 초기화하고 다양한 템플릿 도움 함수의
// 예시를 보여준다
func RunTemplate() error {
    data := struct {
        Condition bool
        Variable string
        Items []string
        Words string
        OtherVariable string
    }{
        Condition: true,
        Variable: "variable",
        Items: []string{"item1", "item2", "item3"},
        Words:
        "another_item1,another_item2,another_item3",
        OtherVariable: "I'm defined in a second template!",
    }
    funcmap := template.FuncMap{
        "split": strings.Split,
    }
    // 이것도 연결될 수 있다
    t := template.New("example")
    t = t.Funcs(funcmap)
    // 오류에 대응하기 위해 Must를 대신 사용할 수도 있다
    // template.Must(t.Parse(sampleTemplate))
    t, err := t.Parse(sampleTemplate)
    if err != nil {
        return err
    }
    // 블록의 예시를 보여주기 위해 첫 번째 템플릿을 복제한 다음,
    // 두 번째 템플릿을 파싱(parsing)해 또 다른 템플릿을 생성한다
    t2, err := t.Clone()
    if err != nil {
```

```
            return err
        }
        t2, err = t2.Parse(secondTemplate)
        if err != nil {
            return err
        }
        // 표준 출력(stdout)에 템플릿을 출력(write)하고 데이터로 채운다
        err = t2.Execute(os.Stdout, &data)
        if err != nil {
            return err
        }
        return nil
    }
```

7. template_files.go라는 이름의 파일을 생성하고 다음 내용을 작성한다.

```
package templates
import (
    "io/ioutil"
    "os"
    "path/filepath"
    "text/template"
)
// CreateTemplate 함수는 데이터를 포함하는 템플릿 파일을 생성한다
func CreateTemplate(path string, data string) error {
    return ioutil.WriteFile(path, []byte(data),
    os.FileMode(0755))
}
// InitTemplates 함수는 디렉터리로부터 템플릿을 설정한다
func InitTemplates() error {
    tempdir, err := ioutil.TempDir("", "temp")
    if err != nil {
        return err
    }
    defer os.RemoveAll(tempdir)
    err = CreateTemplate(filepath.Join(tempdir, "t1.tmpl"),
        `Template 1! {{ .Var1 }}
        {{ block "template2" .}} {{end}}
        {{ block "template3" .}} {{end}}
    `)
    if err != nil {
        return err
```

```go
    }
    err = CreateTemplate(filepath.Join(tempdir, "t2.tmpl"),
        `{{ define "template2"}}Template 2! {{ .Var2 }}{{end}}
    `)
    if err != nil {
        return err
    }
    err = CreateTemplate(filepath.Join(tempdir, "t3.tmpl"),
        `{{ define "template3"}}Template 3! {{ .Var3 }}{{end}}
    `)
    if err != nil {
        return err
    }
    pattern := filepath.Join(tempdir, "*.tmpl")
    // ParseGlob 함수는 패턴(조건)과 일치하는 모든 파일을 모아
    // 하나의 템플릿으로 결합시킨다
    tmpl, err := template.ParseGlob(pattern)
    if err != nil {
        return err
    }
    // Execute 함수는 구조체 대신 맵(map) 타입에도
    // 사용할 수 있다
    tmpl.Execute(os.Stdout, map[string]string{
        "Var1": "Var1!!",
        "Var2": "Var2!!",
        "Var3": "Var3!!",
    })
    return nil
}
```

8. html_templates.go라는 이름의 파일을 생성하고 다음 내용을 작성한다.

```go
package templates
import (
    "fmt"
    "html/template"
    "os"
)
// HTMLDifferences 함수는 html/template과 text/template 간의
// 차이점을 강조한다
func HTMLDifferences() error {
    t := template.New("html")
```

```
t, err := t.Parse("<h1>Hello! {{.Name}}</h1>n")
if err != nil {
    return err
}
// html/template은 자바스크립트 주입과 같은 안전하지 않은 동작을
// 자동 회피(탈출, escape) 처리한다. 이는 상황에 따라 인식되며
// 변수가 렌더링되는 위치에 따라 다르게 동작한다
err = t.Execute(os.Stdout, map[string]string{"Name": "
<script>alert('Can you see me?')</script>"})
if err != nil {
    return err
}
// 수동으로 Escaper를 호출할 수도 있다
fmt.Println(template.JSEscaper(`example
<example@example.com>`))
fmt.Println(template.HTMLEscaper(`example
<example@example.com>`))
fmt.Println(template.URLQueryEscaper(`example
<example@example.com>`))
return nil
}
```

9. example이라는 이름의 새 디렉터리를 생성하고 이 경로로 이동한다.

10. main.go라는 이름의 파일을 생성하고 다음 내용을 작성한다.

```
package main
import "github.com/PacktPublishing/Go-Programming-Cookbook-Second-Edition/
chapter1/templates"
func main() {
    if err := templates.RunTemplate(); err != nil {
        panic(err)
    }
    if err := templates.InitTemplates(); err != nil {
        panic(err)
    }
    if err := templates.HTMLDifferences(); err != nil {
        panic(err)
    }
}
```

11. go run . 명령을 실행한다.

12. 대신 다음 명령을 실행해도 된다.

```
$ go build
$ ./example
```

그러면 다음과 같은 출력을 확인할 수 있다.

```
This template demonstrates printing a "variable".

If condition is set, we'll print this

Next we'll iterate over an array of strings:

    0: item1

    1: item2

    2: item3


We can also easily import other functions like strings.Split
then immediately used the array created as a result:

    0: another_item1

    1: another_item2

    2: another_item3


Blocks are a way to embed templates into one another

    I'm defined in a second template!




    Template 1! Var1!!
    Template 2! Var2!!
    Template 3! Var3!!
   <h1>Hello! &lt;script&gt;alert(&#39;Can you see me?&#39;)&lt;/script&gt;</h1>
example \x3Cexample@example.com\x3E
example &lt;example@example.com&gt;
example+%3Cexample%40example.com%3E
```

13. 코드를 복사하거나 테스트 코드를 직접 작성한 경우, 한 경로 위로 이동한 다음 go test 명령을 실행해 모든 테스트를 통과하는지 확인한다.

예제 분석

Go는 text/template과 html/template이라는 두 개의 템플릿 패키지를 제공한다. 두 패키지는 다양한 기능과 함수를 공유한다. 일반적으로 웹 사이트를 렌더링할 때는 html/template을 사용하고 다른 경우에는 text/template을 사용하는 것이 좋다. 템플릿은 일반 텍스트이지만 중괄호 블록 안에서 변수와 함수를 사용할 수 있다.

또한 템플릿 패키지는 파일 작업에 편리한 기능도 제공한다. 예제에서 사용했던 예는 임시 디렉터리에서 여러 템플릿을 생성한 다음, 한 줄의 코드로 모든 템플릿을 읽는다.

html/template 패키지는 text/template 패키지의 래퍼wrapper다. 모든 템플릿 예제는 다른 부분은 모두 수정하지 않고 import 구문만 변경하면 html/template 패키지와 작업이 가능하다. HTML 템플릿은 상황 인식context-aware 안정성이라는 이점을 추가로 제공한다. 이를 통해 자바스크립트 주입과 같은 보안 침해를 방지한다.

템플릿 패키지는 최신 템플릿 라이브러리에서 기대할 수 있는 기능을 제공한다. HTML과 자바스크립트로 결과를 내보낼 때 템플릿 결합과 애플리케이션 로직의 추가가 쉬우며 안정성을 보장한다.

02

명령줄 도구

명령줄 애플리케이션은 사용자 입력과 출력을 처리하는 가장 쉬운 방법 중 하나다. 이 장에서는 명령줄 매개변수^argument, 환경 설정, 환경 변수 등 명령줄 기반 상호 작용에 집중하며 유닉스와 윈도우의 Bash에서 텍스트 출력에 색상을 설정하는 라이브러리로 마무리할 것이다.

이 장에서 소개하는 예제들을 사용하면 예상되는 사용자 입력과 예상치 못한 사용자 입력을 처리하는 장비를 갖출 수 있을 것이다. '신호 잡기 및 처리' 예제는 사용자가 애플리케이션에 예상치 못한 입력을 보내는 경우의 예이며, 파이프 예제는 플래그 값이나 명령줄 매개변수와 비교해 사용자 입력을 받는 좋은 대안이 될 것이다.

ANSI 컬러 예제는 사용자에게 전달하는 출력을 정리하는 몇 가지 예를 제공한다. 로그 메시지 출력에서 목적에 따라 텍스트 색상을 적용하면 대량의 텍스트 블록을 훨씬 더 명확하게 보여줄 수 있을 것이다.

이 장에서 다루는 예제는 다음과 같다.

- 명령줄 플래그^{flag} 사용하기

- 명령줄 매개변수 사용하기

- 환경 변수 읽기 및 설정하기

- TOML, YAML, JSON을 사용한 환경 설정

- 유닉스 파이프를 활용한 작업

- 신호 잡기 및 처리

- ANSI 컬러 애플리케이션

⁜ 기술적 요구 사항

이 장의 모든 예제를 진행하기 위해서는 다음 단계에 따라 환경을 구성해야 한다.

1. https://golang.org/doc/install에서 여러분의 운영체제에 Go 1.12.6 이상의 버전을 다운로드하고 설치한다.

2. 터미널이나 콘솔 프로그램을 열고 프로젝트 디렉터리(~/projects/go-programming-cookbook 등)를 생성한 후 해당 경로로 이동한다. 모든 코드는 이 디렉터리에서 실행되고 수정될 것이다.

3. 최신 코드를 ~/projects/go-programming-cookbook-original 경로에 복제한다. 예제를 직접 입력하는 대신 이 디렉터리에서 작업할 것을 권장한다.

```
$ git clone git@github.com:PacktPublishing/Go-Programming-Cookbook-Second-
Edition.git go-programming-cookbook-original
```

명령줄 플래그 사용하기

flag 패키지는 명령줄 플래그를 Go 애플리케이션에 간단하게 추가할 수 있도록 도와준다. 하지만 몇 가지 단점이 있다. 플래그의 축약어(예를 들어 subject의 s)를 추가하기 위해 많은 양의 코드를 복제해야 하는 경향이 있고, 도움말 창에서 알파벳 순서로 정렬된다. 이런 단점을 해결해주는 여러 서드파티 라이브러리가 있지만, 이 장에서는 서드파티 라이브러리가 아닌 표준 라이브러리 버전에 중점을 둘 것이다.

예제 구현

다음 단계는 애플리케이션을 작성하고 실행하는 방법을 설명한다.

1. 터미널이나 콘솔 프로그램에서 ~/projects/go-programming-cookbook/chapter2/ flags라는 이름의 새 디렉터리를 생성한다.

2. 이 디렉터리로 이동한다.

3. 다음 명령을 실행한다.

   ```
   $ go mod init github.com/PacktPublishing/Go-Programming-Cookbook-Second-
   Edition/chapter2/flags
   ```

   그러면 다음을 포함하는 go.mod라는 이름의 파일을 볼 수 있을 것이다.

   ```
   module github.com/PacktPublishing/Go-Programming-Cookbook-Second-Edition/
   chapter2/flags
   ```

4. ~/projects/go-programming-cookbook-original/chapter2/flags에서 복사해 테스트하거나 이 코드를 예제로 여러분만의 코드를 작성해본다.

5. flags.go라는 이름의 파일을 생성하고 다음 내용을 작성한다.

```go
package main

import (
    "flag"
    "fmt"
)

// Config 구조체는 플래그 값을 저장하는 데 사용된다
type Config struct {
    subject string
    isAwesome bool
    howAwesome int
    countTheWays CountTheWays
}

// Setup 함수는 전달되는 플래그 값으로 설정(config) 값을 초기화한다
func (c *Config) Setup() {
    // 다음과 같이 flag를 직접 설정할 수 있다
    // var someVar = flag.String("flag_name", "default_val", "description")
    // 하지만 구조체에 값을 넣는 것이 일반적으로 더 낫다
    flag.StringVar(&c.subject, "subject", "", "subject is a string, it
defaults to empty")
    // 축약어(단축어)
    flag.StringVar(&c.subject, "s", "", "subject is a string, it defaults
to empty (shorthand)")
    flag.BoolVar(&c.isAwesome, "isawesome", false, "is it awesome or
what?")
    flag.IntVar(&c.howAwesome, "howawesome", 10, "how awesome out of 10?")
    // 커스텀 변수 타입
    flag.Var(&c.countTheWays, "c", "comma separated list of integers")
}

// GetMessage 함수는 모든 내부 설정(config) 변수를 사용해
// 문장을 반환한다
func (c *Config) GetMessage() string {
    msg := c.subject
    if c.isAwesome {
        msg += " is awesome"
    } else {
        msg += " is NOT awesome"
    }
    msg = fmt.Sprintf("%s with a certainty of %d out of 10. Let
    me count the ways %s", msg, c.howAwesome,
```

```
        c.countTheWays.String())
    return msg
}
```

6. custom.go라는 이름의 파일을 생성하고 다음 내용을 작성한다.

```
package main

import (
    "fmt"
    "strconv"
    "strings"
)

// CountTheWays는 플래그를 읽어들일 커스텀 타입이다
type CountTheWays []int
func (c *CountTheWays) String() string {
    result := ""
    for _, v := range *c {
        if len(result) > 0 {
            result += " ... "
        }
        result += fmt.Sprint(v)
    }
    return result
}

// Set 함수는 flag 패키지에서 사용할 것이다
func (c *CountTheWays) Set(value string) error {
    values := strings.Split(value, ",")

    for _, v := range values {
        i, err := strconv.Atoi(v)
        if err != nil {
            return err
        }
        *c = append(*c, i)
    }

    return nil
}
```

7. 다음 명령을 실행한다.

```
$ go mod tidy
```

8. main.go라는 이름의 파일을 생성하고 다음 내용을 작성한다.

```go
package main

import (
    "flag"
    "fmt"
)

func main() {
    // 설정을 초기화한다
    c := Config{}
    c.Setup()

    // 다음 코드는 일반적으로 main에서 호출한다
    flag.Parse()

    fmt.Println(c.GetMessage())
}
```

9. 명령줄에서 다음 명령을 실행한다.

```
$ go build
$ ./flags -h
```

10. 이 명령을 시도해보고, 다른 매개변수도 시도해보길 바란다. 그러면 다음과 같은 결과를 확인할 수 있을 것이다.

```
$ go build
$ ./flags -h
Usage of ./flags:
-c value
comma separated list of integers
-howawesome int
```

```
how awesome out of 10? (default 10)
-isawesome
is it awesome or what? (default false)
-s string
subject is a string, it defaults to empty (shorthand)
-subject string
subject is a string, it defaults to empty
$ ./flags -s Go -isawesome -howawesome 10 -c 1,2,3
Go is awesome with a certainty of 10 out of 10. Let me count
the ways 1 ... 2 ... 3
```

11. 코드를 복사하거나 테스트 코드를 직접 작성한 경우, 한 경로 위로 이동한 다음 go
    test 명령을 실행해 모든 테스트를 통과하는지 확인한다.

예제 분석

이 예제는 flag 패키지의 일반적인 사용법을 대부분 보여준다. 커스텀 변수 타입, 다양
한 내장 변수, 축약어 플래그, 공통 구조체에 모든 플래그를 기록하는 방법을 보여준다.
이 예제는 main 함수를 필요로 하는 첫 번째 예제인데, flag의 주요 사용법(flag.Parse())은
main 함수에서 호출해야 하기 때문이다. 따라서 대부분 example 디렉터리는 생략된다.

이 애플리케이션의 사용 예제는 -h를 통해 포함된 플래그의 목록을 자동으로 보여준다.
주의할 부분은 불리언Boolean 플래그는 매개변수 없이 호출되며, 플래그 순서는 중요하
지 않다는 점이다.

flag 패키지는 명령줄 애플리케이션의 입력을 빠르게 구조화할 수 있는 방법이다. 또한
로그 수준 설정이나 애플리케이션의 출력 상세도 수준verbosity 설정[1] 등과 같은 항목에
대해 사용자의 입력을 지정하는 유연한 방법을 제공한다. '명령줄 매개변수 사용하기'
예제에서는 플래그 모음flag set과 매개변수를 사용해 이 플래그들을 전환하는 내용을 살
펴볼 것이다.

---

1 애플리케이션의 동작 결과를 얼마나 자세히 보여줄지에 대한 설정이다. – 옮긴이

⁘ 명령줄 매개변수 사용하기

이전 예제에서 사용한 플래그는 명령줄 매개변수를 사용하는 한 예를 보여준다. 이 예제에서는 중첩된 하위 명령을 지원하는 명령을 생성해 명령줄 매개변수를 확장하는 방법을 보여줄 것이다. 이번 예제에서는 FlagSet과 애플리케이션에 전달되는 위치 매개변수positional argument를 사용하는 방법을 보여준다.

이전 예제와 마찬가지로 실행하기 위해 main 함수가 필요하다. 복잡하게 중첩된 매개변수와 플래그를 처리하는 많은 서드파티 패키지가 있지만, 표준 라이브러리를 사용해 이를 처리하는 방법을 살펴볼 것이다.

예제 구현

다음 단계는 애플리케이션을 작성하고 실행하는 방법을 설명한다.

1. 터미널이나 콘솔 프로그램에서 ~/projects/go-programming-cookbook/chapter2/cmdargs라는 이름의 새 디렉터리를 생성한다.

2. 이 디렉터리로 이동한다.

3. 다음 명령을 실행한다.

```
$ go mod init github.com/PacktPublishing/Go-Programming-Cookbook-Second-
Edition/chapter2/cmdargs
```

그러면 다음을 포함하는 go.mod라는 이름의 파일을 볼 수 있을 것이다.

```
module github.com/PacktPublishing/Go-Programming-Cookbook-Second-Edition/
chapter2/cmdargs
```

4. ~/projects/go-programming-cookbook-original/chapter2/cmdargs에서 복사해 테스트하거나 이 코드를 예제로 여러분만의 코드를 작성해본다.

5. cmdargs.go라는 이름의 파일을 생성하고 다음 내용을 작성한다.

```go
package main
import (
    "flag"
    "fmt"
    "os"
)
const version = "1.0.0"
const usage = `Usage:
%s [command]
Commands:
    Greet
    Version
`

const greetUsage = `Usage:
%s greet name [flag]
Positional Arguments:
    name
        the name to greet
Flags:
`

// MenuConf 구조체는 중첩된 명령줄에 대한
// 모든 레벨을 저장한다
type MenuConf struct {
    Goodbye bool
}
// SetupMenu 함수는 기본 플래그를 설정한다
func (m *MenuConf) SetupMenu() *flag.FlagSet {
    menu := flag.NewFlagSet("menu", flag.ExitOnError)
    menu.Usage = func() {
        fmt.Printf(usage, os.Args[0])
        menu.PrintDefaults()
    }
    return menu
}
// GetSubMenu 함수는 하위 메뉴에 대한 플래그 모음을 반환한다
func (m *MenuConf) GetSubMenu() *flag.FlagSet {
    submenu := flag.NewFlagSet("submenu", flag.ExitOnError)
    submenu.BoolVar(&m.Goodbye, "goodbye", false, "Say goodbye
    instead of hello")
    submenu.Usage = func() {
        fmt.Printf(greetUsage, os.Args[0])
```

```go
            submenu.PrintDefaults()
    }
    return submenu
}
// Greet 함수는 greet 명령에 의해 호출된다
func (m *MenuConf) Greet(name string) {
    if m.Goodbye {
        fmt.Println("Goodbye " + name + "!")
    } else {
        fmt.Println("Hello " + name + "!")
    }
}
// Version 함수는 상수(const)로 저장된
// 현재 버전을 출력한다
func (m *MenuConf) Version() {
    fmt.Println("Version: " + version)
}
```

6. main.go라는 이름의 파일을 생성하고 다음 내용을 작성한다.

```go
package main

import (
    "fmt"
    "os"
    "strings"
)

func main() {
    c := MenuConf{}
    menu := c.SetupMenu()
    if err := menu.Parse(os.Args[1:]); err != nil {
        fmt.Printf("Error parsing params %s, error: %v", os.Args[1:], err)
        return
    }

    // 명령을 전환하는 데 매개변수를 사용한다
    // 플래그 또한 매개변수로 사용된다
    if len(os.Args) > 1 {
        // 대소문자 구별은 하지 않는다
        switch strings.ToLower(os.Args[1]) {
            case "version":
```

```go
                        c.Version()
                    case "greet":
                    f := c.GetSubMenu()
                    if len(os.Args) < 3 {
                        f.Usage()
                        return
                    }
                    if len(os.Args) > 3 {
                        if err := f.Parse(os.Args[3:]); err != nil {
                            fmt.Fprintf(os.Stderr, "Error parsing params %s, error:
%v", os.Args[3:], err)
                            return
                        }
                    }
                    c.Greet(os.Args[2])
                    default:
                    fmt.Println("Invalid command")
                    menu.Usage()
                    return
                }
        } else {
            menu.Usage()
            return
        }
    }
```

7. go build를 실행한다.

8. 다음 명령을 실행하고 다른 매개변수의 여러 조합을 시도해보자.

```
$ ./cmdargs -h
Usage:

./cmdargs [command]
Commands:
Greet
Version

$./cmdargs version
Version: 1.0.0

$./cmdargs greet
```

```
Usage:

./cmdargs greet name [flag]

Positional Arguments:
    name
    the name to greet

Flags:
    -goodbye
    Say goodbye instead of hello

$./cmdargs greet reader
Hello reader!

$./cmdargs greet reader -goodbye
Goodbye reader!
```

9. 코드를 복사하거나 테스트 코드를 직접 작성한 경우, 한 경로 위로 이동한 다음 go test 명령을 실행해 모든 테스트를 통과하는지 확인한다.

예제 분석

FlagSet은 예상되는 매개변수, 명령 문자열 등의 독립적인 목록을 설정하는 데 사용할 수 있다. 개발자는 명령어 오른쪽에 전달되는 매개변수의 수를 검사하고 매개변수들을 파싱(해석)해 정의된 문자열을 검사해야 한다. 이 과정은 오류가 발생하기 쉽고 완전히 동작하도록 하기 위해서는 많은 반복 작업을 필요로 한다.

flag 패키지를 사용하면 매개변수의 파싱 작업을 훨씬 더 쉽게 처리할 수 있다. 또한 flag 패키지는 플래그, 매개변수의 수를 얻기 위한 편의 기능을 제공한다. 이 예제는 매개변수를 사용해 복잡한 명령줄 애플리케이션을 구성하는 기본적인 방법을 보여주며, 여기에는 패키지 수준 구성, 필요한 위치 인수, 멀티 레벨 명령 사용과 필요한 경우 이들을 여러 파일이나 패키지로 분할하는 방법이 포함된다.

⁜ 환경 변수 읽기 및 설정하기

환경 변수는 파일에서 데이터를 읽거나 명령줄을 통해 명시적으로 전달하는 방법을 뛰어넘어 애플리케이션에 상태를 전달할 수 있는 또 다른 방법이다. 이번 예제에서는 환경 변수의 값을 읽고 설정하는 아주 기본적인 방법을 살펴본 다음, 매우 유용한 서드파티 라이브러리인 envconfig(https://github.com/kelseyhightower/envconfig)를 활용해 작업하는 방법을 살펴본다.

JSON이나 환경 변수를 통해 구성 파일을 읽을 수 있는 애플리케이션을 제작할 것이며, 다음 예제에서는 TOML과 YAML을 포함한 대체 포맷을 살펴볼 것이다.

예제 구현

다음 단계는 애플리케이션을 작성하고 실행하는 방법을 설명한다.

1. 터미널이나 콘솔 프로그램에서 ~/projects/go-programming-cookbook/chapter2/envvar라는 이름의 새 디렉터리를 생성한다.

2. 이 디렉터리로 이동한다.

3. 다음 명령을 실행한다.

```
$ go mod init github.com/PacktPublishing/Go-Programming-Cookbook-Second-
Edition/chapter2/envvar
```

그러면 다음을 포함하는 go.mod라는 이름의 파일을 볼 수 있을 것이다.

```
module github.com/PacktPublishing/Go-Programming-Cookbook-Second-Edition/
chapter2/envvar
```

4. ~/projects/go-programming-cookbook-original/chapter2/envvar에서 복사해 테스트하거나 이 코드를 예제로 여러분만의 코드를 작성해본다.

5. config.go라는 이름의 파일을 생성하고 다음 내용을 작성한다.

```go
package envvar

import (
    "encoding/json"
    "os"
    "github.com/kelseyhightower/envconfig"
    "github.com/pkg/errors"
)

// LoadConfig 함수는 path에 저장된 json 파일로부터 파일을 선택적으로 읽은 다음,
// envconfig 구조체를 기반으로 읽어온 값을 덮어 쓴다
// envPrefix는 환경 변수에 접두어를 설정하는 방법이다
func LoadConfig(path, envPrefix string, config interface{}) error {
    if path != "" {
        err := LoadFile(path, config)
        if err != nil {
            return errors.Wrap(err, "error loading config from file")
        }
    }
    err := envconfig.Process(envPrefix, config)
    return errors.Wrap(err, "error loading config from env")
}

// LoadFile 함수는 json 파일을 구성 구조체로 변환한다
func LoadFile(path string, config interface{}) error {
    configFile, err := os.Open(path)
    if err != nil {
        return errors.Wrap(err, "failed to read config file")
    }
    defer configFile.Close()

    decoder := json.NewDecoder(configFile)
    if err = decoder.Decode(config); err != nil {
        return errors.Wrap(err, "failed to decode config file")
    }
    return nil
}
```

6. example이라는 이름의 새 디렉터리를 생성하고 여기로 이동한다.

7. main.go라는 이름의 파일을 생성하고 다음 내용을 작성한다.

```go
package main

import (
    "bytes"
    "fmt"
    "io/ioutil"
    "os"
    "github.com/PacktPublishing/Go-Programming-Cookbook-Second-Edition/chapter2/envvar"
)

// Config 구조체는 json 파일과 환경 변수로부터
// 읽어온 구성 값을 저장한다
type Config struct {
    Version string `json:"version" required:"true"`
    IsSafe bool `json:"is_safe" default:"true"`
    Secret string `json:"secret"`
}

func main() {
    var err error

    // 예제 json 파일을 저장하기 위해
    // 임시 파일을 생성한다
    tf, err := ioutil.TempFile("", "tmp")
    if err != nil {
        panic(err)
    }
    defer tf.Close()
    defer os.Remove(tf.Name())

    // secrets 값을 저장하기 위해
    // json 파일을 생성한다
    secrets := `{
        "secret": "so so secret"
    }`

    if _, err =
    tf.Write(bytes.NewBufferString(secrets).Bytes());
    err != nil {
        panic(err)
```

```
    }

    // 필요한 경우 환경 변수를 쉽게 설정할 수 있다
    if err = os.Setenv("EXAMPLE_VERSION", "1.0.0"); err != nil {
        panic(err)
    }
    if err = os.Setenv("EXAMPLE_ISSAFE", "false"); err != nil {
        panic(err)
    }

    c := Config{}
    if err = envvar.LoadConfig(tf.Name(), "EXAMPLE", &c);
    err != nil {
        panic(err)
    }

    fmt.Println("secrets file contains =", secrets)

    // 또한 환경 변수를 쉽게 읽을 수 있다
    fmt.Println("EXAMPLE_VERSION =",
    os.Getenv("EXAMPLE_VERSION"))
    fmt.Println("EXAMPLE_ISSAFE =",
    os.Getenv("EXAMPLE_ISSAFE"))

    // 최종 구성(config)은 json과 환경 변수가 혼합돼 있다
    fmt.Printf("Final Config: %#v\n", c)
}
```

8. go run main.go 명령을 실행한다.

9. 대신 다음 명령을 실행해도 된다.

```
go build
./example
```

10. 그러면 다음과 같은 출력을 확인할 수 있을 것이다.

```
$ go run main.go
secrets file contains = {
"secret": "so so secret"
```

```
}
EXAMPLE_VERSION = 1.0.0
EXAMPLE_ISSAFE = false
Final Config: main.Config{Version:"1.0.0", IsSafe:false,
Secret:"so so secret"}
```

11. go.mod 파일이 업데이트됐을 것이며, 이제 go.sum 파일이 최상위 예제 디렉터리
    에 위치할 것이다.

12. 코드를 복사하거나 테스트 코드를 직접 작성한 경우, 한 경로 위로 이동한 다음 go
    test 명령을 실행해 모든 테스트를 통과하는지 확인한다.

예제 분석

os 패키지를 사용해 환경 변수를 읽고 쓰는 작업은 매우 간단하다. 이 예제에서 사용하
는 envconfig 서드파티 라이브러리는 구조체를 사용해 환경 변수의 값을 읽고 특정 요구
사항을 지정하는 영리한 방법을 제공한다.

LoadConfig 함수는 다양한 곳에서 구성 정보를 가져오는 유연한 방법을 보여준다. 이 과
정에서 오버헤드가 많이 발생하거나 추가 종속성dependency을 너무 많이 요구하지도 않
는다. 기본 구성을 JSON 이외의 다른 형식으로 변환하거나 항상 환경 변수를 사용하는
것이 간단할 것이다.

또한 오류의 사용법에 주목하자. 원래 오류의 정보를 잃지 않고 오류에 설명을 추가하
기 위해 예제의 코드 전체에서 오류를 래핑했다. 이에 대한 자세한 내용은 4장, 'Go의
오류 처리'에서 확인할 수 있다.

⁝⁝⁝ TOML, YAML, JSON을 사용한 환경 설정

Go는 서드파티 라이브러리를 사용해 다양한 구성 포맷을 지원한다. 가장 널리 사용되
는 데이터 포맷 세 가지는 TOML, YAML, JSON이다. Go는 JSON을 바로 지원할 수

있으며, 나머지 포맷들을 마샬^{marshal}/언마샬^{unmarshal} 또는 인코딩/디코딩하는 방법이 있다. 이런 포맷들은 구성 값을 넘어서는 많은 장점이 있지만, 이 장에서는 주로 Go 구조체를 구성 구조체^{configuration structure}의 형태로 변환하는 데 초점을 맞춘다. 이번 예제에서는 이런 포맷을 활용해 기본적인 입출력을 살펴본다.

또한 이런 포맷들은 Go와 다른 언어로 작성된 애플리케이션이 동일한 구성을 공유할 수 있는 인터페이스를 제공한다. 이 포맷들을 처리하고 활용하는 작업을 단순화해주는 다양한 도구가 있다.

예제 구현

다음 단계는 애플리케이션을 작성하고 실행하는 방법을 설명한다.

1. 터미널이나 콘솔 프로그램에서 ~/projects/go-programming-cookbook/chapter2/confformat이라는 이름의 새 디렉터리를 생성한다.

2. 이 디렉터리로 이동한다.

3. 다음 명령을 실행한다.

```
$ go mod init github.com/PacktPublishing/Go-Programming-Cookbook-Second-
Edition/chapter2/confformat
```

그러면 다음을 포함하는 go.mod라는 이름의 파일을 볼 수 있을 것이다.

```
module github.com/PacktPublishing/Go-Programming-Cookbook-Second-Edition/
chapter2/confformat
```

4. ~/projects/go-programming-cookbook-original/chapter2/confformat에서 복사해 테스트하거나 이 코드를 예제로 여러분만의 코드를 작성해본다.

5. toml.go라는 이름의 파일을 생성하고 다음 내용을 작성한다.

```go
package confformat

import (
    "bytes"
    "github.com/BurntSushi/toml"
)

// TOMLData 구조체는 TOML 구조체 태그를 갖는
// 일반적인 데이터 구조체다
type TOMLData struct {
    Name string `toml:"name"`
    Age int `toml:"age"`
}

// ToTOML 함수는 TOMLData 구조체를
// TOML 포맷의 bytes.Buffer로 덤프(반환)한다
func (t *TOMLData) ToTOML() (*bytes.Buffer, error) {
    b := &bytes.Buffer{}
    encoder := toml.NewEncoder(b)
    if err := encoder.Encode(t); err != nil {
        return nil, err
    }
    return b, nil
}

// Decode 함수는 TOMLData 구조체로 디코딩한다
func (t *TOMLData) Decode(data []byte) (toml.MetaData, error) {
    return toml.Decode(string(data), t)
}
```

6. yaml.go라는 이름의 파일을 생성하고 다음 내용을 작성한다.

```go
package confformat

import (
    "bytes"
    "github.com/go-yaml/yaml"
)

// YAMLData 구조체는 YAML 구조체 태그를 갖는
// 일반적인 데이터 구조체다
type YAMLData struct {
```

```go
        Name string `yaml:"name"`
        Age int `yaml:"age"`
    }

    // ToYAML 함수는 YAMLData 구조체를
    // YAML 포맷의 bytes.Buffer로 덤프(반환)한다
    func (t *YAMLData) ToYAML() (*bytes.Buffer, error) {
        d, err := yaml.Marshal(t)
        if err != nil {
            return nil, err
        }
        b := bytes.NewBuffer(d)
        return b, nil
    }

    // Decode 함수는 YAMLData 구조체로 디코딩한다
    func (t *YAMLData) Decode(data []byte) error {
        return yaml.Unmarshal(data, t)
    }
```

7. json.go라는 이름의 파일을 생성하고 다음 내용을 작성한다.

```go
    package confformat

    import (
        "bytes"
        "encoding/json"
        "fmt"
    )

    // JSONData 구조체는 JSON 구조체 태그를 갖는
    // 일반적인 데이터 구조체다
    type JSONData struct {
        Name string `json:"name"`
        Age int `json:"age"`
    }

    // ToJSON 함수는 JSONData 구조체를
    // JSON 포맷의 bytes.Buffer로 덤프(반환)한다
    func (t *JSONData) ToJSON() (*bytes.Buffer, error) {
        d, err := json.Marshal(t)
        if err != nil {
```

```go
        return nil, err
    }

    b := bytes.NewBuffer(d)

    return b, nil
}

// Decode 함수는 JSONData 구조체로 디코딩한다
func (t *JSONData) Decode(data []byte) error {
    return json.Unmarshal(data, t)
}

// OtherJSONExamples 함수는 구조체나 다른 유용한 함수
// 이외의 다른 타입을 사용하는 방법을 보여준다
func OtherJSONExamples() error {
    res := make(map[string]string)
    err := json.Unmarshal([]byte(`{"key": "value"}`), &res)
    if err != nil {
        return err
    }

    fmt.Println("We can unmarshal into a map instead of a struct:", res)

    b := bytes.NewReader([]byte(`{"key2": "value2"}`))
    decoder := json.NewDecoder(b)

    if err := decoder.Decode(&res); err != nil {
        return err
    }

    fmt.Println("we can also use decoders/encoders to work with streams:",
res)

    return nil
}
```

8. marshal.go라는 이름의 파일을 생성하고 다음 내용을 작성한다.

```go
package confformat

import "fmt"

// MarshalAll 함수는 구조체로 저장된 데이터를 가져와
// 다양한 데이터 포맷으로 변환한다
func MarshalAll() error {
    t := TOMLData{
        Name: "Name1",
        Age: 20,
    }

    j := JSONData{
        Name: "Name2",
        Age: 30,
    }

    y := YAMLData{
        Name: "Name3",
        Age: 40,
    }

    tomlRes, err := t.ToTOML()
    if err != nil {
        return err
    }
    fmt.Println("TOML Marshal =", tomlRes.String())

    jsonRes, err := j.ToJSON()
    if err != nil {
        return err
    }

    fmt.Println("JSON Marshal=", jsonRes.String())

    yamlRes, err := y.ToYAML()
    if err != nil {
        return err
    }

    fmt.Println("YAML Marshal =", yamlRes.String())
```

```
        return nil
    }
```

9. unmarshal.go라는 이름의 파일을 생성하고 다음 내용을 작성한다.

```go
package confformat

import "fmt"

const (
    exampleTOML = `name="Example1"
age=99
`
    exampleJSON = `{"name":"Example2","age":98}`
    exampleYAML = `name: Example3
age: 97
`
)

// UnmarshalAll 함수는 다양한 포맷의 데이터를 가져와
// 구조체로 변환한다
func UnmarshalAll() error {
    t := TOMLData{}
    j := JSONData{}
    y := YAMLData{}
    if _, err := t.Decode([]byte(exampleTOML)); err != nil {
        return err
    }
    fmt.Println("TOML Unmarshal =", t)

    if err := j.Decode([]byte(exampleJSON)); err != nil {
        return err
    }
    fmt.Println("JSON Unmarshal =", j)

    if err := y.Decode([]byte(exampleYAML)); err != nil {
        return err
    }
    fmt.Println("Yaml Unmarshal =", y)
    return nil
}
```

10. example이라는 이름의 디렉터리를 생성하고 여기로 이동한다.

11. main.go라는 이름의 파일을 생성하고 다음 내용을 작성한다.

```
package main

import "github.com/PacktPublishing/Go-Programming-Cookbook-Second-Edition/
chapter2/confformat"

func main() {
    if err := confformat.MarshalAll(); err != nil {
        panic(err)
    }
    if err := confformat.UnmarshalAll(); err != nil {
        panic(err)
    }
    if err := confformat.OtherJSONExamples(); err != nil {
        panic(err)
    }
}
```

12. go run main.go 명령을 실행한다.

13. 대신 다음 명령을 실행해도 된다.

```
$ go build
$ ./example
```

14. 그러면 다음과 같은 결과를 확인할 수 있을 것이다.

```
$ go run main.go
TOML Marshal = name = "Name1"
age = 20

JSON Marshal= {"name":"Name2","age":30}
YAML Marshal = name: Name3
age: 40

TOML Unmarshal = {Example1 99}
JSON Unmarshal = {Example2 98}
```

```
Yaml Unmarshal = {Example3 97}
We can unmarshal into a map instead of a struct: map[key:value]
we can also use decoders/encoders to work with streams:
map[key:value key2:value2]
```

15. go.mod 파일이 업데이트됐을 것이며, 이제 go.sum 파일이 최상위 예제 디렉터리에 위치할 것이다.

16. 코드를 복사하거나 테스트 코드를 직접 작성한 경우, 한 경로 위로 이동한 다음 go test 명령을 실행해 모든 테스트를 통과하는지 확인한다.

예제 분석

이 예제는 TOML, YAML, JSON 파서를 사용해 원시 데이터를 Go 구조체로 작성하는 방법과 원시 데이터를 읽어 TOML, YAML, JSON 포맷으로 작성하는 방법을 보여준다. 1장, 'I/O와 파일 시스템'의 예제와 마찬가지로 []byte, string, bytes.Buffer와 다른 인터페이스 사이를 전환하는 것이 얼마나 일반적인지를 살펴봤다.

encoding/json 패키지는 JSON 포맷으로 인코딩, 마샬링과 JSON을 활용하는 작업을 위한 기타 기능을 제공하는 가장 포괄적인 패키지다. 예제에서는 이를 ToFormat[2] 함수로 추상화했다. 이 타입(TOML, YAML, JSON)으로 변환하거나 이 포맷으로부터 변환하는 단일 구조를 사용할 수 있도록 여러 함수를 추가하는 것은 매우 간단할 것이다.

이 예제에서는 구조체 태그struct tag와 그 사용법도 살펴봤다. 이전 장에서도 구조체 태그를 사용했는데, 패키지와 라이브러리에 구조체 안에 담긴 데이터를 처리하는 방법에 대한 힌트를 제공하는 일반적인 방법으로 구조체 태그가 사용된다.

---

2   ToTOML, ToYAML, ToJSON – 옮긴이

유닉스 파이프를 활용한 작업

유닉스 파이프는 한 프로그램의 출력을 다른 프로그램의 입력으로 전달할 때 유용하다. 예를 들어 다음 코드를 살펴보자.

```
$ echo "test case" | wc -l
1
```

Go 애플리케이션에서 파일 디스크립터^{file descriptor}처럼 동작하는 os.Stdin을 사용해 파이프 왼쪽을 읽을 수 있다. 이 방법을 보여주기 위해 이번 예제에서는 파이프의 왼쪽 부분을 입력으로 가져와 단어의 목록과 단어의 수를 반환한다. 이 단어들은 공백으로 토큰화된다.

예제 구현

다음 단계는 애플리케이션을 작성하고 실행하는 방법을 설명한다.

1. 터미널이나 콘솔 프로그램에서 ~/projects/go-programming-cookbook/chapter2/ pipes라는 이름의 새 디렉터리를 생성한다.

2. 이 디렉터리로 이동한다.

3. 다음 명령을 실행한다.

```
$ go mod init github.com/PacktPublishing/Go-Programming-Cookbook-Second-
Edition/chapter2/pipes
```

그러면 다음을 포함하는 go.mod라는 이름의 파일을 볼 수 있을 것이다.

```
module github.com/PacktPublishing/Go-Programming-Cookbook-Second-Edition/
chapter2/pipes
```

4. ~/projects/go-programming-cookbook-original/chapter2/pipes에서 복사해 테스트하거나 이 코드를 예제로 여러분만의 코드를 작성해본다.

5. pipes.go라는 이름의 파일을 생성하고 다음 내용을 작성한다.

```go
package main

import (
    "bufio"
    "fmt"
    "io"
    "os"
)

// WordCount 함수는 파일을 입력받아 각 단어를 키(key)로 하고
// 단어의 등장 수를 값(value)으로 하는 맵(map)을 반환한다
func WordCount(f io.Reader) map[string]int {
    result := make(map[string]int)

    // 파일 io.Reader 인터페이스에서 동작할
    // 스캐너를 만든다
    scanner := bufio.NewScanner(f)
    scanner.Split(bufio.ScanWords)

    for scanner.Scan() {
        result[scanner.Text()]++
    }

    if err := scanner.Err(); err != nil {
        fmt.Fprintln(os.Stderr, "reading input:", err)
    }

    return result
}

func main() {
    fmt.Printf("string: number_of_occurrences\n\n")
    for key, value := range WordCount(os.Stdin) {
        fmt.Printf("%s: %d\n", key, value)
    }
}
```

6. echo "some string" | go run pipes.go 명령을 실행한다.

7. 대신 다음 명령을 실행해도 된다.

```
$ go build
echo "some string" | ./pipes
```

그러면 다음과 같은 결과를 확인할 수 있을 것이다.

```
$ echo "test case" | go run pipes.go
string: number_of_occurrences

test: 1
case: 1

$ echo "test case test" | go run pipes.go
string: number_of_occurrences

test: 2
case: 1
```

8. 코드를 복사하거나 테스트 코드를 직접 작성한 경우, 한 경로 위로 이동한 다음 go test 명령을 실행해 모든 테스트를 통과하는지 확인한다.

예제 분석

Go에서 파이프를 활용한 작업은 매우 간단하다. 특히 파일을 활용한 작업에 익숙하다면 더 간단하게 느껴질 것이다. 예를 들면, tee 애플리케이션(https://en.wikipedia.org/wiki/Tee_(명령어))을 만들기 위해 파이프로 입력되는 모든 내용이 곧바로 표준 출력(stdout)과 파일로 작성되는 1장, 'I/O와 파일 시스템'의 파이프 예제를 사용할 수 있다.

이 예제는 os.Stdin 파일 객체의 io.Reader 인터페이스를 토큰화하기 위해 스캐너를 사용한다. 모든 읽기 작업을 완료한 후 오류를 확인하는 방법을 살펴볼 수 있다.

신호 잡기 및 처리

신호signal는 사용자나 운영체제가 실행 중인 애플리케이션을 종료하는 데 유용한 방법이다. 때로는 이런 신호를 기본으로 설정된 동작보다 더 우아한 방법으로 처리하는 것이 적합한 경우가 있다. Go는 신호를 포착하고 처리하는 메커니즘을 제공한다. 이 예제에서는 Go 루틴을 처리하는 신호를 사용해 신호를 처리하는 방법을 살펴볼 것이다.

예제 구현

다음 단계는 애플리케이션을 작성하고 실행하는 방법을 설명한다.

1. 터미널이나 콘솔 프로그램에서 ~/projects/go-programming-cookbook/chapter2/signals라는 이름의 새 디렉터리를 생성한다.

2. 이 디렉터리로 이동한다.

3. 다음 명령을 실행한다.

```
$ go mod init github.com/PacktPublishing/Go-Programming-Cookbook-Second-
Edition/chapter2/signals
```

그러면 다음을 포함하는 go.mod라는 이름의 파일을 볼 수 있을 것이다.

```
module github.com/PacktPublishing/Go-Programming-Cookbook-Second-Edition/
chapter2/signals
```

4. ~/projects/go-programming-cookbook-original/chapter2/signals에서 복사해 테스트하거나 이 코드를 예제로 여러분만의 코드를 작성해본다.

5. signals.go라는 이름의 파일을 생성하고 다음 내용을 작성한다.

```go
package main

import (
    "fmt"
    "os"
    "os/signal"
    "syscall"
)

// CatchSig 함수는 SIGINT 인터럽트에 대한
// 리스너를 설정한다
func CatchSig(ch chan os.Signal, done chan bool) {
    // 신호에 대기하기 위해 블록(block)한다
    sig := <-ch
    // 신호를 받으면 출력한다
    fmt.Println("\nsig received:", sig)

    // 모든 신호에 대한 핸들러(handlers)를 설정할 수 있다
    switch sig {
        case syscall.SIGINT:
            fmt.Println("handling a SIGINT now!")
        case syscall.SIGTERM:
            fmt.Println("handling a SIGTERM in an entirely different way!")
        default:
            fmt.Println("unexpected signal received")
    }

    // 종료한다
    done <- true
}

func main() {
    // 채널을 초기화한다
    signals := make(chan os.Signal)
    done := make(chan bool)

    // signals 라이브러리에 연결한다
    signal.Notify(signals, syscall.SIGINT, syscall.SIGTERM)

    // 이 Go 루틴에 의해 신호가 잡혔으면
    // done으로 쓴다
    go CatchSig(signals, done)
```

```
        fmt.Println("Press ctrl-c to terminate...")
        // 누군가 done으로 쓸 때까지 프로그램을 블록한다
        <-done
        fmt.Println("Done!")
    }
```

6. 다음 명령을 실행한다.

```
$ go build
$ ./signals
```

7. 코드를 실행한 다음, **Ctrl + C**를 눌러보자. 그러면 다음과 같은 결과를 볼 수 있을 것
   이다.

```
$./signals
Press ctrl-c to terminate...
^C
sig received: interrupt
handling a SIGINT now!
Done!
```

8. 다시 실행한다. 그런 다음, 별도의 터미널에서 PID[3]를 확인해 해당 애플리케이션을
   강제 종료한다.

```
$./signals
Press ctrl-c to terminate...

# 다른 터미널 프로그램에서
$ ps -ef | grep signals
501 30777 26360 0 5:00PM ttys000 0:00.00 ./signals

$ kill -SIGTERM 30777

# signal 프로그램을 실행시킨 원래의 터미널에서
```

---

3   프로세스 ID – 옮긴이

```
sig received: terminated
handling a SIGTERM in an entirely different way!
Done!
```

9. 코드를 복사하거나 테스트 코드를 직접 작성한 경우, 한 경로 위로 이동한 다음 go test 명령을 실행해 모든 테스트를 통과하는지 확인한다.

예제 분석

이 예제는 10장, '병렬 처리와 동시성'에서 좀 더 자세히 다루는 채널을 사용한다. signal.Notify 함수는 신호 알림과 처리를 원하는 신호의 타입을 전달하는 데 채널을 필요로 한다. 그런 다음, Go 루틴에서 함수를 설정해 이 함수에 전달한 채널의 모든 동작을 처리할 수 있도록 했다. 신호를 받으면 원하는 대로 신호를 처리할 수 있다. 애플리케이션을 종료하고, 메시지로 응답하고, 다른 종류의 신호에 대해 다른 동작을 수행하는 등 원하는 대로 처리가 가능하다. Kill 명령은 애플리케이션에 신호를 전달하기 위한 테스트를 하기 좋은 방법이다.

또한 신호를 받을 때까지 애플리케이션이 종료되지 않도록 막기 위해 done 채널을 사용한다. done 채널을 사용하지 않으면, 애플리케이션이 바로 종료될 것이다. done 채널은 웹 애플리케이션과 같이 오래 실행되는 애플리케이션에는 필요하지 않다. 프로그램 정리 작업을 수행하기 위해 적절한 신호 처리 루틴을 만드는 것이 유용한데, 특히 상당한 양의 상태를 갖는 Go 루틴을 많이 사용하는 애플리케이션의 경우에 유용하다. 정상적으로 종료시키는 실용적인 예로, 현재의 핸들러가 HTTP 요청을 중간에 종료하지 않고 해당 요청을 완료하도록 허용하는 것을 들 수 있다.

:::▶ ANSI 컬러 애플리케이션

ANSI 터미널 애플리케이션에 색상을 지정하는 작업은 색상 설정을 원하는 텍스트 부분 전후에 다양한 코드로 처리된다. 이 예제에서는 텍스트를 빨간색이나 일반 색상으로 지정하는 기본적인 색상 지정 메커니즘을 살펴볼 것이다. https://github.com/agtorre/gocolorize에서 이와 관련된 애플리케이션을 살펴볼 수 있다. 이 애플리케이션은 더 많은 색상과 텍스트 타입을 지원하며 출력을 쉽게 하기 위해 fmt.Formatter 인터페이스도 구현한다.

예제 구현

다음 단계는 애플리케이션을 작성하고 실행하는 방법을 설명한다.

1. 터미널이나 콘솔 프로그램에서 ~/projects/go-programming-cookbook/chapter2/ansicolor라는 이름의 새 디렉터리를 생성한다.

2. 이 디렉터리로 이동한다.

3. 다음 명령을 실행한다.

```
$ go mod init github.com/PacktPublishing/Go-Programming-Cookbook-Second-
Edition/chapter2/ansicolor
```

그러면 다음을 포함하는 go.mod라는 이름의 파일을 볼 수 있을 것이다.

```
module github.com/PacktPublishing/Go-Programming-Cookbook-Second-Edition/
chapter2/ansicolor
```

4. ~/projects/go-programming-cookbook-original/chapter2/ansicolor에서 복사해 테스트하거나 이 코드를 예제로 여러분만의 코드를 작성해본다.

5. color.go라는 이름의 파일을 생성하고 다음 내용을 작성한다.

```go
package ansicolor

import "fmt"

// 텍스트 색상
```

```go
type Color int

const (
    // ColorNone은 기본 값
    ColorNone = iota
    // 빨간색 텍스트
    Red
    // 초록색 텍스트
    Green
    // 노란색 텍스트
    Yellow
    // 파란색 텍스트
    Blue
    // 다홍색(Magenta) 텍스트
    Magenta
    // 청록색 텍스트
    Cyan
    // 흰색 텍스트
    White
    // 검정색 텍스트
    Black Color = -1
)

// ColorText 구조체는 색상의 문자열 및 색상 값을 저장한다
type ColorText struct {
    TextColor Color
    Text string
}

func (r *ColorText) String() string {
    if r.TextColor == ColorNone {
        return r.Text
    }

    value := 30
    if r.TextColor != Black {
        value += int(r.TextColor)
    }
    return fmt.Sprintf("\033[0;%dm%s\033[0m", value, r.Text)
}
```

6. example이라는 이름의 디렉터리를 생성하고 여기로 이동한다.

7. main.go라는 이름의 파일을 생성하고 다음 내용을 작성한다.

```go
package main

import (
    "fmt"

    "github.com/PacktPublishing/
    Go-Programming-Cookbook-Second-Edition/
    chapter2/ansicolor"
)

func main() {
    r := ansicolor.ColorText{
        TextColor: ansicolor.Red,
        Text: "I'm red!",
    }

    fmt.Println(r.String())

    r.TextColor = ansicolor.Green
    r.Text = "Now I'm green!"

    fmt.Println(r.String())

    r.TextColor = ansicolor.ColorNone
    r.Text = "Back to normal..."

    fmt.Println(r.String())
}
```

8. go run main.go 명령을 실행한다.

9. 다음 명령을 실행해도 된다.

```
$ go build
$ ./example
```

10. 애플리케이션을 실행하는 터미널(또는 콘솔)에서 ANSI 색상 포맷을 지원하는 경우, 텍스트에 색상이 설정돼 다음과 같은 결과를 확인할 수 있을 것이다.[4]

```
$ go run main.go
I'm red!
Now I'm green!
Back to normal...
```

11. 코드를 복사하거나 테스트 코드를 직접 작성한 경우, 한 경로 위로 이동한 다음 go test 명령을 실행해 모든 테스트를 통과하는지 확인한다.

예제 분석

이 애플리케이션은 색상이 설정된 텍스트의 상태를 관리하기 위해 구조체를 사용한다. 예제에서는 텍스트의 색상과 텍스트 값을 저장한다. String() 메소드를 호출할 때 최종 문자열을 렌더링하는데, 이 구조체에 저장된 값에 따라 색상이 지정된 텍스트가 반환되거나 일반 텍스트가 반환된다. 색상이 지정되지 않은 일반 텍스트plain text가 기본 설정이다.

---

4   윈도우 환경에서는 CMD/PowerShell 모두에서 색상이 지정된 결과를 확인할 수 없다. 비주얼 스튜디오 코드(VSCode)를 사용하는 경우, 터미널에서 색상이 지정된 결과를 확인할 수 있다. – 옮긴이

03

데이터 변환 및 구성

Go 개발의 모든 단계를 마스터하기 위해서는 Go의 타입 시스템을 이해하는 것이 중요하다. 이 장에서는 데이터 타입 간의 변환, 매우 큰 수로 작업하기, 통화currency로 작업하기, Base64와 gob를 포함한 여러 다른 유형의 인코딩과 디코딩 사용, 클로저closure를 활용한 사용자 정의 컬렉션 타입 생성에 관한 몇 가지 예제를 보여줄 것이다. 이 장에서 다루는 내용은 다음과 같다.

- 데이터 타입 변환 및 인터페이스 형 변환

- math와 math/big을 활용한 숫자 데이터 타입 작업

- 통화 변환 및 float64에 대한 고려

- 인코딩과 디코딩에 포인터와 SQL NullType 사용하기

- Go 데이터의 인코딩 및 디코딩

- Go의 구조체 태그와 기본적인 리플렉션

- 클로저를 사용해 컬렉션 구현하기

⫶ 기술적 요구 사항

이 장의 모든 예제를 진행하기 위해서는 다음 단계에 따라 환경을 구성해야 한다.

1. https://golang.org/doc/install에서 여러분의 운영체제에 Go 1.12.6 이상의 버전을 다운로드하고 설치한다.

2. 터미널이나 콘솔 프로그램을 열고 프로젝트 디렉터리(~/projects/go-programming-cookbook 등)를 생성한 후 해당 경로로 이동한다. 모든 코드는 이 디렉터리에서 실행되고 수정될 것이다.

3. 최신 코드를 ~/projects/go-programming-cookbook-original 경로에 복제한다. 예제를 직접 입력하는 대신 이 디렉터리에서 작업할 것을 권장한다.

```
$ git clone git@github.com:PacktPublishing/Go-Programming-Cookbook-Second-
Edition.git go-programming-cookbook-original
```


⫶ 데이터 타입 변환 및 인터페이스 형 변환

Go는 일반적으로 서로 다른 타입의 데이터를 변환해 사용할 때 매우 유연하다. 다음과 같이 하나의 타입은 다른 타입을 상속할 수 있다.

```
type A int
```

그리고 상속한 타입으로 다시 형 변환할 수 있다.

```
var a A = 1
fmt.Println(int(a))
```

또한 형 변환을 사용한 숫자 타입 간의 변환, fmt.Sprint와 strconv를 사용한 문자열과 다른 타입 간의 변환, 리플렉션을 사용한 인터페이스와 타입 간의 변환을 위한 편의 기능을 제공한다. 이 예제에서는 이 책 전반에 걸쳐 사용할 기본 변환 중 일부를 살펴볼 것이다.

예제 구현

다음 단계는 애플리케이션을 작성하고 실행하는 방법을 설명한다.

1. 터미널이나 콘솔 프로그램에서 ~/projects/go-programming-cookbook/chapter3/dataconv라는 이름의 새 디렉터리를 생성한다.

2. 이 디렉터리로 이동한다.

3. 다음 명령을 실행한다.

```
$ go mod init github.com/PacktPublishing/Go-Programming-Cookbook-Second-Edition/chapter3/dataconv
```

그러면 다음을 포함하는 go.mod라는 이름의 파일을 볼 수 있을 것이다.

```
module github.com/PacktPublishing/Go-Programming-Cookbook-Second-Edition/chapter3/dataconv
```

4. ~/projects/go-programming-cookbook-original/chapter3/dataconv에서 복사해 테스트하거나 이 코드를 예제로 여러분만의 코드를 작성해본다.

5. dataconv.go라는 이름의 파일을 생성하고 다음 내용을 작성한다.

```go
package dataconv

import "fmt"

// ShowConv 함수는 일부 타입의 변환 예제를 보여준다
func ShowConv() {
    // int
    var a = 24
```

```go
    // float 64
    var b = 2.0

    // 다음 계산을 위해 int를 float64로 변환하기
    c := float64(a) * b
    fmt.Println(c)
    // fmt.Sprintf는 문자열로 변환하는 좋은 방법이다
    precision := fmt.Sprintf("%.2f", b)

    // 값과 타입 출력하기
    fmt.Printf("%s - %T\n", precision, precision)
}
```

6. strconv.go라는 이름의 파일을 생성하고 다음 내용을 작성한다.

```go
package dataconv

import (
    "fmt"
    "strconv"
)

// Strconv 함수는 일부 strconv 함수의 예제를 보여준다
func Strconv() error {
    // strconv는 문자열에서 다른 타입으로 또는 다른 타입에서 문자열로
    // 변환하는 좋은 방법이다
    s := "1234"
    // 진수 설정에 10을 지정하고, 정확도 설정에 64비트를 지정할 수 있다
    res, err := strconv.ParseInt(s, 10, 64)
    if err != nil {
        return err
    }

    fmt.Println(res)

    // 16진수의 변환도 시도해보자
    res, err = strconv.ParseInt("FF", 16, 64)
    if err != nil {
        return err
    }

    fmt.Println(res)
```

```go
    // 다음과 같은 유용한 변환도 해볼 수 있다
    val, err := strconv.ParseBool("true")
    if err != nil {
        return err
    }

    fmt.Println(val)

    return nil
}
```

7. interfaces.go라는 이름의 파일을 생성하고 다음 내용을 작성한다.

```go
package dataconv

import "fmt"

// CheckType 함수는 인터페이스 타입을 기반으로 출력한다
func CheckType(s interface{}) {
    switch s.(type) {
        case string:
            fmt.Println("It's a string!")
        case int:
            fmt.Println("It's an int!")
        default:
            fmt.Println("not sure what it is...")
    }
}

// Interfaces 함수는 익명의 인터페이스를 다른 타입으로
// 형 변환하는 방법을 보여준다
func Interfaces() {
    CheckType("test")
    CheckType(1)
    CheckType(false)

    var i interface{}
    i = "test"

    // 인터페이스를 수동으로 확인한다
    if val, ok := i.(string); ok {
        fmt.Println("val is", val)
```

```
        }

        // 이 코드는 실패할 것이다
        if _, ok := i.(int); !ok {
            fmt.Println("uh oh! glad we handled this")
        }
    }
```

8. example이라는 이름의 새 디렉터리를 생성하고 여기로 이동한다.

9. main.go라는 이름의 파일을 생성하고 다음 내용을 작성한다.

```
package main

import "github.com/PacktPublishing/Go-Programming-Cookbook-Second-Edition/
chapter3/dataconv"

func main() {
    dataconv.ShowConv()
    if err := dataconv.Strconv(); err != nil {
        panic(err)
    }
    dataconv.Interfaces()
}
```

10. go run main.go 명령을 실행한다. 다음 명령을 실행해도 된다.

```
$ go build
$ ./example
```

그러면 다음과 같은 결과를 확인할 수 있을 것이다.

```
$ go run main.go
48
2.00 - string
1234
255
true
It's a string!
```

```
It's an int!
not sure what it is...
val is test
uh oh! glad we handled this
```

11. 코드를 복사하거나 테스트 코드를 직접 작성한 경우, 한 경로 위로 이동한 다음 go test 명령을 실행해 모든 테스트를 통과하는지 확인한다.

예제 분석

이 예제는 strconv 패키지와 인터페이스 리플렉션을 사용해 새로운 타입으로 래핑함으로써 서로 다른 타입 간에 변환하는 방법을 보여준다. 이런 방법으로 Go 개발자는 다양한 Go 타입 간의 변환을 빠르게 처리할 수 있다. 예제의 처음 두 메소드는 컴파일 중에 오류를 반환하지만, 인터페이스 리플렉션의 오류는 실행하기 전까지(런타임 시까지) 발견되지 않을 것이다. 따라서 지원되지 않는 타입으로 리플렉션을 잘못 사용하면 프로그램에서 패닉panic이 발생할 수 있다.

서로 다른 타입 간의 변환은 일반적이며, 이 예제에서도 변환 방법을 보여준다. float64에서만 동작하는 math와 같은 패키지에서 변환은 중요해진다.

⁑ math와 math/big을 활용한 숫자 데이터 타입 작업

math와 math/big 패키지는 Pow, Sqrt, Cos와 같은 좀 더 복잡한 수학 연산들을 Go 언어에 지원하는 데 초점을 둔다. math 패키지 자체는 함수에서 달리 언급되지 않는 한 float64에서 주로 동작한다. math/big 패키지는 64비트 값으로 표현하기에 너무 큰 숫자들을 처리하기 위한 패키지다. 이번 예제는 math 패키지의 기본적인 사용법을 소개하며, 피보나치 수열Fibonacci sequence에 math/big 패키지를 사용하는 방법을 보여줄 것이다.

예제 구현

다음 단계는 애플리케이션을 작성하고 실행하는 방법을 설명한다.

1. 터미널이나 콘솔 프로그램에서 ~/projects/go-programming-cookbook/chapter3/
   math라는 이름의 새 디렉터리를 생성한다.

2. 이 디렉터리로 이동한다.

3. 다음 명령을 실행한다.

   ```
   $ go mod init github.com/PacktPublishing/Go-Programming-Cookbook-Second-
   Edition/chapter3/math
   ```

   그러면 다음을 포함하는 go.mod라는 이름의 파일을 볼 수 있을 것이다.

   ```
   module github.com/PacktPublishing/Go-Programming-Cookbook-Second-Edition/
   chapter3/math
   ```

4. ~/projects/go-programming-cookbook-original/chapter3/math에서 복사해 테
   스트하거나 이 코드를 예제로 여러분만의 코드를 작성해본다.

5. fib.go라는 이름의 파일을 생성하고 다음 내용을 작성한다.

   ```go
   package math

   import "math/big"

   // 피보나치 수열의 저장을 위한 글로벌 변수
   var memoize map[int]*big.Int

   func init() {
       // 맵(map) 초기화
       memoize = make(map[int]*big.Int)
   }

   // Fib 함수는 피보나치 수열의 n번째 수를 출력한다
   // 0보다 작은 경우에는 1을 반환한다
   ```

```go
// 재귀적으로 계산하며, int64는 빨리 넘치기(오버플로) 때문에
// big.Int를 사용한다
func Fib(n int) *big.Int {
    if n < 0 {
        return big.NewInt(1)
    }

    // 기본 케이스
    if n < 2 {
        memoize[n] = big.NewInt(1)
    }

    // 이전에 저장했는지 확인한다
    // 이미 저장한 경우, 계산하지 않고 저장된 값을 반환한다
    if val, ok := memoize[n]; ok {
        return val
    }

    // 맵을 초기화한 다음, 이전 두 개의 피보나치 값을 더한다
    memoize[n] = big.NewInt(0)
    memoize[n].Add(memoize[n], Fib(n-1))
    memoize[n].Add(memoize[n], Fib(n-2))

    // 결과를 반환한다
    return memoize[n]
}
```

6. math.go라는 이름의 파일을 생성하고 다음 내용을 작성한다.

```go
package math

import (
    "fmt"
    "math"
)

// Examples 함수는 math 패키지에서 제공하는
// 일부 함수의 사용법을 보여준다
func Examples() {
    // sqrt 예제
    i := 25
```

```go
    // i는 int 타입이기 때문에 변환한다
    result := math.Sqrt(float64(i))

    // 25의 제곱근은 5
    fmt.Println(result)

    // 올림 연산 처리
    result = math.Ceil(9.5)
    fmt.Println(result)

    // 내림 연산 처리
    result = math.Floor(9.5)
    fmt.Println(result)

    // 또한 math 패키지는 몇 가지 상수(const)도 제공한다
    fmt.Println("Pi:", math.Pi, "E:", math.E)
}
```

7. example이라는 이름의 새 디렉터리를 생성하고 여기로 이동한다.

8. main.go라는 이름의 파일을 생성하고 다음 내용을 작성한다.

```go
package main

import (
    "fmt"
    "github.com/PacktPublishing/Go-Programming-Cookbook-Second-Edition/chapter3/math"
)

func main() {
    math.Examples()

    for i := 0; i < 10; i++ {
        fmt.Printf("%v ", math.Fib(i))
    }
    fmt.Println()
}
```

9. `go run main.go` 명령을 실행한다. 다음 명령을 실행해도 된다.

```
$ go build
$ ./example
```

그러면 다음과 같은 결과를 확인할 수 있을 것이다.

```
$ go run main.go
5
10
9
Pi: 3.141592653589793 E: 2.718281828459045
1 1 2 3 5 8 13 21 34 55
```

10. 코드를 복사하거나 테스트 코드를 직접 작성한 경우, 한 경로 위로 이동한 다음 go test 명령을 실행해 모든 테스트를 통과하는지 확인한다.

예제 분석

math 패키지를 사용하면 Go에서 복잡한 수학 연산을 처리할 수 있다. 이 예제는 복잡한 부동 소수점 연산을 처리하고 필요에 따라 타입을 변환하기 위해 math 패키지와 함께 사용해야 한다. float64를 사용해도 특정 부동 소수점 숫자에 대한 반올림 오류가 여전히 발생할 수 있다는 점에 주의해야 한다. 다음 예제는 이런 오류를 처리하는 몇 가지 기법을 보여준다.

math/big 패키지를 사용하는 부분은 재귀적으로 처리되는 피보나치 수열을 보여준다. main.go를 수정해 10 이상 반복되도록 만들면 big.Int 대신 int64가 사용된 경우 int의 범위를 빠르게 넘는 것을 볼 수 있다. big.Int 패키지는 big 타입에서 다른 타입으로의 변환을 도와주는 도움 함수도 제공한다.

⸬ 통화 변환과 float64에 대한 고려

통화를 다루는 작업은 항상 까다로운 과정이다. 돈(금액)을 float64로 나타내고 싶을 수도 있지만, 계산할 때 처리하기 까다로운(잘못된) 반올림 오류가 발생할 수 있다. 이런 이유로 돈을 센트cent로 생각하고 돈의 수치를 int64로 저장하는 것이 좋다.

어떤 포맷, 명령줄, 기타 소스를 통해 사용자의 입력을 받을 때 일반적으로 돈은 달러 형식으로 표현된다. 이런 이유로 사용자 입력을 문자열로 처리하고 부동 소수점 변환 없이 이 문자열을 바로 센트로 변환하는 것이 가장 좋은 방법이다. 이 예제는 통화의 문자열 표현을 int64 인스턴스로 변환하고 int64 인스턴스를 문자열 표현으로 변환하는 방법을 제시한다.

예제 구현

다음 단계는 애플리케이션을 작성하고 실행하는 방법을 설명한다.

1. 터미널이나 콘솔 프로그램에서 ~/projects/go-programming-cookbook/chapter3/currency라는 이름의 새 디렉터리를 생성한다.

2. 이 디렉터리로 이동한다.

3. 다음 명령을 실행한다.

```
$ go mod init github.com/PacktPublishing/Go-Programming-Cookbook-Second-
Edition/chapter3/currency
```

그러면 다음을 포함하는 go.mod라는 이름의 파일을 볼 수 있을 것이다.

```
module github.com/PacktPublishing/Go-Programming-Cookbook-Second-Edition/
chapter3/currency
```

4. ~/projects/go-programming-cookbook-original/chapter3/currency에서 복사해 테스트하거나 이 코드를 예제로 여러분만의 코드를 작성해본다.

5. dollars.go라는 이름의 파일을 생성하고 다음 내용을 작성한다.

```go
package currency

import (
    "errors"
    "strconv"
    "strings"
)

// ConvertStringDollarsToPennies 함수는 문자열(예: 1.00, 55.12 등)로
// 달러의 양을 입력받아 int64로 변환한다
func ConvertStringDollarsToPennies(amount string) (int64, error) {
    // amount 인자가 float로 변환 가능한지 확인한다
    _, err := strconv.ParseFloat(amount, 64)
    if err != nil {
        return 0, err
    }

    // . 문자를 기준으로 값을 나눈다(분할)
    groups := strings.Split(amount, ".")

    // . 문자가 없는 경우에는 다음 코드에서 값을 result에 저장한다
    result := groups[0]

    // 기본 문자열
    r := ""

    // "." 다음의 데이터를 처리한다
    if len(groups) == 2 {
        if len(groups[1]) != 2 {
            return 0, errors.New("invalid cents")
        }
        r = groups[1]
    }

    // 0으로 채운다. . 문자가 없는 경우
    // 두 개의 0이 채워질 것이다
    for len(r) < 2 {
```

```go
        r += "0"
    }

    result += r

    // int로 변환한다
    return strconv.ParseInt(result, 10, 64)
}
```

6. pennies.go라는 이름의 파일을 생성하고 다음 내용을 작성한다.

```go
package currency

import (
    "strconv"
)

// ConvertPenniesToDollarString 함수는 int64로 페니의 양을 입력받아
// 달러의 문자열 표현을 반환한다
func ConvertPenniesToDollarString(amount int64) string {
    // 입력받은 페니의 양을 10진수로 변환한다
    result := strconv.FormatInt(amount, 10)

    // 음수인 경우 나중에 설정한다
    negative := false
    if result[0] == '-' {
        result = result[1:]
    negative = true
    }

    // 값이 100보다 작으면 왼쪽에 0을 하나 추가한다
    for len(result) < 3 {
        result = "0" + result
    }
    length := len(result)

    // 10진수로 덧셈한다
    result = result[0:length-2] + "." + result[length-2:]

    // 음수인 경우 "-"를 붙여준다
    if negative {
        result = "-" + result
```

```
        }

        return result
    }
```

7. example이라는 이름의 새 디렉터리를 생성하고 여기로 이동한다.

8. main.go라는 이름의 파일을 생성하고 다음 내용을 작성한다.

```
package main

import (
    "fmt"
    "github.com/PacktPublishing/Go-Programming-Cookbook-Second-Edition/
chapter3/currency"
)

func main() {
    // 15달러 93센트의 사용자 입력 값에서 시작한다
    userInput := "15.93"

    pennies, err :=
    currency.ConvertStringDollarsToPennies(userInput)
    if err != nil {
        panic(err)
    }

    fmt.Printf("User input converted to %d pennies\n", pennies)

    // 15센트를 더한다
    pennies += 15

    dollars := currency.ConvertPenniesToDollarString(pennies)

    fmt.Printf("Added 15 cents, new values is %s dollars\n", dollars)
}
```

9. go run main.go 명령을 실행하거나 다음 명령을 실행한다.

```
$ go build
$ ./example
```

그러면 다음과 같은 결과를 확인할 수 있을 것이다.

```
$ go run main.go
User input converted to 1593 pennies
Added 15 cents, new values is 16.08 dollars
```

10. 코드를 복사하거나 테스트 코드를 직접 작성한 경우, 한 경로 위로 이동한 다음 go test 명령을 실행해 모든 테스트를 통과하는지 확인한다.

예제 분석

이 예제는 strconv와 strings 패키지를 사용해 문자열 포맷의 달러^{dollar}와 int64 포맷의 페니^{penny} 간에 통화를 변환한다. 반올림 오류가 발생할 수 있는 float64 타입으로 변환하지 않기 때문에 유효성 검사만 처리하면 된다.

strconv.ParseInt와 strconv.FormatInt 함수는 int64와 문자열 사이를 변환하는 데 매우 유용하다. 또한 Go 문자열이 필요에 따라 문자열을 쉽게 추가하고 분할^(나누기)할 수 있다는 점을 적극 활용했다.

🏳 인코딩과 디코딩에 포인터와 SQL NullType 사용하기

Go에서 객체를 인코딩하거나 디코딩할 때 명시적으로 설정되지 않은 타입은 해당 타입의 기본 값으로 설정된다. 예를 들면, 문자열은 기본 값이 빈 문자열("")이고 정수는 0이다. 일반적으로는 괜찮다. 하지만 사용하는 API 또는 사용자의 입력을 사용하거나 반환하는 서비스에서 0이 어떤 의미를 갖는 경우에는 문제가 될 수 있다.

게다가 json omitempty와 같은 구조체 태그를 사용하면 0 값은 유효하더라도 무시된다. 비슷한 예로 SQL에서 반환하는 Null 값이 있다. Int에서 Null을 가장 잘 나타내는 값은 무엇일까? 이번 예제에서는 Go 개발자가 이런 문제를 처리하는 방법을 살펴본다.

116

예제 구현

다음 단계는 애플리케이션을 작성하고 실행하는 방법을 설명한다.

1. 터미널이나 콘솔 프로그램에서 ~/projects/go-programming-cookbook/chapter3/
   nulls라는 이름의 새 디렉터리를 생성한다.

2. 이 디렉터리로 이동한다.

3. 다음 명령을 실행한다.

   **$ go mod init github.com/PacktPublishing/Go-Programming-Cookbook-Second-
   Edition/chapter3/nulls**

   그러면 다음을 포함하는 go.mod라는 이름의 파일을 볼 수 있을 것이다.

   ```
   module github.com/PacktPublishing/Go-Programming-Cookbook-Second-Edition/
   chapter3/nulls
   ```

4. ~/projects/go-programming-cookbook-original/chapter3/nulls에서 복사해 테
   스트하거나 이 코드를 예제로 여러분만의 코드를 작성해본다.

5. base.go라는 이름의 파일을 생성하고 다음 내용을 작성한다.

   ```
   package nulls

   import (
       "encoding/json"
       "fmt"
   )

   // name 값은 있지만 age 값은 없는 json
   const (
       jsonBlob = `{"name": "Aaron"}`
       fulljsonBlob = `{"name":"Aaron", "age":0}`
   )

   // Example 구조체는 age와 name 필드를 갖는
   ```

```go
// 기본적인 구조체다
type Example struct {
    Age int `json:"age,omitempty"`
    Name string `json:"name"`
}

// BaseEncoding 함수는 일반적인 타입에 대한
// 인코딩 및 디코딩 방법을 보여준다
func BaseEncoding() error {
    e := Example{}
    // no age가 0 age라는 점에 주의한다
    if err := json.Unmarshal([]byte(jsonBlob), &e); err != nil {
        return err
    }
    fmt.Printf("Regular Unmarshal, no age: %+v\n", e)
    value, err := json.Marshal(&e)
    if err != nil {
        return err
    }
    fmt.Println("Regular Marshal, with no age:", string(value))

    if err := json.Unmarshal([]byte(fulljsonBlob), &e);
    err != nil {
        return err
    }
    fmt.Printf("Regular Unmarshal, with age = 0: %+v\n", e)

    value, err = json.Marshal(&e)
    if err != nil {
        return err
    }
    fmt.Println("Regular Marshal, with age = 0:", string(value))

    return nil
}
```

6. pointer.go라는 이름의 파일을 생성하고 다음 내용을 작성한다.

```go
package nulls

import (
    "encoding/json"
```

```go
    "fmt"
)

// ExamplePointer 구조체는 동일하지만(앞의 Example 구조체와),
// *Int를 사용한다는 점만 다르다
type ExamplePointer struct {
    Age *int `json:"age,omitempty"`
    Name string `json:"name"`
}

// PointerEncoding 함수는 nil/omitted 값을 처리하는
// 방법을 보여준다
func PointerEncoding() error {
    // no age는 nil age라는 점을 주의한다
    e := ExamplePointer{}
    if err := json.Unmarshal([]byte(jsonBlob), &e); err != nil {
        return err
    }
    fmt.Printf("Pointer Unmarshal, no age: %+v\n", e)

    value, err := json.Marshal(&e)
    if err != nil {
        return err
    }
    fmt.Println("Pointer Marshal, with no age:", string(value))

    if err := json.Unmarshal([]byte(fulljsonBlob), &e);
    err != nil {
        return err
    }
    fmt.Printf("Pointer Unmarshal, with age = 0: %+v\n", e)

    value, err = json.Marshal(&e)
    if err != nil {
        return err
    }
    fmt.Println("Pointer Marshal, with age = 0:", string(value))

    return nil
}
```

7. nullencoding.go라는 이름의 파일을 생성하고 다음 내용을 작성한다.

```go
package nulls

import (
    "database/sql"
    "encoding/json"
    "fmt"
)

type nullInt64 sql.NullInt64

// ExampleNullInt 구조체도 동일하지만,
// sql.NullInt64를 사용한다는 점만 다르다
type ExampleNullInt struct {
    Age  *nullInt64 `json:"age,omitempty"`
    Name string `json:"name"`
}

func (v *nullInt64) MarshalJSON() ([]byte, error) {
    if v.Valid {
        return json.Marshal(v.Int64)
    }
    return json.Marshal(nil)
}

func (v *nullInt64) UnmarshalJSON(b []byte) error {
    v.Valid = false
    if b != nil {
        v.Valid = true
        return json.Unmarshal(b, &v.Int64)
    }
    return nil
}

// NullEncoding 함수는 nil/omitted 값을 처리하는
// 다른 방법을 보여준다
func NullEncoding() error {
    e := ExampleNullInt{}

    // no는 유효하지 않은 값을 의미한다는 점에 주의한다
    if err := json.Unmarshal([]byte(jsonBlob), &e); err != nil {
        return err
```

```
    }
    fmt.Printf("nullInt64 Unmarshal, no age: %+v\n", e)

    value, err := json.Marshal(&e)
    if err != nil {
        return err
    }
    fmt.Println("nullInt64 Marshal, with no age:", string(value))

    if err := json.Unmarshal([]byte(fulljsonBlob), &e);
    err != nil {
        return err
    }
    fmt.Printf("nullInt64 Unmarshal, with age = 0: %+v\n", e)

    value, err = json.Marshal(&e)
    if err != nil {
        return err
    }
    fmt.Println("nullInt64 Marshal, with age = 0:", string(value))

    return nil
}
```

8. example이라는 이름의 새 디렉터리를 생성하고 여기로 이동한다.

9. main.go라는 이름의 파일을 생성하고 다음 내용을 작성한다.

```
package main

import (
    "fmt"
    "github.com/PacktPublishing/Go-Programming-Cookbook-Second-Edition/
chapter3/nulls"
)

func main() {
    if err := nulls.BaseEncoding(); err != nil {
        panic(err)
    }
    fmt.Println()
```

```
        if err := nulls.PointerEncoding(); err != nil {
            panic(err)
        }
        fmt.Println()

        if err := nulls.NullEncoding(); err != nil {
            panic(err)
        }
    }
```

10. `go run main.go` 명령을 실행하거나 다음 명령을 실행한다.

   $ go build
   $ ./example

   그러면 다음과 같은 결과를 확인할 수 있을 것이다.

```
$ go run main.go
Regular Unmarshal, no age: {Age:0 Name:Aaron}
Regular Marshal, with no age: {"name":"Aaron"}
Regular Unmarshal, with age = 0: {Age:0 Name:Aaron}
Regular Marshal, with age = 0: {"name":"Aaron"}

Pointer Unmarshal, no age: {Age:<nil> Name:Aaron}
Pointer Marshal, with no age: {"name":"Aaron"}
Pointer Unmarshal, with age = 0: {Age:0xc42000a610 Name:Aaron}
Pointer Marshal, with age = 0: {"age":0,"name":"Aaron"}

nullInt64 Unmarshal, no age: {Age:<nil> Name:Aaron}
nullInt64 Marshal, with no age: {"name":"Aaron"}
nullInt64 Unmarshal, with age = 0: {Age:0xc42000a750 Name:Aaron}
nullInt64 Marshal, with age = 0: {"age":0,"name":"Aaron"}
```

11. 코드를 복사하거나 테스트 코드를 직접 작성한 경우, 한 경로 위로 이동한 다음 go
   test 명령을 실행해 모든 테스트를 통과하는지 확인한다.

예제 분석

어떤 값을 마샬링하거나 언마샬링unmarshaling할 때 null 값을 표현하는 빠른 방법은 값을 포인터로 전환하는 것이다. 포인터에 값을 직접 할당할 수 없으므로(예: --*a: 1등) 이런 값들을 설정하는 것이 까다로울 수 있지만, 그렇지 않은 경우에는 유연하게 처리할 수 있다.

이 예제는 sql.NullInt64 타입을 사용하는 대체 방법도 보여준다. sql.NullInt64 타입은 일반적으로 SQL과 함께 사용하며 Null 이외의 값을 반환하면 유효한 값을 설정하고, 그렇지 않으면 Null을 설정한다. 예제에서는 sql.NullInt64 타입이 JSON 패키지와 상호 작용할 수 있도록 MarshalJSON과 UnmarshalJSON 함수를 추가했으며, omitempty 값이 반환되더라도 예상대로 동작을 이어가도록 하기 위해 포인터를 선택해 사용했다.

⁝⁝ Go 데이터의 인코딩 및 디코딩

Go는 JSON, TOML, YAML 이외의 다양한 인코딩 타입을 제공한다. 이런 인코딩 타입은 주로 데이터 전송을 위해 사용한다. 예를 들면, 유선 프로토콜 및 RPC(리모트 프로시저 호출)를 사용하는 Go 프로세스 간에 데이터를 전송하거나 일부 문자 포맷이 제한된 Go 프로세스 사이에서 데이터를 전송할 때 이런 인코딩 타입을 사용한다.

이번 예제에서는 gob 포맷과 base64 포맷을 인코딩, 디코딩하는 방법을 살펴볼 것이다. 이후 장에서는 GRPC와 같은 프로토콜을 살펴본다.

예제 구현

다음 단계는 애플리케이션을 작성하고 실행하는 방법을 설명한다.

1. 터미널이나 콘솔 프로그램에서 ~/projects/go-programming-cookbook/chapter3/encoding이라는 이름의 새 디렉터리를 생성한다.

2. 이 디렉터리로 이동한다.

3. 다음 명령을 실행한다.

```
$ go mod init github.com/PacktPublishing/Go-Programming-Cookbook-Second-
Edition/chapter3/encoding
```

그러면 다음을 포함하는 go.mod라는 이름의 파일을 볼 수 있을 것이다.

```
module github.com/PacktPublishing/Go-Programming-Cookbook-Second-Edition/
chapter3/encoding
```

4. ~/projects/go-programming-cookbook-original/chapter3/encoding에서 복사해 테스트하거나 이 코드를 예제로 여러분만의 코드를 작성해본다.

5. gob.go라는 이름의 파일을 생성하고 다음 내용을 작성한다.

```go
package encoding

import (
    "bytes"
    "encoding/gob"
    "fmt"
)

// pos 구조체는 객체의 x, y 위치를 저장한다
type pos struct {
    X int
    Y int
    Object string
}

// GobExample 함수는 gob 패키지를 사용하는
// 방법을 보여준다
func GobExample() error {
    buffer := bytes.Buffer{}

    p := pos{
        X: 10,
        Y: 15,
```

```go
        Object: "wrench",
    }

    // p가 인터페이스인 경우에는
    // 먼저 gob.Register를 호출해야 한다는 점에 주의한다

    e := gob.NewEncoder(&buffer)
    if err := e.Encode(&p); err != nil {
        return err
    }

    // 버퍼에 있는 데이터가 바이너리 포맷이므로
    // 출력이 잘되지 않을 수 있다는 점을 주의하자
    fmt.Println("Gob Encoded valued length: ", len(buffer.Bytes()))

    p2 := pos{}
    d := gob.NewDecoder(&buffer)
    if err := d.Decode(&p2); err != nil {
        return err
    }

    fmt.Println("Gob Decode value: ", p2)
    return nil
}
```

6. base64.go라는 이름의 파일을 생성하고 다음 내용을 작성한다.

```go
package encoding

import (
    "bytes"
    "encoding/base64"
    "fmt"
    "io/ioutil"
)

// Base64Example 함수는 base64 패키지를 사용하는
// 데모를 보여준다
func Base64Example() error {
    // base64 패키지는 바이트/문자열로 동작하는
    // 바이너리 포맷을 지원할 수 없을 때 유용하다
```

```go
    // 도움 함수와 URL 인코딩을 사용한다
    value := base64.URLEncoding.EncodeToString([]byte("encoding some
data!"))
    fmt.Println("With EncodeToString and URLEncoding: ", value)

    // 첫 번째 값을 디코딩한다
    decoded, err := base64.URLEncoding.DecodeString(value)
    if err != nil {
        return err
    }
    fmt.Println("With DecodeToString and URLEncoding: ", string(decoded))
    return nil
}

// Base64ExampleEncoder 함수는 encoder/decoder를 사용해
// 비슷한 예제를 보여준다
func Base64ExampleEncoder() error {
    // encoder/decoder 사용하기
    buffer := bytes.Buffer{}

    // 버퍼로 인코딩한다
    encoder := base64.NewEncoder(base64.StdEncoding, &buffer)

    if _, err := encoder.Write([]byte("encoding some other data")); err !=
nil {
        return err
    }

    // 인코더를 닫았는지 확인한다
    if err := encoder.Close(); err != nil {
        return err
    }

    fmt.Println("Using encoder and StdEncoding: ", buffer.String())

    decoder := base64.NewDecoder(base64.StdEncoding, &buffer)
    results, err := ioutil.ReadAll(decoder)
    if err != nil {
        return err
    }

    fmt.Println("Using decoder and StdEncoding: ", string(results))
```

```
        return nil
    }
```

7. example이라는 이름의 새 디렉터리를 생성하고 여기로 이동한다.

8. main.go라는 이름의 파일을 생성하고 다음 내용을 작성한다.

```go
package main

import (
    "github.com/PacktPublishing/Go-Programming-Cookbook-Second-Edition/
chapter3/encoding"
)

func main() {
    if err := encoding.Base64Example(); err != nil {
        panic(err)
    }

    if err := encoding.Base64ExampleEncoder(); err != nil {
        panic(err)
    }

    if err := encoding.GobExample(); err != nil {
        panic(err)
    }
}
```

9. go run main.go 명령을 실행하거나 다음 명령을 실행한다.

```
$ go build
$ ./example
```

그러면 다음과 같은 결과를 확인할 수 있을 것이다.

```
$ go run main.go
With EncodeToString and URLEncoding:
ZW5jb2Rpbmcgc29tZSBkYXRhIQ==
With DecodeToString and URLEncoding: encoding some data!
```

Using encoder and StdEncoding: ZW5jb2Rpbmcgc29tZSBvdGhlciBkYXRh
Using decoder and StdEncoding: encoding some other data
Gob Encoded valued length: 57
Gob Decode value: {10 15 wrench}

10. 코드를 복사하거나 테스트 코드를 직접 작성한 경우, 한 경로 위로 이동한 다음 go test 명령을 실행해 모든 테스트를 통과하는지 확인한다.

예제 분석

Gob 인코딩은 Go 데이터 타입을 염두에 두고 제작된 스트리밍 포맷이다. Gob 인코딩은 연속된 여러 항목을 보내고 인코딩할 때 가장 효율적이다. 단일 항목에 대해서는 JSON과 같은 다른 인코딩 포맷이 잠재적으로 더 효율적이며 가볍다. 그럼에도 gob 인코딩을 통해 크고 복잡한 구조체를 마샬링하고, 마샬링된 데이터를 다시 구조체로 별도의 프로세스에서 재구성할 수 있다. 예제에서는 살펴보지 않았지만, gob 패키지는 MarshalBinary와 UnmarshalBinary 함수를 사용해 사용자 정의 타입이나 예측하지 못한 타입에서도 동작할 수 있다.

Base64 인코딩은 GET 요청에서 URL을 통해 데이터를 주고받거나 바이너리 데이터의 문자열 표현 인코딩을 생성할 때 유용하다. 대부분의 언어에서 이 포맷을 지원하며 데이터를 주고받는 다른 쪽 끝에서 언마샬링(마샬링 해제)을 지원한다. 따라서 JSON 포맷이 지원되지 않을 때 JSON 포맷의 데이터를 인코딩하는 방법을 널리 사용한다.

⁙ Go의 구조체 태그와 기본적인 리플렉션

리플렉션은 하나의 예제로 다룰 수 없는 복잡한 주제다. 하지만 리플렉션의 실용적인 적용 방법은 구조체 태그struct tag를 사용하는 것이다. 그 핵심을 살펴보면, 구조체 태그는 단지 키-값 구조의 문자열이다. 키를 찾으면 값을 처리할 수 있다. 예상해볼 수 있듯이, JSON 마샬링과 언마샬링의 경우 이런 값들을 처리하는 것이 많이 복잡하다는 사실을 알 수 있다.

reflect 패키지는 인터페이스 객체를 조사하고 이해할 수 있도록 설계됐다. 또한 다른
유형의 구조, 값, 구조체 태그 등을 볼 수 있는 도움 함수를 제공한다. 이 장 초반에 진행
했던 예제와 같은 기본적인 인터페이스 변환보다 더 많은 처리가 필요한 경우에 reflect
패키지를 살펴보길 바란다.

예제 구현

다음 단계는 애플리케이션을 작성하고 실행하는 방법을 설명한다.

1. 터미널이나 콘솔 프로그램에서 ~/projects/go-programming-cookbook/chapter3/
   tags라는 이름의 새 디렉터리를 생성한다.

2. 이 디렉터리로 이동한다.

3. 다음 명령을 실행한다.

   ```
   $ go mod init github.com/PacktPublishing/Go-Programming-Cookbook-Second-
   Edition/chapter3/tags
   ```

   그러면 다음을 포함하는 go.mod라는 이름의 파일을 볼 수 있을 것이다.

   ```
   module github.com/PacktPublishing/Go-Programming-Cookbook-Second-Edition/
   chapter3/tags
   ```

4. ~/projects/go-programming-cookbook-original/chapter3/tags에서 복사해 테스
   트하거나 이 코드를 예제로 여러분만의 코드를 작성해본다.

5. serialize.go라는 이름의 파일을 생성하고 다음 내용을 작성한다.

   ```
   package tags

   import "reflect"
   ```

```go
// SerializeStructStrings 함수는 구조체를
// 사용자 정의 직렬화(serialization) 포맷으로 변환한다
// 문자열 타입에 대한 구조체 태그를 직렬화하는 방식을 사용한다
func SerializeStructStrings(s interface{}) (string, error) {
    result := ""

    // 인터페이스를 특정 타입으로 반영한다
    r := reflect.TypeOf(s)
    value := reflect.ValueOf(s)
    // 구조체에 대한 포인터가 전달된 경우,
    // 적절하게 처리한다
    if r.Kind() == reflect.Ptr {
    r = r.Elem()
        value = value.Elem()
    }

    // 모든 필드에 대해 루프로 처리한다
    for i := 0; i < r.NumField(); i++ {
        field := r.Field(i)
        // 구조체 태그가 발견된 경우
        key := field.Name
        if serialize, ok := field.Tag.Lookup("serialize"); ok {
            // "-"를 무시한다. 그렇지 않으면
            // 전체 값이 직렬화 '키(key)'가 된다
            if serialize == "-" {
                continue
            }
            key = serialize
        }

        switch value.Field(i).Kind() {
            // 이 예제는 문자열만 지원한다
            case reflect.String:
                result += key + ":" + value.Field(i).String() + ";"
            // 그 외의 다른 타입은 건너뛴다
            default:
                continue
        }
    }
    return result, nil
}
```

6. deserialize.go라는 이름의 파일을 생성하고 다음 내용을 작성한다.

```go
package tags

import (
    "errors"
    "reflect"
    "strings"
)

// DeSerializeStructStrings 함수는 사용자 정의 직렬화 포맷을 사용해
// 직렬화된 문자열을 구조체로 변환한다
func DeSerializeStructStrings(s string, res interface{}) error {
    r := reflect.TypeOf(res)

    // 포인터를 사용하도록 설정했기 때문에
    // 항상 포인터가 전달돼야 한다
    if r.Kind() != reflect.Ptr {
        return errors.New("res must be a pointer")
    }

    // 포인터를 역참조한다
    r = r.Elem()
    value := reflect.ValueOf(res).Elem()

    // 직렬화된 문자열을 분할(분리)해 맵(map)에 저장한다
    vals := strings.Split(s, ";")
    valMap := make(map[string]string)
    for _, v := range vals {
        keyval := strings.Split(v, ":")
        if len(keyval) != 2 {
            continue
        }
        valMap[keyval[0]] = keyval[1]
    }

    // 모든 필드에 대해 루프로 처리한다
    for i := 0; i < r.NumField(); i++ {
        field := r.Field(i)

        // serialize가 설정됐는지 확인한다
        if serialize, ok := field.Tag.Lookup("serialize"); ok {
            // "-"를 무시한다. 그렇지 않으면
            // 전체 값이 직렬화 '키(key)'가 된다
            if serialize == "-" {
```

```go
                continue
            }
            // 맵에 있는지 확인한다
            if val, ok := valMap[serialize]; ok {
                value.Field(i).SetString(val)
            }
        } else if val, ok := valMap[field.Name]; ok {
            // 필드 이름이 맵에 있는지 확인한다
            value.Field(i).SetString(val)
        }
    }
    return nil
}
```

7. tags.go라는 이름의 파일을 생성하고 다음 내용을 작성한다.

```go
package tags

import "fmt"

// Person 구조체는 사람의 이름, 시(city), 주(state),
// 기타 속성을 저장한다
type Person struct {
    Name  string `serialize:"name"`
    City  string `serialize:"city"`
    State string
    Misc  string `serialize:"-"`
    Year  int    `serialize:"year"`
}

// EmptyStruct 함수는 태그를 갖는 빈(Empty)
// 구조체의 직렬화 및 역직렬화
// 방법을 보여준다
func EmptyStruct() error {
    p := Person{}

    res, err := SerializeStructStrings(&p)
    if err != nil {
        return err
    }

    fmt.Printf("Empty struct: %#v\n", p)
```

132

```go
        fmt.Println("Serialize Results:", res)

        newP := Person{}
        if err := DeSerializeStructStrings(res, &newP); err != nil {
            return err
        }
        fmt.Printf("Deserialize results: %#v\n", newP)
        return nil
    }

    // FullStruct 함수는 태그가 있는
    // 데이터가 모두 채워진 구조체의
    // 직렬화 및 역직렬화 방법을 보여준다
    func FullStruct() error {
        p := Person{
            Name:  "Aaron",
            City:  "Seattle",
            State: "WA",
            Misc:  "some fact",
            Year:  2017,
        }
        res, err := SerializeStructStrings(&p)
        if err != nil {
            return err
        }
        fmt.Printf("Full struct: %#v\n", p)
        fmt.Println("Serialize Results:", res)

        newP := Person{}
        if err := DeSerializeStructStrings(res, &newP); err != nil {
            return err
        }
        fmt.Printf("Deserialize results: %#v\n", newP)
        return nil
    }
```

8. example이라는 이름의 새 디렉터리를 생성하고 여기로 이동한다.

9. main.go라는 이름의 파일을 생성하고 다음 내용을 작성한다.

```go
    package main
```

```
import (
    "fmt"
    "github.com/PacktPublishing/Go-Programming-Cookbook-Second-Edition/
chapter3/tags"
)

func main() {

    if err := tags.EmptyStruct(); err != nil {
        panic(err)
    }

    fmt.Println()

    if err := tags.FullStruct(); err != nil {
        panic(err)
    }
}
```

10. `go run main.go` 명령을 실행하거나 다음 명령을 실행해도 된다.

$ **go build**
$ **./example**

그러면 다음과 같은 결과를 확인할 수 있을 것이다.

$ **go run main.go**
Empty struct: tags.Person{Name:"", City:"", State:"", Misc:"", Year:0}
Serialize Results: name:;city:;State:;
Deserialize results: tags.Person{Name:"", City:"", State:"", Misc:"",
Year:0}
Full struct: tags.Person{Name:"Aaron", City:"Seattle", State:"WA", Misc:
"some fact", Year:2017}
Serialize Results: name:Aaron;city:Seattle;State:WA;
Deserialize results: tags.Person{Name:"Aaron", City:"Seattle", State:"WA",
Misc:"", Year:0}

11. 코드를 복사하거나 테스트 코드를 직접 작성한 경우, 한 경로 위로 이동한 다음 go
    test 명령을 실행해 모든 테스트를 통과하는지 확인한다.

예제 분석

이 예제는 구조체 값을 문자열 직렬화 포맷으로 만들고 모든 문자열 필드를 파싱 가능한 포맷으로 직렬화한다. 이 예제는 특정한 경우를 다루지 않는다. 특히 문자열은 콜론(:)이나 세미콜론(;) 문자는 포함하면 안 된다. 다음은 예제 동작을 요약한 내용이다.

- 필드가 문자열이면 직렬화serialization/역직렬화deserialization한다.

- 필드가 문자열이 아니면, 무시한다.

- 필드의 문자열 태그가 직렬화 '키key'를 가지면, 이 키가 직렬화/역직렬화 환경을 반환한다.

- 중복은 처리하지 않는다.

- 구조체 태그가 설정되지 않았으면, 필드 이름을 대신 사용한다.

- 구조체 태그 값이 하이픈(-)이면, 필드가 문자열이라도 무시한다.

주목해야 할 또 다른 점은 리플렉션이 내보내지 않은 값nonexported value에는 전혀 동작하지 않는다는 점이다.

⁞ 클로저를 사용해 컬렉션 구현하기

함수형 프로그래밍 언어나 다이내믹 프로그래밍 언어로 작업하는 경우 for 루프와 if 구문이 장황한 코드를 만든다고 생각할 수 있다. 함수형 언어에서 리스트를 처리하기 위해 맵map과 필터filter를 생성해 사용하면 코드의 가독성이 더 좋아질 수 있다. 하지만 Go에서는 이런 타입이 표준 라이브러리에 있지 않으며 제네릭generic이나 매우 복잡한 리플렉션, 빈 인터페이스의 사용 없이는 일반화해 사용하기가 어렵다. 이 예제는 Go 클로저를 사용해 컬렉션collection을 구현하는 몇 가지 기본적인 예제를 제공한다.

예제 구현

다음 단계는 애플리케이션을 작성하고 실행하는 방법을 설명한다.

1. 터미널이나 콘솔 프로그램에서 ~/projects/go-programming-cookbook/chapter3/
   collections라는 이름의 새 디렉터리를 생성한다.

2. 이 디렉터리로 이동한다.

3. 다음 명령을 실행한다.

   ```
   $ go mod init github.com/PacktPublishing/Go-Programming-Cookbook-Second-
   Edition/chapter3/collections
   ```

   그러면 다음을 포함하는 go.mod라는 이름의 파일을 볼 수 있을 것이다.

   ```
   module github.com/PacktPublishing/Go-Programming-Cookbook-Second-Edition/
   chapter3/collections
   ```

4. ~/projects/go-programming-cookbook-original/chapter3/collections에서 복사
   해 테스트하거나 이 코드를 예제로 여러분만의 코드를 작성해본다.

5. collections.go라는 이름의 파일을 생성하고 다음 내용을 작성한다.

   ```go
   package collections

   // WorkWith 구조체는 컬렉션을
   // 구현하는 데 사용한다
   type WorkWith struct {
       Data string
       Version int
   }

   // Filter 함수는 함수형 필터다. WorkWith의 리스트와
   // 각 "true" 요소에 대한 불리언(bool)을 리턴하는 WorkWith 함수를 입력받아
   // 레스토랑 리스트를 반환한다
   func Filter(ws []WorkWith, f func(w WorkWith) bool) []WorkWith {
       // 결과에 따라 result의 길이가 0인 경우의 크기를 줄인다
   ```

```
        result := make([]WorkWith, 0)
        for _, w := range ws {
            if f(w) {
                result = append(result, w)
            }
        }
        return result
    }


    // Map 함수는 함수형 맵이다. WorkWith의 리스트와 WorkWith를 입력받아
    // 수정된 WorkWith를 반환하는 함수를 인자로 받는다. 최종 결과는
    // 수정된 WorkWith의 리스트다
    func Map(ws []WorkWith, f func(w WorkWith) WorkWith) []WorkWith {
        // result는 항상 동일한 길이를 가져야 한다
        result := make([]WorkWith, len(ws))

        for pos, w := range ws {
            newW := f(w)
            result[pos] = newW
        }
        return result
    }
```

6. functions.go라는 이름의 파일을 생성하고 다음 내용을 작성한다.

```
    package collections

    import "strings"

    // LowerCaseData 함수는 WorkWith의 Data 문자열에
    // ToLower[1]를 수행한다
    func LowerCaseData(w WorkWith) WorkWith {
        w.Data = strings.ToLower(w.Data)
        return w
    }

    // IncrementVersion 함수는 WorkWiths의 버전을
    // 증가시킨다
    func IncrementVersion(w WorkWith) WorkWith {
```

---

1 소문자로 만드는 함수 – 옮긴이

```
        w.Version++
        return w
    }

    // OldVersion 함수는 버전이 지정된 값보다 큰지 확인하는
    // 클로저를 반환한다
    func OldVersion(v int) func(w WorkWith) bool {
        return func(w WorkWith) bool {
            return w.Version >= v
        }
    }
```

7. example이라는 이름의 새 디렉터리를 생성하고 여기로 이동한다.

8. main.go라는 이름의 파일을 생성하고 다음 내용을 작성한다.

```
package main

import (
    "fmt"
    "github.com/PacktPublishing/Go-Programming-Cookbook-Second-Edition/
chapter3/collections"
)

func main() {
    ws := []collections.WorkWith{
        collections.WorkWith{"Example", 1},
        collections.WorkWith{"Example 2", 2},
    }

    fmt.Printf("Initial list: %#v\n", ws)

    // 먼저 리스트의 값을 소문자로 만든다
    ws = collections.Map(ws, collections.LowerCaseData)
    fmt.Printf("After LowerCaseData Map: %#v\n", ws)

    // 그다음 모든 버전을 증가시킨다
    ws = collections.Map(ws, collections.IncrementVersion)
    fmt.Printf("After IncrementVersion Map: %#v\n", ws)

    // 마지막으로 3보다 작은 모든 버전을 제거한다
    ws = collections.Filter(ws, collections.OldVersion(3))
```

```
        fmt.Printf("After OldVersion Filter: %#v\n", ws)
    }
```

9. go run main.go 명령을 실행하거나 다음 명령을 실행한다.

```
$ go build
$ ./example
```

그러면 다음과 같은 결과를 확인할 수 있을 것이다.

```
$ go run main.go
Initial list:
[]collections.WorkWith{collections.WorkWith{Data:"Example", Version:1},
collections.WorkWith{Data:"Example 2", Version:2}}
After LowerCaseData Map:
[]collections.WorkWith{collections.WorkWith{Data:"example", Version:1},
collections.WorkWith{Data:"example 2", Version:2}}
After IncrementVersion Map:
[]collections.WorkWith{collections.WorkWith{Data:"example", Version:2},
collections.WorkWith{Data:"example 2", Version:3}}
After OldVersion Filter:
[]collections.WorkWith{collections.WorkWith{Data:"example 2", Version:3}}
```

10. 코드를 복사하거나 테스트 코드를 직접 작성한 경우, 한 경로 위로 이동한 다음 go test 명령을 실행해 모든 테스트를 통과하는지 확인한다.

예제 분석

Go의 클로저는 매우 강력하다. 예제의 collections 함수는 제네릭이 아니지만, 비교적 작으며 다양한 함수를 사용해 최소한의 코드만 추가하면 WorkWith 구조체에 쉽게 적용할 수 있다. 예제를 살펴보면 어디에서도 오류를 반환하지 않는다는 사실을 알 수 있을 것이다. 이 함수들은 순수 함수pure function다. 즉, 각 함수 호출 이후에 리스트를 덮어 쓴다는 것을 제외하면 원래의 리스트에는 어떠한 영향도 미치지 않는다.

리스트나 리스트 구조체에 여러 레이어의 수정본을 적용해야 한다면 이 패턴을 사용해 많은 혼란을 피하고 테스트를 매우 직관적으로(간단하게) 만들 수 있다. 또한 매우 표현력 있는 코딩 스타일을 위해 맵^{map}과 필터^{filter}를 연결할 수도 있다.

04

Go의 오류 처리

가장 기본적인 Go 프로그램에서도 오류 처리는 중요하다. Go에서 오류는 Error 인터페이스를 구현하고 코드의 모든 계층(레이어)에서 처리해야 한다. Go 오류는 예외exception처럼 동작하지 않으며, 처리되지 않은 오류는 거대한 문제를 일으킬 수 있다. 따라서 오류가 발생할 때마다 오류를 처리하고 고려하기 위해 노력해야 한다.

실제로 오류가 발생할 때마다 로그를 출력하는 것이 일반적이므로, 이 장에서는 로그를 출력하는 내용도 다룬다. 또한 발생한 오류가 함수 스택을 반환해 추가 정보를 제공하게 만들어 특정 오류의 실제 원인을 쉽게 판별할 수 있도록 오류를 래핑하는 방법도 살펴볼 것이다.

이 장에서 다루는 예제는 다음과 같다.

- 오류 처리 및 Error 인터페이스

- pkg/errors 패키지 사용하기 및 오류 래핑

- log 패키지 사용하기 및 오류의 로그 기록 시기 이해하기

- apex와 logrus 패키지를 활용한 구조화된 로깅

- context 패키지를 활용한 로깅

- 패키지 수준의 전역 변수 사용하기

- 장기간 실행되는 프로세스에 대한 패닉 해결하기

기술적 요구 사항

이 장의 모든 예제를 진행하기 위해서는 다음 단계에 따라 환경을 구성해야 한다.

1. https://golang.org/doc/install에서 여러분의 운영체제에 Go 1.12.6 이상의 버전을 다운로드하고 설치한다.

2. 터미널이나 콘솔 프로그램을 열고 프로젝트 디렉터리(~/projects/go-programming-cookbook 등)를 생성한 후 해당 경로로 이동한다. 모든 코드는 이 디렉터리에서 실행되고 수정될 것이다.

3. 최신 코드를 ~/projects/go-programming-cookbook-original 경로에 복제한다. 예제를 직접 입력하는 대신 이 디렉터리에서 작업할 것을 권장한다.

```
$ git clone git@github.com:PacktPublishing/Go-Programming-Cookbook-Second-
Edition.git go-programming-cookbook-original
```


오류 처리 및 Error 인터페이스

Error 인터페이스는 매우 작고 단순한 인터페이스다.

```
type Error interface{
    Error() string
}
```

Error 인터페이스를 만족시키면서 무엇이든 만들 수 있기 때문에 매우 우아하다. 반면에 발생한 오류에 따라 어떤 조치를 취해야 하므로 패키지에 혼란을 주기도 한다.

Go에서 오류를 생성하는 방법은 여러 가지가 있다. 이 예제에서는 기본적인 오류 생성 방법, 값이 할당되거나 타입이 지정된 오류, 구조체를 사용한 사용자 정의 오류를 살펴본다.

예제 구현

다음 단계는 애플리케이션을 작성하고 실행하는 방법을 설명한다.

1. 터미널이나 콘솔 프로그램에서 ~/projects/go-programming-cookbook/chapter4/basicerrors라는 이름의 새 디렉터리를 생성하고 이 디렉터리로 이동한다.

2. 다음 명령을 실행한다.

```
$ go mod init github.com/PacktPublishing/Go-Programming-Cookbook-Second-
Edition/chapter4/basicerrors
```

그러면 다음을 포함하는 go.mod라는 이름의 파일을 볼 수 있을 것이다.

```
module github.com/PacktPublishing/Go-Programming-Cookbook-Second-Edition/
chapter4/basicerrors
```

3. ~/projects/go-programming-cookbook-original/chapter4/basicerrors에서 복사해 테스트하거나 이 코드를 예제로 여러분만의 코드를 작성해본다.

4. basicerrors.go라는 이름의 파일을 생성하고 다음 내용을 작성한다.

```
package basicerrors

import (
    "errors"
    "fmt"
```

```go
    )

    // ErrorValue는 확인을 위한 패키지 수준 오류를 만드는 방법이다
    // 즉, if err == ErrorValue
    var ErrorValue = errors.New("this is a typed error")

    // TypedError는 err.(type) == ErrorValue를 수행할 수 있는
    // 오류 타입을 만드는 방법이다
    type TypedError struct {
        error
    }

    // BasicErrors 함수는 오류를 생성하는 몇 가지 방법을 보여준다
    func BasicErrors() {
        err := errors.New("this is a quick and easy way to create an error")
        fmt.Println("errors.New: ", err)

        err = fmt.Errorf("an error occurred: %s", "something")
        fmt.Println("fmt.Errorf: ", err)

        err = ErrorValue
        fmt.Println("value error: ", err)

        err = TypedError{errors.New("typed error")}
        fmt.Println("typed error: ", err)
    }
```

5. custom.go라는 이름의 파일을 생성하고 다음 내용을 작성한다.

```go
package basicerrors

import (
    "fmt"
)

// CustomError는 Error() 인터페이스를 구현할 구조체다
type CustomError struct {
    Result string
}

func (c CustomError) Error() string {
    return fmt.Sprintf("there was an error; %s was the result", c.Result)
```

```
}

// SomeFunc 함수는 오류를 반환한다
func SomeFunc() error {
    c := CustomError{Result: "this"}
    return c
}
```

6. example이라는 이름의 새 디렉터리를 생성하고 여기로 이동한다.

7. main.go라는 이름의 파일을 생성하고 다음 내용을 작성한다.

```
package main

import (
    "fmt"
    "github.com/PacktPublishing/Go-Programming-Cookbook-Second-Edition/
chapter4/basicerrors"
)

func main() {
    basicerrors.BasicErrors()
    err := basicerrors.SomeFunc()
    fmt.Println("custom error: ", err)
}
```

8. go run main.go 명령을 실행한다.

9. 다음 명령을 실행해도 된다.

```
$ go build
$ ./example
```

그러면 다음과 같은 결과를 확인할 수 있을 것이다.

```
$ go run main.go
errors.New: this is a quick and easy way to create an error
fmt.Errorf: an error occurred: something
typed error: this is a typed error
```

```
custom error: there was an error; this was the result
```

10. 코드를 복사하거나 테스트 코드를 직접 작성한 경우, 한 경로 위로 이동한 다음 go
    test 명령을 실행해 모든 테스트를 통과하는지 확인한다.

예제 분석

errors.New, fmt.Errorf, 사용자 정의 error를 사용하는지 여부를 떠나, 코드에서 오류를
처리하지 않은 상태로 두지 않아야 한다는 점이 무엇보다 중요하다. 이렇게 다양한 오
류의 정의 방법은 많은 유연성을 제공한다. 예를 들면, 구조체에 함수를 추가해 오류를
분석하고 호출 함수에서 여러분이 정의한 오류 타입으로 인터페이스를 형 변환해 추가
한 기능을 사용할 수 있다.

인터페이스 자체는 매우 단순하며, 유효한 문자열을 반환해야 한다는 것이 유일한 요구
사항이다. 전체적으로 일관된 오류 처리가 가능하지만, 다른 애플리케이션들과 잘 동작
해야 하는 일부 고수준high-level 애플리케이션에는 인터페이스를 구조체에 연결하는 것
이 유용할 수 있다.

pkg/errors 패키지 사용하기 및 오류 래핑

github.com/pkg/errors에 있는 errors 패키지는 표준 Go errors 패키지를 대체한다.
또한 오류를 래핑하고 처리하는 매우 유용한 기능들을 제공한다. 앞의 예제에서 타입이
지정되고 선언된 오류들이 좋은 예다. 이런 방법은 오류에 추가적인 정보를 제공하는
데 유용할 수 있지만, 표준 방식을 래핑하는 것은 타입을 변경해 타입 어설션type assertion
을 중단시킬 수 있다.

```
// 다음 코드는 fmt.Errorf("custom error: %s", err.Error())와 같이
// 표준 방식으로 래핑하면 동작하지 않는다
if err == Package.ErrorNamed{
```

```
    // 이 오류는 특정한 방식으로 처리한다
}
```

이번 예제는 pkg/errors 패키지를 사용해 코드 전반에서 오류에 주석을 추가하는 방법을 보여준다.

예제 구현

다음 단계는 애플리케이션을 작성하고 실행하는 방법을 설명한다.

1. 터미널이나 콘솔 프로그램에서 ~/projects/go-programming-cookbook/chapter4/errwrap이라는 이름의 새 디렉터리를 생성하고 이 디렉터리로 이동한다.

2. 다음 명령을 실행한다.

   ```
   $ go mod init github.com/PacktPublishing/Go-Programming-Cookbook-Second-Edition/chapter4/errwrap
   ```

   그러면 다음을 포함하는 go.mod라는 이름의 파일을 볼 수 있을 것이다.

   ```
   module github.com/PacktPublishing/Go-Programming-Cookbook-Second-Edition/chapter4/errwrap
   ```

3. ~/projects/go-programming-cookbook-original/chapter4/errwrap에서 복사해 테스트하거나 이 코드를 예제로 여러분만의 코드를 작성해본다.

4. errwrap.go라는 이름의 파일을 생성하고 다음 내용을 작성한다.

   ```
   package errwrap

   import (
       "fmt"
       "github.com/pkg/errors"
   )
   ```

```go
// WrappedError 함수는 오류 래핑과 오류에 주석을 표시하는
// 방법을 보여준다
func WrappedError(e error) error {
    return errors.Wrap(e, "An error occurred in WrappedError")
}

// ErrorTyped 구조체는 예제에서 확인할 오류다
type ErrorTyped struct{
    error
}

// Wrap 함수는 오류를 래핑할 때 호출된다
func Wrap() {
    e := errors.New("standard error")
    fmt.Println("Regular Error - ", WrappedError(e))
    fmt.Println("Typed Error - ", WrappedError(ErrorTyped{errors.New("typed
error")}))
    fmt.Println("Nil -", WrappedError(nil))
}
```

5. unwrap.go라는 이름의 파일을 생성하고 다음 내용을 작성한다.

```go
package errwrap

import (
    "fmt"
    "github.com/pkg/errors"
)

// Unwrap 함수는 오류의 래핑을 해제하고
// 오류의 타입 어설션을 수행한다
func Unwrap() {

    err := error(ErrorTyped{errors.New("an error occurred")})
    err = errors.Wrap(err, "wrapped")
    fmt.Println("wrapped error: ", err)

    // 다양한 오류 타입을 처리할 수 있다
    switch errors.Cause(err).(type) {
        case ErrorTyped:
            fmt.Println("a typed error occurred: ", err)
        default:
```

```
            fmt.Println("an unknown error occurred")
        }
    }

    // StackTrace 함수는 오류에 대한 모든 스택을 출력한다
    func StackTrace() {
        err := error(ErrorTyped{errors.New("an error occurred")})
        err = errors.Wrap(err, "wrapped")

        fmt.Printf("%+v\n", err)
    }
```

6. example이라는 이름의 새 디렉터리를 생성하고 여기로 이동한다.

7. main.go라는 이름의 파일을 생성하고 다음 내용을 작성한다.

```
package main
import (
    "fmt"
    "github.com/PacktPublishing/Go-Programming-Cookbook-Second-Edition/
chapter4/errwrap"
)

func main() {
    errwrap.Wrap()
    fmt.Println()
    errwrap.Unwrap()
    fmt.Println()
    errwrap.StackTrace()
}
```

8. go run main.go 명령을 실행한다.

9. 다음 명령을 실행해도 된다.

```
$ go build
$ ./example
```

그러면 다음과 같은 결과를 확인할 수 있을 것이다.

```
$ go run main.go
Regular Error - An error occurred in WrappedError: standard
error
Typed Error - An error occurred in WrappedError: typed error
Nil - <nil>

wrapped error: wrapped: an error occurred
a typed error occurred: wrapped: an error occurred

an error occurred
github.com/PacktPublishing/Go-Programming-Cookbook-Second-Edition/chapter4/
errwrap.StackTrace
/Users/lothamer/go/src/github.com/agtorre/gocookbook/
chapter4/errwrap/unwrap.go:30
main.main
/tmp/go/src/github.com/agtorre/gocookbook/
chapter4/errwrap/example/main.go:14
```

10. go.mod 파일이 업데이트됐을 것이며, 이제 go.sum 파일이 최상위 예제 디렉터리
    에 있을 것이다.

11. 코드를 복사하거나 테스트 코드를 직접 작성한 경우, 한 경로 위로 이동한 다음 go
    test 명령을 실행해 모든 테스트를 통과하는지 확인한다.

예제 분석

pkg/errors 패키지는 매우 유용한 도구다. 이 패키지를 이용하면 반환되는 모든 오류를
래핑해 로깅 및 오류 디버깅 과정에서 추가 정보를 제공할 수 있다. 오류가 발생했을 때
전체 스택 추적stack trace 정보를 출력하거나 오류를 출력할 때 오류에 접두사만 추가할
수 있을 정도로 유연하다. 또한 래핑된 nil은 nil 값을 반환하기 때문에 코드를 정리할
수도 있다. 다음 예제를 살펴보자.

```go
func RetError() error{
    err := ThisReturnsAnError()
    return errors.Wrap(err, "This only does something if err != nil")
}
```

경우에 따라서는 오류를 반환하기 전에 먼저 오류가 nil인지 확인하지 않아도 된다. 이 예제는 오류를 래핑하고 래핑을 해제하는 방법과 기본적인 스택 추적 기능을 보여준다. 이 패키지에 대한 문서는 부분 스택 정보 출력 등 유용한 다른 예제도 제공한다. 이 라이브러리를 만든 데이브 체니Dave Cheney는 여러 유용한 블로그와 관련 주제에 대한 내용도 작성했다. https://dave.cheney.net/2016/04에서 더 자세한 정보를 확인할 수 있다.

log 패키지 사용하기와 오류의 로그 기록 시기 이해하기

로깅logging은 일반적으로 오류가 최종 결과일 때 사용한다. 다시 말해, 예외나 예상하지 않은 동작이 발생했을 때 로그를 기록하는 것이 유용하다. 또한 로그 수준을 제공하는 로그를 사용하는 경우, 개발 과정에서 신속한 디버깅을 위해 코드의 주요 부분에 로그 정보를 추가하는 것이 적절할 수 있다. 로그 기록이 너무 많아지면 유용한 정보를 찾기 어려워지지만, 로그가 충분하지 않으면 시스템에 문제가 발생했을 때 근본적인 원인을 명확히 이해하기가 어려울 수 있다. 이번 예제는 기본 Go log 패키지의 사용 방법과 유용한 옵션, 로그를 사용해야 하는 시기에 대한 예를 보여준다.

예제 구현

다음 단계는 애플리케이션을 작성하고 실행하는 방법을 설명한다.

1. 터미널이나 콘솔 프로그램에서 ~/projects/go-programming-cookbook/chapter4/log라는 이름의 새 디렉터리를 생성하고 이 디렉터리로 이동한다.

2. 다음 명령을 실행한다.

```
$ go mod init github.com/PacktPublishing/Go-Programming-Cookbook-Second-
Edition/chapter4/log
```

그러면 다음을 포함하는 go.mod라는 이름의 파일을 볼 수 있을 것이다.

```
module github.com/PacktPublishing/Go-Programming-Cookbook-Second-Edition/
chapter4/ log
```

3. ~/projects/go-programming-cookbook-original/chapter4/log에서 복사해 테스
   트하거나 이 코드를 예제로 여러분만의 코드를 작성해본다.

4. log.go라는 이름의 파일을 생성하고 다음 내용을 작성한다.

```go
package log

import (
    "bytes"
    "fmt"
    "log"
)

// Log 함수는 로거(logger) 설정을 사용한다
func Log() {
    // bytes.Buffer에 기록하기 위해 로거를
    // 설정한다
    buf := bytes.Buffer{}

    // 두 번째 인자는 접두사이며, 마지막 인자는 논리 연산자 or를 결합해
    // 설정하는 옵션이다
    logger := log.New(&buf, "logger: ", log.Lshortfile|log.Ldate)

    logger.Println("test")

    logger.SetPrefix("new logger: ")

    logger.Printf("you can also add args(%v) and use Fatalln to log and
crash", true)
```

```
        fmt.Println(buf.String())
    }
```

5. error.go라는 이름의 파일을 생성하고 다음 내용을 작성한다.

```
package log

import "github.com/pkg/errors"
import "log"

// OriginalError 함수는 원래의 오류를 반환한다
func OriginalError() error {
    return errors.New("error occurred")
}

// PassThroughError 함수는 OriginalError 함수를 호출하고
// 래핑을 한 다음 오류를 전달한다
func PassThroughError() error {
    err := OriginalError()
    // nil에도 동작하기 때문에
    // 오류를 확인할 필요가 없다
    return errors.Wrap(err, "in passthrougherror")
}

// FinalDestination 함수는 오류를 처리하며
// 전달은 하지 않는다
func FinalDestination() {
    err := PassThroughError()
    if err != nil {
        // 예상치 못한 오류가 발생해 로그를 기록한다
        log.Printf("an error occurred: %s\n", err.Error())
        return
    }
}
```

6. example이라는 이름의 새 디렉터리를 생성하고 여기로 이동한다.

7. main.go라는 이름의 파일을 생성하고 다음 내용을 작성한다.

```
package main
```

```
import (
    "fmt"
    "github.com/PacktPublishing/Go-Programming-Cookbook-Second-Edition/
chapter4/log"
)

func main() {
    fmt.Println("basic logging and modification of logger:")
    log.Log()
    fmt.Println("logging 'handled' errors:")
    log.FinalDestination()
}
```

8. go run main.go 명령을 실행한다.

9. 다음 명령을 실행해도 된다.

```
$ go build
$ ./example
```

그러면 다음과 같은 결과를 확인할 수 있을 것이다.

```
$ go run main.go
basic logging and modification of logger:
logger: 2017/02/05 log.go:19: test
new logger: 2017/02/05 log.go:23: you can also add args(true)
and use Fataln to log and crash

logging 'handled' errors:
2017/02/05 18:36:11 an error occurred: in passthrougherror:
error occurred
```

10. go.mod 파일이 업데이트됐을 것이며, 이제 go.sum 파일이 최상위 예제 디렉터리
    에 있을 것이다.

11. 코드를 복사하거나 테스트 코드를 직접 작성한 경우, 한 경로 위로 이동한 다음 go
    test 명령을 실행해 모든 테스트를 통과하는지 확인한다.

예제 분석

로거를 초기화하고 `log.NewLogger()`를 사용해 로그를 전달하거나 `log` 패키지 수준 로거를 사용해 메시지를 로그로 출력할 수 있다. 이 예제의 log.go 파일은 첫 번째 방법을 사용하고 error.go 파일은 두 번째 방법을 사용한다. 또한 오류가 최종 목적지에 도달한 후 로그를 기록해야 한다는 것을 보여준다. 그렇게 하지 않으면 한 이벤트에 로그가 여러 번 기록될 수 있다.

이 접근 방법에는 몇 가지 문제가 있다. 먼저 중간 함수 중 하나에 컨텍스트를 추가하려는 경우가 있을 수 있다(예: 로그에 기록하려는 변수 등). 둘째, 많은 변수를 로그에 기록하면 코드가 정리되지 않아 혼란스럽고 읽기 어렵게 만들 수 있다. 다음 예제에서는 변수를 로그에 기록할 때 유연함을 제공하는 구조화된 로깅을 살펴본다. 그다음 예제에서는 전역 패키지 수준 로거의 구현도 살펴볼 것이다.

⁝⁝ apex와 logrus 패키지를 활용한 구조화된 로깅

정보를 로그로 기록하는 주된 이유는 어떤 이벤트가 발생하거나 과거에 발생했을 때 시스템의 상태를 검사하기 위함이다. 로그를 기록하는 다수의 마이크로서비스가 있는 경우에는 기본적인 로그 메시지를 결합하기가 까다롭다.

로그를 이해할 수 있는 데이터 포맷으로 변환할 수 있다면 다양한 서드파티 패키지를 사용해 로그를 결합할 수 있다. 이런 패키지들은 색인 기능, 검색 기능 등을 제공한다. `sirupsen/logrus`와 `apex/log` 패키지는 여러 필드를 로그에 기록할 수 있는 구조화된 로깅을 가능케 해주며, 이들 서드파티 로그 분석 도구에 맞게 포맷을 변경할 수 있다. 예를 들면, 다양한 서비스에서 파싱하기 위해 JSON 포맷으로 로그를 쉽게 생성할 수 있다.

예제 구현

다음 단계는 애플리케이션을 작성하고 실행하는 방법을 설명한다.

1. 터미널이나 콘솔 프로그램에서 ~/projects/go-programming-cookbook/chapter4/ structured라는 이름의 새 디렉터리를 생성하고 이 디렉터리로 이동한다.

2. 다음 명령을 실행한다.

```
$ go mod init github.com/PacktPublishing/Go-Programming-Cookbook-Second-
Edition/chapter4/structured
```

그러면 다음을 포함하는 go.mod라는 이름의 파일을 볼 수 있을 것이다.

```
module github.com/PacktPublishing/Go-Programming-Cookbook-Second-Edition/
chapter4/structured
```

3. ~/projects/go-programming-cookbook-original/chapter4/structured에서 복사해 테스트하거나 이 코드를 예제로 여러분만의 코드를 작성해본다.

4. logrus.go라는 이름의 파일을 생성하고 다음 내용을 작성한다.

```go
package structured

import "github.com/sirupsen/logrus"

// Hook 구조체는 logrus의 hook 인터페이스를
// 구현한다
type Hook struct {
    id string
}

// Fire 함수는 로그를 기록할 때마다 호출된다
func (hook *Hook) Fire(entry *logrus.Entry) error {
    entry.Data["id"] = hook.id
    return nil
}

// Levels 함수는 전달된 hook이 실행될 레벨이다
func (hook *Hook) Levels() []logrus.Level {
    return logrus.AllLevels
}
```

```go
// Logrus 함수는 몇 가지 기본적인 logrus 기능을 보여준다
func Logrus() {
    // json 포맷으로 로그를 기록한다
    logrus.SetFormatter(&logrus.TextFormatter{})
    logrus.SetLevel(logrus.InfoLevel)
    logrus.AddHook(&Hook{"123"})

    fields := logrus.Fields{}
    fields["success"] = true
    fields["complex_struct"] = struct {
    Event string
    When string
    }{"Something happened", "Just now"}

    x := logrus.WithFields(fields)
    x.Warn("warning!")
    x.Error("error!")
}
```

5. apex.go라는 이름의 파일을 생성하고 다음 내용을 작성한다.

```go
package structured

import (
    "errors"
    "os"
    "github.com/apex/log"
    "github.com/apex/log/handlers/text"
)

// ThrowError 함수는 추적할 오류를 발생시킨다
func ThrowError() error {
    err := errors.New("a crazy failure")
    log.WithField("id", "123").Trace("ThrowError").Stop(&err)
    return err
}

// CustomHandler 구조체는 두 개의 스트림으로 분할시킨다
type CustomHandler struct {
    id string
    handler log.Handler
}
```

```
// HandleLog 함수는 hook을 더해 로그를 기록한다
func (h *CustomHandler) HandleLog(e *log.Entry) error {
    e.WithField("id", h.id)
    return h.handler.HandleLog(e)
}

// Apex 함수는 몇 가지 유용한 기법을 제공한다
func Apex() {
    log.SetHandler(&CustomHandler{"123", text.New(os.Stdout)})
    err := ThrowError()

    // 오류 편의 기능 활용
    log.WithError(err).Error("an error occurred")
}
```

6. example이라는 이름의 새 디렉터리를 생성하고 여기로 이동한다.

7. main.go라는 이름의 파일을 생성하고 다음 내용을 작성한다.

```
package main

import (
    "fmt"
    "github.com/PacktPublishing/Go-Programming-Cookbook-Second-Edition/
chapter4/structured"
)

func main() {
    fmt.Println("Logrus:")
    structured.Logrus()

    fmt.Println()
    fmt.Println("Apex:")
    structured.Apex()
}
```

8. go run main.go 명령을 실행한다.

9. 다음 명령을 실행해도 된다.

```
$ go build
$ ./example
```

그러면 다음과 같은 결과를 확인할 수 있을 것이다.

```
$ go run main.go
Logrus:
WARN[0000] warning! complex_struct={Something happened Just now}
id=123 success=true
ERRO[0000] error! complex_struct={Something happened Just now}
id=123 success=true

Apex:
INFO[0000] ThrowError id=123
ERROR[0000] ThrowError duration=133ns error=a crazy failure
id=123
ERROR[0000] an error occurred error=a crazy failure
```

10. go.mod 파일이 업데이트됐을 것이며, 이제 go.sum 파일이 최상위 예제 디렉터리
    에 있을 것이다.

11. 코드를 복사하거나 테스트 코드를 직접 작성한 경우, 한 경로 위로 이동한 다음 go
    test 명령을 실행해 모든 테스트를 통과하는지 확인한다.

예제 분석

sirupsen/logrus와 apex/log 패키지 모두 훌륭한 구조화된 로거^{structured logger}를 제공한
다. 두 패키지 모두 여러 이벤트가 발생했을 때 로그를 기록하거나 로그 항목에 필드(정보)
를 추가할 수 있는 기능을 제공한다. 이는 비교적 간단한데, 예를 들면 logrus의 hook
기능이나 apex의 사용자 정의 핸들러^{custom handler}를 사용해 모든 로그에 줄 번호와 서비
스 이름을 추가하는 것이 비교적 간단하다. 이 기능의 다른 용도로는 서로 다른 서비스
에서 요청된 사항을 추적하기 위한 traceID가 있다.

logrus는 hook과 formatter를 분리해 제공하지만 apex는 이 둘을 결합해 제공한다. 이

외에도 apex는 오류 필드와 오류 추적^{tracing}을 추가할 수 있는 WithError와 같은 편의 기능도 제공한다. 두 가지 모두 예제에서 살펴봤다. 또한 logrus와 apex 핸들러로 hook을 적용하는 것도 비교적 간단하다. 두 솔루션 모두 색상이 적용된 ANSI 텍스트 대신 JSON 포맷으로 변환하는 것은 간단하다.

⁜ context 패키지를 활용한 로깅

이 예제는 다양한 함수 간에 로그 필드를 전달하는 방법을 보여준다. Go pkg/context 패키지는 함수 사이에서 변수를 추가로 전달하는 훌륭한 방법이다. 이 예제에서는 이 기능을 사용해 로깅을 목적으로 하는 함수들 사이에서 변수를 분배하는 방법을 살펴본다.

이 스타일은 이전 예제의 logrus나 apex에 맞게 조정할 수 있다. 이 예제에서는 apex를 사용할 것이다.

예제 구현

다음 단계는 애플리케이션을 작성하고 실행하는 방법을 설명한다.

1. 터미널이나 콘솔 프로그램에서 ~/projects/go-programming-cookbook/chapter4/context라는 이름의 새 디렉터리를 생성하고 이 디렉터리로 이동한다.

2. 다음 명령을 실행한다.

```
$ go mod init github.com/PacktPublishing/Go-Programming-Cookbook-Second-Edition/chapter4/context
```

그러면 다음을 포함하는 go.mod라는 이름의 파일을 볼 수 있을 것이다.

```
module github.com/PacktPublishing/Go-Programming-Cookbook-Second-Edition/chapter4/context
```

3. ~/projects/go-programming-cookbook-original/chapter4/context에서 복사해
테스트하거나 이 코드를 예제로 여러분만의 코드를 작성해본다.

4. log.go라는 이름의 파일을 생성하고 다음 내용을 작성한다.

```go
package context

import (
    "context"
    "github.com/apex/log"
)

type key int

// logFields는 context 로깅에 사용할 키다
const logFields key = 0
func getFields(ctx context.Context) *log.Fields {
    fields, ok := ctx.Value(logFields).(*log.Fields)
    if !ok {
        f := make(log.Fields)
        fields = &f
    }
    return fields
}

// FromContext 함수는 항목과 context를 입력받고
// context 객체로부터 데이터가 채워진 항목을 반환한다
func FromContext(ctx context.Context, l log.Interface) (context.Context,
*log.Entry) {
    fields := getFields(ctx)
    e := l.WithFields(fields)
    ctx = context.WithValue(ctx, logFields, fields)
    return ctx, e
}

// WithField 함수는 context에 로그 필드를 추가한다
func WithField(ctx context.Context, key string, value interface{}) context.
Context {
    return WithFields(ctx, log.Fields{key: value})
}

// WithFields 함수는 context에 많은 로그 필드를 추가한다
```

```go
func WithFields(ctx context.Context, fields log.Fielder) context.Context {
    f := getFields(ctx)
    for key, val := range fields.Fields() {
        (*f)[key] = val
    }
    ctx = context.WithValue(ctx, logFields, f)
    return ctx
}
```

5. collect.go라는 이름의 파일을 생성하고 다음 내용을 작성한다.

```go
package context

import (
    "context"
    "os"
    "github.com/apex/log"
    "github.com/apex/log/handlers/text"
)

// Initialize 함수는 설정을 위해 세 개의 함수를 호출한다
// 그런 다음, 종료 전에 로그를 기록한다
func Initialize() {
    // 기본 로그를 설정한다
    log.SetHandler(text.New(os.Stdout))
    // context를 초기화한다
    ctx := context.Background()
    // 로거를 생성하고 context에 연결한다
    ctx, e := FromContext(ctx, log.Log)

    // 필드를 설정한다
    ctx = WithField(ctx, "id", "123")
    e.Info("starting")
    gatherName(ctx)
    e.Info("after gatherName")
    gatherLocation(ctx)
    e.Info("after gatherLocation")
}

func gatherName(ctx context.Context) {
    ctx = WithField(ctx, "name", "Go Cookbook")
}
```

```
func gatherLocation(ctx context.Context) {
    ctx = WithFields(ctx, log.Fields{"city": "Seattle", "state": "WA"})
}
```

6. example이라는 이름의 새 디렉터리를 생성하고 여기로 이동한다.

7. main.go라는 이름의 파일을 생성하고 다음 내용을 작성한다.

```
package main

import "github.com/PacktPublishing/Go-Programming-Cookbook-Second-Edition/
chapter4/context"

func main() {
    context.Initialize()
}
```

8. go run main.go 명령을 실행한다.

9. 다음 명령을 실행해도 된다.

```
$ go build
$ ./example
```

그러면 다음과 같은 결과를 확인할 수 있을 것이다.

```
$ go run main.go
INFO[0000] starting id=123
INFO[0000] after gatherName id=123 name=Go Cookbook
INFO[0000] after gatherLocation city=Seattle id=123 name=Go
Cookbook state=WA
```

10. go.mod 파일이 업데이트됐을 것이며, 이제 go.sum 파일이 최상위 예제 디렉터리
    에 있을 것이다.

11. 코드를 복사하거나 테스트 코드를 직접 작성한 경우, 한 경로 위로 이동한 다음 go
    test 명령을 실행해 모든 테스트를 통과하는지 확인한다.

예제 분석

context 패키지는 database와 HTTP 패키지를 포함한 다양한 패키지로 나타난다. 이 예제에서 보여준 방법을 사용하면, context에 로그 필드를 첨부(추가)하고 이를 로깅 목적으로 사용할 수 있다. 예제에서 보여준 아이디어는 context가 별도의 함수에 전달될 때 더 많은 필드를 첨부한 후 최종 호출 위치에서 로깅과 변수 관련 작업을 수행할 수 있다는 것이다.

이 예제는 이전 예제의 logging 패키지에서 볼 수 있는 WithField와 WithFields 함수를 모방했다. 이 두 함수는 context에 있는 값 하나를 수정하며 context 사용의 다른 이점(취소, 타임아웃, 스레드 안정성)도 제공한다.

⁞⁞⁞ 패키지 수준의 전역 변수 사용하기

이전 예제의 apex와 logrus 패키지 모두는 패키지 수준의 전역 변수를 사용한다. 때로는 다양한 함수를 가진 구조체와 최상위 수준의 함수를 가진 구조체, 이 두 구조체를 모두 지원하도록 라이브러리를 구성하는 것이 유용하다. 이렇게 하면 값을 전달하지 않고 직접 사용할 수 있다.

이번 예제에서는 전역 로거를 한 번만 초기화하는 sync.Once의 사용법도 살펴본다. 이는 Set 함수 방식으로도 우회할 수 있다. 예제에서는 WithField와 Debug만 내보내지만, 로그 객체에 첨부된 모든 함수를 내보낼 수 있다.

예제 구현

다음 단계는 애플리케이션을 작성하고 실행하는 방법을 설명한다.

1. 터미널이나 콘솔 프로그램에서 ~/projects/go-programming-cookbook/chapter4/global이라는 이름의 새 디렉터리를 생성하고 이 디렉터리로 이동한다.

2. 다음 명령을 실행한다.

```
$ go mod init github.com/PacktPublishing/Go-Programming-Cookbook-Second-
Edition/chapter4/global
```

그러면 다음을 포함하는 go.mod라는 이름의 파일을 볼 수 있을 것이다.

```
module github.com/PacktPublishing/Go-Programming-Cookbook-Second-Edition/
chapter4/global
```

3. ~/projects/go-programming-cookbook-original/chapter4/global에서 복사해 테스트하거나 이 코드를 예제로 여러분만의 코드를 작성해본다.

4. global.go라는 이름의 파일을 생성하고 다음 내용을 작성한다.

```go
package global

import (
    "errors"
    "os"
    "sync"
    "github.com/sirupsen/logrus"
)

// 전역 패키지 수준 변수를 소문자로 만든다
var (
    log *logrus.Logger
    initLog sync.Once
)

// Init 함수는 처음에 로거를 설정하고
// 여러 번 실행되면 오류를 반환한다
func Init() error {
    err := errors.New("already initialized")
    initLog.Do(func() {
        err = nil
        log = logrus.New()
        log.Formatter = &logrus.JSONFormatter{}
        log.Out = os.Stdout
        log.Level = logrus.DebugLevel
```

```
    })
    return err
}

// SetLog 함수는 로그(log)를 설정한다
func SetLog(l *logrus.Logger) {
    log = l
}

// WithField 함수는 전역 로그에 WithField 함수가 연결된 로그를 내보낸다
func WithField(key string, value interface{}) *logrus.Entry {
    return log.WithField(key, value)
}

// Debug 함수는 전역 로그에 Debug 함수가 연결된 로그를 내보낸다
func Debug(args ...interface{}) {
    log.Debug(args...)
}
```

5. log.go라는 이름의 파일을 생성하고 다음 내용을 작성한다.

```
package global

// UseLog 함수는 전역 로그를 사용하는 방법을 보여준다
func UseLog() error {
    if err := Init(); err != nil {
        return err
    }

    // 다른 패키지 안에 있는 경우,
    // 이 값은 global.WithField와 global.Debug를 통해 가져올 수 있다
    WithField("key", "value").Debug("hello")
    Debug("test")

    return nil
}
```

6. example이라는 이름의 새 디렉터리를 생성하고 여기로 이동한다.

7. main.go라는 이름의 파일을 생성하고 다음 내용을 작성한다.

```
package main

import "github.com/PacktPublishing/Go-Programming-Cookbook-Second-Edition/
chapter4/global"

func main() {
    if err := global.UseLog(); err != nil {
        panic(err)
    }
}
```

8. go run main.go 명령을 실행한다.

9. 다음 명령을 실행해도 된다.

```
$ go build
$ ./example
```

그러면 다음과 같은 결과를 확인할 수 있을 것이다.

```
$ go run main.go
{"key":"value","level":"debug","msg":"hello","time":"2017-02-
12T19:22:50-08:00"}
{"level":"debug","msg":"test","time":"2017-02-12T19:22:50-
08:00"}
```

10. go.mod 파일이 업데이트됐을 것이며, 이제 go.sum 파일이 최상위 예제 디렉터리에 있을 것이다.

11. 코드를 복사하거나 테스트 코드를 직접 작성한 경우, 한 경로 위로 이동한 다음 go test 명령을 실행해 모든 테스트를 통과하는지 확인한다.

예제 분석

전역 패키지 수준 객체를 사용하는 일반적인 패턴은 전역 변수를 노출시키지 않은 채

함수를 통해 원하는 기능만 노출시키는 것이다. 일반적으로 로거 객체를 필요로 하는 패키지를 위해 전역 로거의 사본을 반환하는 함수를 포함시킬 수도 있다.

sync.Once 타입은 새로 도입된 구조체다. 이 구조체는 Do 함수와 함께 코드에서 한 번만 실행된다. sync.Once를 초기화 코드에서 사용하고 Init 함수가 한 번 이상 호출되면 오류를 발생시킨다. 예제에서는 전역 로그에 매개변수를 전달할 때 내장 init() 함수 대신 사용자 정의 Init 함수를 사용했다.

이 예제는 로그를 사용하지만 데이터베이스 연결, 데이터 스트림과 기타 여러 경우에 로그가 유용할 수 있는 상황을 상상해볼 수 있을 것이다.

⁞⁝ 장기간 실행되는 프로세스에 대한 패닉 해결하기

장기간 실행되는 프로세스를 구현할 때는 특정 코드 경로에서 패닉이 발생할 수 있다. 초기화되지 않은 맵과 포인터, 그리고 유효성 검사를 제대로 거치지 않은 사용자 입력으로 인한 0으로 나누기와 같은 경우에 패닉이 일반적으로 발생한다.

이런 경우에 프로그램이 완전히 멈추는 문제는 종종 패닉 그 자체보다 훨씬 더 심각하기 때문에 패닉을 발생시키는 문제를 확인하고 처리하는 것이 좋다.

예제 구현

다음 단계는 애플리케이션을 작성하고 실행하는 방법을 설명한다.

1. 터미널이나 콘솔 프로그램에서 ~/projects/go-programming-cookbook/chapter4/ panic이라는 이름의 새 디렉터리를 생성하고 이 디렉터리로 이동한다.

2. 다음 명령을 실행한다.

```
$ go mod init github.com/PacktPublishing/Go-Programming-Cookbook-Second-
Edition/chapter4/panic
```

그러면 다음을 포함하는 go.mod라는 이름의 파일을 볼 수 있을 것이다.

```
module github.com/PacktPublishing/Go-Programming-Cookbook-Second-Edition/
chapter4/panic
```

3. ~/projects/go-programming-cookbook-original/chapter4/panic에서 복사해 테 스트하거나 이 코드를 예제로 여러분만의 코드를 작성해본다.

4. panic.go라는 이름의 파일을 생성하고 다음 내용을 작성한다.

```go
package panic

import (
    "fmt"
    "strconv"
)

// Panic 함수는 0으로 나누기로 인해 패닉을 발생시킨다
func Panic() {
    zero, err := strconv.ParseInt("0", 10, 64)
    if err != nil {
        panic(err)
    }
    a := 1 / zero
    fmt.Println("we'll never get here", a)
}

// Catcher는 Panic 함수를 호출한다
func Catcher() {
    defer func() {
        if r := recover(); r != nil {
            fmt.Println("panic occurred:", r)
        }
    }()
    Panic()
}
```

5. example이라는 이름의 새 디렉터리를 생성하고 여기로 이동한다.

6. main.go라는 이름의 파일을 생성하고 다음 내용을 작성한다.

```
package main

import (
    "fmt"
    "github.com/PacktPublishing/Go-Programming-Cookbook-Second-Edition/
chapter4/panic"
)

func main() {
    fmt.Println("before panic")
    panic.Catcher()
    fmt.Println("after panic")
}
```

7. `go run main.go` 명령을 실행한다.

8. 다음 명령을 실행해도 된다.

```
$ go build
$ ./example
```

그러면 다음과 같은 결과를 확인할 수 있을 것이다.

```
$ go run main.go
before panic
panic occurred: runtime error: integer divide by zero
after panic
```

9. 코드를 복사하거나 테스트 코드를 직접 작성한 경우, 한 경로 위로 이동한 다음 go test 명령을 실행해 모든 테스트를 통과하는지 확인한다.

예제 분석

이 예제는 패닉 문제를 파악하는 매우 기본적인 방법을 보여준다. 더 복잡한 미들웨어를 사용해 중첩된 여러 함수를 실행한 후 recover의 지연 호출^{defer}을 통해 문제를 처리하는 방법을 상상할 수 있을 것이다. recover 안에서는 기본적으로 어떤 작업이든 할 수 있지만 로그를 내보내는 것이 일반적이다.

대부분의 웹 애플리케이션에서는 패닉이 발생하면 해당 패닉을 포착해 `http.Internal ServerError` 메시지를 표시하는 것이 일반적이다.

05

네트워크 프로그래밍

Go 표준 라이브러리는 네트워크 동작을 위한 다양한 기능을 제공한다. 여기에는 TCP/ IP, UDP, DNS, 메일, HTTP를 사용하는 RPC 등을 관리할 수 있는 패키지가 포함된 다. 서드파티 패키지는 표준 라이브러리에 포함된 기능의 부족한 부분을 채워줄 수 있 다. 여기에는 일반 HTTP 핸들러에서 사용할 수 있는 웹소켓WebSocket 구현을 위한 **gorilla/websockets**(https://github.com/gorilla/websocket/)도 포함된다. 이번 장은 이 라이브러리 들을 살펴보고 각 라이브러리의 사용법에 대한 간단한 예제를 보여준다. 이 예제들은 REST나 RRPC와 같은 고수준 추상화를 사용할 수 없지만 네트워크 연결이 필요한 개 발자들에게 도움을 줄 것이다. DNS 조회나 원시 이메일raw email로 작업해야 하는 데브 옵스DevOps 애플리케이션에도 유용하다. 5장을 읽고 나면, 기본적인 네트워크 프로그래 밍에 어느 정도 숙달되고 더 심도 있는 내용을 받아들일 준비가 돼 있을 것이다.

이 장에서 다루는 내용은 다음과 같다.

- TCP/IP 에코 서버 및 클라이언트 작성하기

- UDP 서버 및 클라이언트 작성하기

- 도메인 이름 확인 작업하기

- 웹소켓으로 작업하기

- net/rpc를 활용해 원격 메소드(함수) 호출하기

- net/mail을 활용해 이메일 파싱하기

⸭ 기술적 요구 사항

이 장의 모든 예제를 진행하기 위해서는 다음 단계에 따라 환경을 구성해야 한다.

1. https://golang.org/doc/install에서 여러분의 운영체제에 Go 1.12.6 이상의 버전을 다운로드하고 설치한다.

2. 터미널이나 콘솔 프로그램을 열고 프로젝트 디렉터리(~/projects/go-programming-cookbook 등)를 생성한 후 해당 경로로 이동한다. 모든 코드는 이 디렉터리에서 실행되고 수정될 것이다.

3. 최신 코드를 ~/projects/go-programming-cookbook-original 경로에 복제한다. 예제를 직접 입력하는 대신 이 디렉터리에서 작업할 것을 권장한다.

```
$ git clone git@github.com:PacktPublishing/Go-Programming-Cookbook-Second-
Edition.git go-programming-cookbook-original
```


⸭ TCP/IP 에코 서버 및 클라이언트 작성하기

TCP/IP는 일반적인 네트워크 프로토콜이며 그 위에 HTTP 프로토콜이 구축됐다. TCP에서 데이터를 주고받기 위해서는 클라이언트가 서버에 연결해야 한다. 이번 예제에서는 클라이언트와 서버 간의 TCP 연결을 위해 net 패키지를 사용할 것이다. 클라이언트는 사용자 입력을 서버에 전달하고 서버는 입력된 문자열과 동일하지만, strings.

ToUpper()의 결과 값을 사용해 대문자로 변환된 문자열을 응답한다. 클라이언트는 서버로부터 받은 모든 메시지를 출력할 것이므로 대문자로 변환된 입력 내용을 출력할 것이다.

예제 구현

다음 단계는 애플리케이션을 작성하고 실행하는 방법을 설명한다.

1. 터미널이나 콘솔 프로그램에서 ~/projects/go-programming-cookbook/chapter5/tcp라는 이름의 새 디렉터리를 생성하고 이 디렉터리로 이동한다.

2. 다음 명령을 실행한다.

```
$ go mod init github.com/PacktPublishing/Go-Programming-Cookbook-Second-
Edition/chapter5/tcp
```

그러면 다음을 포함하는 go.mod라는 이름의 파일을 볼 수 있을 것이다.

```
module github.com/PacktPublishing/Go-Programming-Cookbook-Second-Edition/
chapter5/tcp
```

3. ~/projects/go-programming-cookbook-original/chapter5/tcp에서 복사해 테스트하거나 이 코드를 예제로 여러분만의 코드를 작성해본다.

4. server라는 이름의 새 디렉터리를 생성하고 여기로 이동한다.

5. main.go라는 이름의 파일을 생성하고 다음 내용을 작성한다.

```go
package main

import (
    "bufio"
    "fmt"
    "net"
```

```go
    "strings"
)

const addr = "localhost:8888"

func echoBackCapitalized(conn net.Conn) {
    // conn에 리더(reader)를 설정한다(io.Reader)
    reader := bufio.NewReader(conn)

    // 읽어온 데이터의 첫 줄을 가져온다
    data, err := reader.ReadString('\n')
    if err != nil {
        fmt.Printf("error reading data: %s\n", err.Error())
        return
    }
    // 출력한 다음 데이터를 다시 보낸다
    fmt.Printf("Received: %s", data)
    conn.Write([]byte(strings.ToUpper(data)))
    // 완료된 연결을 종료한다
    conn.Close()
}

func main() {
    ln, err := net.Listen("tcp", addr)
    if err != nil {
        panic(err)
    }

    defer ln.Close()
    fmt.Printf("listening on: %s\n", addr)
    for {
        conn, err := ln.Accept()
        if err != nil {
            fmt.Printf("encountered an error accepting connection: %s\n",
err.Error())
            // 오류가 있으면 다시 시도한다
            continue
        }
        // 이 작업을 비동기로 처리하면
        // 잠재적으로 워커 풀을 위해
        // 좋은 사용 사례가 될 것이다
        go echoBackCapitalized(conn)
    }
}
```

6. 이전 디렉터리로 이동한다.

7. client라는 이름의 새 디렉터리를 생성하고 여기로 이동한다.

8. main.go라는 이름의 파일을 생성하고 다음 내용을 작성한다.

```go
package main

import (
    "bufio"
    "fmt"
    "net"
    "os"
)

const addr = "localhost:8888"

func main() {
    reader := bufio.NewReader(os.Stdin)
    for {
        // 클라이언트로부터의 문자열 입력을 가져온다
        fmt.Printf("Enter some text: ")
        data, err := reader.ReadString('\n')
        if err != nil {
            fmt.Printf("encountered an error reading input: %s\n", err.Error())
            continue
        }
        // addr에 연결한다
        conn, err := net.Dial("tcp", addr)
        if err != nil {
            fmt.Printf("encountered an error connecting: %s\n", err.Error())
        }

        // 수립된 연결에 데이터를 쓴다
        fmt.Fprintf(conn, data)

        // 응답을 다시 읽어온다
        status, err := bufio.NewReader(conn).ReadString('\n')
        if err != nil {
            fmt.Printf("encountered an error reading response: %s\n", err.Error())
```

```
        }
        fmt.Printf("Received back: %s", status)
        // 완료된 연결을 종료한다
        conn.Close()
    }
}
```

9. 이전 디렉터리로 이동한다

10. `go run ./server` 명령을 실행하면 다음과 같은 결과를 확인할 수 있을 것이다.

```
$ go run ./server
listening on: localhost:8888
```

11. 별도의 터미널을 실행해 tcp 디렉터리에서 `go run ./client` 명령을 실행하면 다음과 같은 결과를 확인할 수 있을 것이다.

```
$ go run ./client
Enter some text:
```

12. `this is a test`를 입력하고 엔터 키를 누른다. 그러면 다음과 같은 결과를 확인할 수 있을 것이다.

```
$ go run ./client
Enter some text: this is a test
Received back: THIS IS A TEST
Enter some text:
```

13. 터미널 종료를 위해 **Ctrl** + **C**를 누른다.

14. 코드를 복사하거나 테스트 코드를 직접 작성한 경우, 한 경로 위로 이동한 다음 go test 명령을 실행해 모든 테스트를 통과하는지 확인한다.

예제 분석

서버는 8888번 포트에서 수신 대기한다. 요청이 들어올 때마다 요청을 확인하고 클라이언트 연결을 관리한다. 이 프로그램의 경우 클라이언트의 요청을 읽어 수신한 데이터를 대문자로 만든 다음, 클라이언트로 다시 보내고 연결을 종료하는 고루틴을 사용했다. 서버는 이전 연결이 개별적으로 처리되는 동안 곧바로 다시 루프를 돌면서 새로운 클라이언트의 연결을 기다린다.

클라이언트는 표준 입력(STDIN)에서 입력을 읽고 TCP 연결을 통해 주소에 연결하며 입력에서 읽은 메시지를 쓴 다음, 서버로부터 응답받은 내용을 다시 출력한다. 그러고 나서 연결을 종료하고 STDIN을 다시 한 번 반복해 읽는다. 개별 요청이 끝나면 연결을 종료하는 것이 아니라 프로그램이 종료될 때까지 클라이언트의 연결을 유지하도록 이 예제를 수정하는 것도 가능하다.

:::: UDP 서버 및 클라이언트 작성하기

UDP 프로토콜은 종종 게임에 사용되며, 안정성보다는 속도가 중요한 곳에서 사용한다. UDP 서버와 클라이언트는 서로 연결할 필요가 없다. 이번 예제는 클라이언트의 메시지를 수신하고 클라이언트의 IP를 목록에 추가해 이전에 확인한 각 클라이언트에 브로드캐스트broadcast 방식으로 메시지를 전달하는 UDP 서버를 작성한다.

서버는 클라이언트가 연결될 때마다 표준 출력(STDOUT)에 메시지를 작성하고 같은 메시지를 모든 클라이언트에 브로드캐스트 방식으로 전달한다. 이 메시지의 텍스트에는 <count>가 전달되며 <count>는 서버가 모든 클라이언트에 브로드캐스트할 때마다 증가한다. 결과적으로, 메시지를 보내는 클라이언트의 수에 관계없이 서버가 브로드캐스트를 위해 클라이언트에 연결하는 데 걸리는 시간에 따라 count 값이 다를 수 있다.

예제 구현

다음 단계는 애플리케이션을 작성하고 실행하는 방법을 설명한다.

1. 터미널이나 콘솔 프로그램에서 ~/projects/go-programming-cookbook/chapter5/
udp라는 이름의 새 디렉터리를 생성하고 이 디렉터리로 이동한다.

2. 다음 명령을 실행한다.

```
$ go mod init github.com/PacktPublishing/Go-Programming-Cookbook-Second-
Edition/chapter5/udp
```

그러면 다음을 포함하는 go.mod라는 이름의 파일을 볼 수 있을 것이다.

```
module github.com/PacktPublishing/Go-Programming-Cookbook-Second-Edition/
chapter5/udp
```

3. ~/projects/go-programming-cookbook-original/chapter5/udp에서 복사해 테스
트하거나 이 코드를 예제로 여러분만의 코드를 작성해본다.

4. server라는 이름의 새 디렉터리를 생성하고 여기로 이동한다.

5. broadcast.go라는 이름의 파일을 생성하고 다음 내용을 작성한다.

```go
package main

import (
    "fmt"
    "net"
    "sync"
    "time"
)

type connections struct {
    addrs map[string]*net.UDPAddr
    // 맵의 수정을 위해 락(lock)시킨다
    mu sync.Mutex
}
```

```go
func broadcast(conn *net.UDPConn, conns *connections) {
    count := 0
    for {
        count++
        conns.mu.Lock()
        // 알려진(확인한) 주소에 대해 루프로 반복 처리한다
        for _, retAddr := range conns.addrs {
            // 모두에서 메시지를 전송한다
            msg := fmt.Sprintf("Sent %d", count)
            if _, err := conn.WriteToUDP([]byte(msg), retAddr); err != nil {
                fmt.Printf("error encountered: %s", err.Error())
                continue
            }
        }
        conns.mu.Unlock()
        time.Sleep(1 * time.Second)
    }
}
```

6. main.go라는 이름의 파일을 생성하고 다음 내용을 작성한다.

```go
package main

import (
    "fmt"
    "net"
)

const addr = "localhost:8888"
func main() {
    conns := &connections{
        addrs: make(map[string]*net.UDPAddr),
    }

    fmt.Printf("serving on %s\n", addr)

    // udp addr을 생성한다
    addr, err := net.ResolveUDPAddr("udp", addr)
    if err != nil {
        panic(err)
    }
```

```go
    // 지정된 addr(주소)로 요청을 대기한다
    conn, err := net.ListenUDP("udp", addr)
    if err != nil {
        panic(err)
    }
    // 접속을 종료한다(지연 호출)
    defer conn.Close()

    // 알려진 모든 클라이언트에 비동기로 메시지를 전송한다
    go broadcast(conn, conns)

    msg := make([]byte, 1024)
    for {
        // 메시지를 다시 보내기 위한 주소와 포트 정보의 수집을 위해
        // 메시지를 수신한다
        _, retAddr, err := conn.ReadFromUDP(msg)
        if err != nil {
            continue
        }
        // 수신한 메시지를 맵에 저장한다
        conns.mu.Lock()
        conns.addrs[retAddr.String()] = retAddr
        conns.mu.Unlock()
        fmt.Printf("%s connected\n", retAddr)
    }
}
```

7. 이전 디렉터리로 이동한다.

8. client라는 이름의 새 디렉터리를 생성하고 여기로 이동한다.

9. main.go라는 이름의 파일을 생성하고 다음 내용을 작성한다.

```go
package main

import (
    "fmt"
    "net"
)

const addr = "localhost:8888"
```

```go
func main() {
    fmt.Printf("client for server url: %s\n", addr)
    addr, err := net.ResolveUDPAddr("udp", addr)
    if err != nil {
        panic(err)
    }

    conn, err := net.DialUDP("udp", nil, addr)
    if err != nil {
        panic(err)
    }
    defer conn.Close()

    msg := make([]byte, 512)
    n, err := conn.Write([]byte("connected"))
    if err != nil {
        panic(err)
    }
    for {
        n, err = conn.Read(msg)
        if err != nil {
            continue
        }
        fmt.Printf("%s\n", string(msg[:n]))
    }
}
```

10. 이전 디렉터리로 이동한다.

11. go run ./server 명령을 실행하면 다음과 같은 결과를 확인할 수 있을 것이다.

```
$ go run ./server
serving on localhost:8888
```

12. 별도의 터미널을 실행하고 udp 디렉터리에서 go run ./client 명령을 실행하면 다음과 같은 결과를 확인할 수 있을 것이다. count 값은 다를 수 있다.

```
$ go run ./client
client for server url: localhost:8888
Sent 3
```

```
Sent 4
Sent 5
```

13. 서버가 실행 중인 터미널로 이동하면 다음과 같은 결과를 확인할 수 있을 것이다.

```
$ go run ./server
serving on localhost:8888
127.0.0.1:64242 connected
```

14. 서버와 클라이언트 모두에서 종료를 위해 **Ctrl + C**를 누른다.

15. 코드를 복사하거나 테스트 코드를 직접 작성한 경우, 한 경로 위로 이동한 다음 go
test 명령을 실행해 모든 테스트를 통과하는지 확인한다.

예제 분석

이전 예제와 같이 서버는 8888번 포트에서 요청을 대기한다. 클라이언트가 시작되면 서
버에 메시지를 보내고 서버는 클라이언트의 주소를 주소 목록에 추가한다. 클라이언트
는 비동기적으로 연결할 수 있기 때문에 서버는 주소 목록을 읽거나 수정하기 전에 반
드시 뮤텍스mutex를 사용해야 한다.

별도의 브로드캐스트 고루틴은 개별적으로 실행되며 이전에 메시지를 보냈던 모든 클
라이언트 주소로 동일한 메시지를 보낸다. 클라이언트가 아직 응답을 대기하는 경우 클
라이언트는 거의 동시에 서버로부터 동일한 메시지를 받는다. 더 많은 클라이언트를 연
결해 이 부분을 확인할 수도 있다.

⸬ 도메인 이름 확인 작업하기

net 패키지는 DNS 조회에 대한 여러 유용한 기능을 제공한다. 이 정보는 유닉스 dig 명
령을 사용해 얻을 수 있는 내용과 비슷하다. 이 정보는 동적으로 IP 주소를 결정해야 하

는 모든 종류의 네트워크 프로그래밍을 구현하는 데 매우 유용할 수 있다.

이번 예제는 이 데이터를 수집하는 방법을 살펴본다. 이를 설명하기 위해 단순한 버전의 dig 명령을 구현할 것이며, URL을 모든 IPv4와 IPv6 주소에 매핑(연결)하는 방법을 찾을 것이다. GODEBUG=netdns=을 go로 설정하면 순수한 Go DNS 리졸버resolver[1]를 사용하고, cgo로 설정을 바꾸면 cgo resolver를 사용한다. 기본 값은 Go DNS resolver를 사용한다.

예제 구현

다음 단계는 애플리케이션을 작성하고 실행하는 방법을 설명한다.

1. 터미널이나 콘솔 프로그램에서 ~/projects/go-programming-cookbook/chapter5/dns라는 이름의 새 디렉터리를 생성하고 이 디렉터리로 이동한다.

2. 다음 명령을 실행한다.

```
$ go mod init github.com/PacktPublishing/Go-Programming-Cookbook-Second-
Edition/chapter5/dns
```

그러면 다음을 포함하는 go.mod라는 이름의 파일을 볼 수 있을 것이다.

```
module github.com/PacktPublishing/Go-Programming-Cookbook-Second-Edition/
chapter5/dns
```

3. ~/projects/go-programming-cookbook-original/chapter5/dns에서 복사해 테스트하거나 이 코드를 예제로 여러분만의 코드를 작성해본다.

---

1   리졸버는 웹 브라우저와 같은 DNS 클라이언트의 요청을 네임 서버로 전달하고 네임 서버로부터 정보(도메인 이름 및 IP 주소)를 받아 클라이언트에게 제공하는 기능을 수행한다. – 옮긴이

4. dns.go라는 이름의 파일을 생성하고 다음 내용을 작성한다.

```go
package dns

import (
    "fmt"
    "net"
    "github.com/pkg/errors"
)

// Lookup 구조체는 우리가 관심을 갖는 DNS 정보를 저장한다
type Lookup struct {
    cname string
    hosts []string
}

// lookup 객체를 출력하는 데 이 함수를 사용할 수 있다
func (d *Lookup) String() string {
    result := ""
    for _, host := range d.hosts {
        result += fmt.Sprintf("%s IN A %s\n", d.cname, host)
    }
    return result
}

// LookupAddress 함수는 입력된 주소에 대한 cname과 host로 구성된
// DNSLookup을 반환한다
func LookupAddress(address string) (*Lookup, error) {
    cname, err := net.LookupCNAME(address)
    if err != nil {
        return nil, errors.Wrap(err, "error looking up CNAME")
    }
    hosts, err := net.LookupHost(address)
    if err != nil {
        return nil, errors.Wrap(err, "error looking up HOST")
    }

    return &Lookup{cname: cname, hosts: hosts}, nil
}
```

5. example이라는 이름의 디렉터리를 생성하고 여기로 이동한다.

6. main.go라는 이름의 파일을 생성하고 다음 내용을 작성한다.

```
package main
import (
    "fmt"
    "log"
    "os"
    "github.com/PacktPublishing/Go-Programming-Cookbook-Second-Edition/
chapter5/dns"
)

func main() {
    if len(os.Args) < 2 {
        fmt.Printf("Usage: %s <address>\n", os.Args[0])
        os.Exit(1)
    }
    address := os.Args[1]
    lookup, err := dns.LookupAddress(address)
    if err != nil {
        log.Panicf("failed to lookup: %s", err.Error())
    }
    fmt.Println(lookup)
}
```

7. go run main.go golang.org 명령을 실행한다.

8. 다음 명령을 실행해도 된다.

```
$ go build
$ ./example golang.org
```

그러면 다음과 같은 결과를 확인할 수 있을 것이다.

```
$ go run main.go golang.org
golang.org. IN A 172.217.5.17
golang.org. IN A 2607:f8b0:4009:809::2011
```

9. go.mod 파일이 업데이트됐을 것이며, 이제 go.sum 파일이 최상위 예제 디렉터리에 있을 것이다.

10. 코드를 복사하거나 테스트 코드를 직접 작성한 경우, 한 경로 위로 이동한 다음 go test 명령을 실행해 모든 테스트를 통과하는지 확인한다.

예제 분석

이 예제는 제공된 주소에서 CNAME과 host 검색을 수행한다. 예제에서는 golang.org를 검색했다. String() 함수를 사용해 결과를 출력하는 lookup 구조체에 결과를 저장한다. String() 함수는 객체를 문자열로 출력할 때 자동으로 호출되며 직접 함수를 호출할 수도 있다. 프로그램을 실행할 때 주소가 제공될 수 있도록 main.go 파일에 기본적인 매개변수 확인 기능을 구현했다.

⠿ 웹소켓으로 작업하기

웹소켓을 사용하면 서버 애플리케이션이 자바스크립트로 작성된 웹 기반 클라이언트에 연결할 수 있다. 이를 통해 양방향 통신을 사용하는 웹 애플리케이션을 만들고 채팅방 등과 같은 업데이트 기능을 작성할 수 있다.

이번 예제는 Go에서 웹소켓 서버를 작성하는 방법을 살펴보고, 클라이언트가 웹소켓을 통해 데이터를 받고 통신하는 과정을 보여줄 것이다. 예제에서는 표준 핸들러를 웹소켓 핸들러로 업그레이드하기 위해 github.com/gorilla/websocket을 사용하며 클라이언트 애플리케이션도 만든다.

예제 구현

다음 단계는 애플리케이션을 작성하고 실행하는 방법을 설명한다.

1. 터미널이나 콘솔 프로그램에서 ~/projects/go-programming-cookbook/chapter5/ websocket이라는 이름의 새 디렉터리를 생성하고 이 디렉터리로 이동한다.

2. 다음 명령을 실행한다.

```
$ go mod init github.com/PacktPublishing/Go-Programming-Cookbook-Second-
Edition/chapter5/websocket
```

그러면 다음을 포함하는 go.mod라는 이름의 파일을 볼 수 있을 것이다.

```
module github.com/PacktPublishing/Go-Programming-Cookbook-Second-Edition/
chapter5/websocket
```

3. ~/projects/go-programming-cookbook-original/chapter5/websocket에서 복사해 테스트하거나 이 코드를 예제로 여러분만의 코드를 작성해본다.

4. server라는 이름의 새 디렉터리를 생성하고 여기로 이동한다.

5. handler.go라는 이름의 파일을 생성하고 다음 내용을 작성한다.

```go
package main

import (
    "log"
    "net/http"
    "github.com/gorilla/websocket"
)

// upgrader는 http 연결을 가져와 웹소켓으로 변환한다
// 여기서는 권장 버퍼 크기를 사용한다
var upgrader = websocket.Upgrader{
    ReadBufferSize:  1024,
    WriteBufferSize: 1024,
}

func wsHandler(w http.ResponseWriter, r *http.Request) {
    // 연결을 업그레이드한다
    conn, err := upgrader.Upgrade(w, r, nil)
    if err != nil {
        log.Println("failed to upgrade connection: ", err)
        return
    }
    for {
```

```
        // 루프에서 메시지를 읽고 동일한 메시지를 전달한다
        messageType, p, err := conn.ReadMessage()
        if err != nil {
            log.Println("failed to read message: ", err)
            return
        }
        log.Printf("received from client: %#v", string(p))
        if err := conn.WriteMessage(messageType, p); err != nil {
            log.Println("failed to write message: ", err)
            return
        }
    }
}
```

6. main.go라는 이름의 파일을 생성하고 다음 내용을 작성한다.

```
package main

import (
    "fmt"
    "log"
    "net/http"
)

func main() {
    fmt.Println("Listening on port :8000")
    // 모든 요청을 처리하기 위해 localhost:8000번 포트에
    // 하나의 핸들러를 마운트한다
    log.Panic(http.ListenAndServe("localhost:8000", http.HandlerFunc
(wsHandler)))
}
```

7. 이전 디렉터리로 이동한다.

8. client라는 이름의 새 디렉터리를 생성하고 여기로 이동한다.

9. process.go라는 이름의 파일을 생성하고 다음 내용을 작성한다.

```go
package main

import (
    "bufio"
    "fmt"
    "log"
    "os"
    "strings"
    "github.com/gorilla/websocket"
)

func process(c *websocket.Conn) {
    reader := bufio.NewReader(os.Stdin)
    for {
        fmt.Printf("Enter some text: ")
        // ctrl-c를 막기 때문에 종료하려면 ctrl-c를 누르고 엔터 키를 누르거나
        // 다른 위치에서 종료시킬 수 있다
        data, err := reader.ReadString('\n')
        if err != nil {
            log.Println("failed to read stdin", err)
        }

        // 읽어온 문자열에서 공백(space)을 제거한다
        data = strings.TrimSpace(data)

        // 웹소켓에 메시지를 바이트로 작성한다
        err = c.WriteMessage(websocket.TextMessage, []byte(data))
        if err != nil {
            log.Println("failed to write message:", err)
            return
        }

        // 에코 서버이므로 작성한 후에 읽어올 수 있다
        _, message, err := c.ReadMessage()
        if err != nil {
            log.Println("failed to read:", err)
            return
        }
        log.Printf("received back from server: %#v\n", string(message))
    }
}
```

10. main.go라는 이름의 파일을 생성하고 다음 내용을 작성한다.

```go
package main

import (
    "log"
    "os"
    "os/signal"
    "github.com/gorilla/websocket"
)

// catchSig 함수는 ctrl-c로 프로그램을 종료하면 웹소켓 연결을 정리한다
func catchSig(ch chan os.Signal, c *websocket.Conn) {
    // os.Signal을 대기하기 위해 블록한다
    <-ch
    err := c.WriteMessage(websocket.CloseMessage, websocket.
FormatCloseMessage(websocket.CloseNormalClosure, ""))
    if err != nil {
        log.Println("write close:", err)
    }
    return
}

func main() {
    // 채널에 os.Signal 값을 연결한다
    interrupt := make(chan os.Signal, 1)
    signal.Notify(interrupt, os.Interrupt)

    // 웹소켓에 연결하기 위해 ws:// 구조를 사용한다
    u := "ws://localhost:8000/"
    log.Printf("connecting to %s", u)

    c, _, err := websocket.DefaultDialer.Dial(u, nil)
    if err != nil {
        log.Fatal("dial:", err)
    }
    defer c.Close()

    // catchSig에 전달한다
    go catchSig(interrupt, c)

    process(c)
}
```

11. 이전 디렉터리로 이동한다.

12. go run ./server를 실행하면 다음과 같은 결과를 확인할 수 있을 것이다.

```
$ go run ./server
Listening on port :8000
```

13. 별도의 터미널을 실행하고 websocket 디렉터리에서 go run ./client를 실행하면 다음과 같은 결과를 확인할 수 있을 것이다.

```
$ go run ./client
2019/05/26 11:53:20 connecting to ws://localhost:8000/
Enter some text:
```

14. 문자열 test를 입력하면 다음과 같은 결과를 확인할 수 있을 것이다.

```
$ go run ./client
2019/05/26 11:53:20 connecting to ws://localhost:8000/
Enter some text: test
2019/05/26 11:53:22 received back from server: "test"
Enter some text:
```

15. 서버가 실행되고 있는 터미널로 이동하면 다음과 비슷한 결과를 확인할 수 있을 것이다.

```
$ go run ./server
Listening on port :8000
2019/05/26 11:53:22 received from client: "test"
```

16. **Ctrl** + **C**를 눌러 서버와 클라이언트 모두를 종료한다. 클라이언트에서는 **Ctrl** + **C**를 누른 다음 엔터 키도 눌러야 한다.

17. go.mod 파일이 업데이트됐을 것이며, 이제 go.sum 파일이 최상위 예제 디렉터리에 있을 것이다.

18. 코드를 복사하거나 테스트 코드를 직접 작성한 경우, 한 경로 위로 이동한 다음 go test 명령을 실행해 모든 테스트를 통과하는지 확인한다.

예제 분석

서버는 웹소켓 연결을 위해 8000번 포트에서 요청을 대기한다. 요청이 들어오면 github.com/gorilla/websocket 패키지를 사용해 해당 요청을 웹소켓 연결로 업그레이드한다. 이전의 에코 서버 예제와 비슷하게 서버는 웹소켓 연결에서 메시지를 기다리고 클라이언트에 동일한 메시지로 응답한다. 핸들러이기 때문에 많은 웹소켓을 비동기로 처리할 수 있고 클라이언트가 종료될 때까지 연결을 유지한다.

클라이언트에서는 **Ctrl + C** 이벤트를 처리하기 위해 catchSig 함수를 추가했다. 이를 통해 클라이언트가 종료될 때 서버와의 연결을 깔끔하게 종료할 수 있었다. 클라이언트는 표준 입력(STDIN)에서 사용자 입력을 받은 다음, 이를 서버로 보내고 응답을 로그로 기록한 후 이 작업을 반복한다.

⁝⁝ net/rpc를 활용해 원격 메소드(함수) 호출하기

Go는 net/rpc 패키지를 통해 기본적인 RPC 기능을 제공한다. 이 패키지는 GRPC나 그 외의 복잡한 RPC 패키지에 의존하지 않고 RPC 호출을 처리할 수 있는 잠재적인 대안이다. 하지만 net/rpc 패키지의 기능은 다소 제한돼 있으며, 내보내려는 모든 함수는 아주 구체적인 함수 명세를 따라야 한다.

코드의 주석은 원격으로 호출할 수 있는 함수에 대한 이런 제한 사항 중 일부를 알려준다. 이 예제는 구조체를 통해 여러 매개변수를 입력받을 수 있는 공유 함수를 만드는 방법과 원격에서 이 함수를 호출하는 방법을 보여준다.

예제 구현

다음 단계는 애플리케이션을 작성하고 실행하는 방법을 설명한다.

1. 터미널이나 콘솔 프로그램에서 ~/projects/go-programming-cookbook/chapter5/
   rpc라는 이름의 새 디렉터리를 생성하고 이 디렉터리로 이동한다.

2. 다음 명령을 실행한다.

   ```
   $ go mod init github.com/PacktPublishing/Go-Programming-Cookbook-Second-
   Edition/chapter5/rpc
   ```

   그러면 다음을 포함하는 go.mod라는 이름의 파일을 볼 수 있을 것이다.

   ```
   module github.com/PacktPublishing/Go-Programming-Cookbook-Second-Edition/
   chapter5/rpc
   ```

3. ~/projects/go-programming-cookbook-original/chapter5/rpc에서 복사해 테스
   트하거나 이 코드를 예제로 여러분만의 코드를 작성해본다.

4. tweak이라는 이름의 새 디렉터리를 생성하고 여기로 이동한다.

5. tweak.go라는 이름의 파일을 생성하고 다음 내용을 작성한다.

   ```go
   package tweak

   import (
       "strings"
   )

   // StringTweaker는 자기 자신을 뒤집을 수 있는
   // 문자열 타입이다
   type StringTweaker struct{}

   // Args는 문자열을 조정할 수 있는 방법에 대한
   // 옵션이다
   type Args struct {
       String string
   ```

```
        ToUpper bool
        Reverse bool
    }

    // Tweak 함수는 다음 내용을 준수하는 RPC 라이브러리를 준수한다
    // - 함수의 타입을 내보낸다(exported)
    // - 함수를 내보낸다
    // - 함수는 두 개의 매개변수를 가지며, 둘 모두 내보내기(또는 내장)한 타입이다
    // - 함수의 두 번째 매개변수는 포인터다
    // - 함수는 error 반환 타입을 갖는다
    func (s StringTweaker) Tweak(args *Args, resp *string) error {

        result := string(args.String)
        if args.ToUpper {
            result = strings.ToUpper(result)
        }
        if args.Reverse {
            runes := []rune(result)
            for i, j := 0, len(runes)-1; i < j; i, j = i+1, j-1 {
                runes[i], runes[j] = runes[j], runes[i]
            }
            result = string(runes)
        }
        *resp = result
        return nil
    }
```

6. 이전 디렉터리로 이동한다.

7. server라는 이름의 새 디렉터리를 생성하고 여기로 이동한다.

8. main.go라는 이름의 파일을 생성하고 다음 내용을 작성한다.

```
package main

import (
    "fmt"
    "log"
    "net"
    "net/http"
    "net/rpc"
    "github.com/PacktPublishing/Go-Programming-Cookbook-Second-Edition/
```

```
            chapter5/rpc/tweak"
        )

        func main() {
            s := new(tweak.StringTweaker)
            if err := rpc.Register(s); err != nil {
                log.Fatal("failed to register:", err)
            }

            rpc.HandleHTTP()

            l, err := net.Listen("tcp", ":1234")
            if err != nil {
                log.Fatal("listen error:", err)
            }

            fmt.Println("listening on :1234")
            log.Panic(http.Serve(l, nil))
        }
```

9. 이전 디렉터리로 이동한다.

10. client라는 이름의 새 디렉터리를 생성하고 여기로 이동한다.

11. main.go라는 이름의 파일을 생성하고 다음 내용을 작성한다.

```
        package main

        import (
            "fmt"
            "log"
            "net/rpc"
            "github.com/PacktPublishing/Go-Programming-Cookbook-Second-Edition/
        chapter5/rpc/tweak"
        )

        func main() {
            client, err := rpc.DialHTTP("tcp", "localhost:1234")
            if err != nil {
                log.Fatal("error dialing:", err)
            }
```

```
        args := tweak.Args{
            String: "this string should be uppercase and reversed",
            ToUpper: true,
            Reverse: true,
        }
        var result string
        err = client.Call("StringTweaker.Tweak", args, &result)
        if err != nil {
            log.Fatal("client call with error:", err)
        }
        fmt.Printf("the result is: %s", result)
    }
```

12. 이전 디렉터리로 이동한다.

13. go run ./server 명령을 실행하면 다음과 같은 결과를 확인할 수 있을 것이다.

```
$ go run ./server
Listening on :1234
```

14. 별도의 터미널을 실행하고 rpc 디렉터리에서 go run ./client를 실행하면 다음과 같은 결과를 확인할 수 있을 것이다.

```
$ go run ./client
the result is: DESREVER DNA ESACREPPU EB DLUOHS GNIRTS SIHT
```

15. 서버 종료를 위해 **Ctrl** + **C**를 누른다(서버가 실행되고 있는 터미널에서).

16. 코드를 복사하거나 테스트 코드를 직접 작성한 경우, 한 경로 위로 이동한 다음 go test 명령을 실행해 모든 테스트를 통과하는지 확인한다.

예제 분석

StringTweaker 구조체는 별도의 라이브러리에 배치되기 때문에 StringTweaker를 내보낸 타입은 클라이언트(매개변수를 설정하기 위해)와 서버(RPC를 등록하고 서버를 시작하기 위해)에서 접근할 수 있다. 또한 net/rpc를 활용한 작업을 위해 예제를 시작할 때 언급했던 규칙을 준수한다.

StringTweaker는 입력 문자열을 받는 데 사용할 수 있고 전달된 옵션에 따라 StringTweaker
에 포함된 모든 문자를 뒤집거나 대문자로 만들 수 있다. 이 패턴을 확장하면 더 복잡한
함수를 만들 수 있고, 코드가 더 커지게 되면 함수를 추가해 코드의 가독성을 더 향상시
킬 수도 있다.

⸬ net/mail을 활용해 이메일 파싱하기

net/mail 패키지는 이메일을 활용한 작업을 할 때 도움이 되는 여러 유용한 기능을 제공
한다. 이메일의 원시 텍스트^{raw text}가 있으면 헤더, 전송 날짜에 대한 정보 등으로 내용
을 해석할 수 있다. 이번 예제에서는 문자열로 하드코딩된 원시 이메일의 파싱을 통해
이런 기능 중 일부를 살펴본다.

예제 구현

다음 단계는 애플리케이션을 작성하고 실행하는 방법을 설명한다.

1. 터미널이나 콘솔 프로그램에서 ~/projects/go-programming-cookbook/chapter5/
   mail이라는 이름의 새 디렉터리를 생성하고 이 디렉터리로 이동한다.
2. 다음 명령을 실행한다.

   ```
   $ go mod init github.com/PacktPublishing/Go-Programming-Cookbook-Second-
   Edition/chapter5/mail
   ```

   그러면 다음을 포함하는 go.mod라는 이름의 파일을 볼 수 있을 것이다.

   ```
   module github.com/PacktPublishing/Go-Programming-Cookbook-Second-Edition/
   chapter5/mail
   ```

3. ~/projects/go-programming-cookbook-original/chapter5/mail에서 복사해 테스트하거나 이 코드를 예제로 여러분만의 코드를 작성해본다.

4. header.go라는 이름의 파일을 생성하고 다음 내용을 작성한다.

```go
package main

import (
    "fmt"
    "net/mail"
    "strings"
)

// printHeaderInfo 함수는 헤더 정보를 추출해
// 보기 좋게 출력한다
func printHeaderInfo(header mail.Header) {

    // 단일 주소라는 것을 알기 때문에 다음 코드가 동작한다
    // 단일 주소가 아닌 경우 ParseAddressList를 사용해야 한다
    toAddress, err := mail.ParseAddress(header.Get("To"))
    if err == nil {
        fmt.Printf("To: %s <%s>\n", toAddress.Name, toAddress.Address)
    }
    fromAddress, err := mail.ParseAddress(header.Get("From"))
    if err == nil {
        fmt.Printf("From: %s <%s>\n", fromAddress.Name,
        fromAddress.Address)
    }

    fmt.Println("Subject:", header.Get("Subject"))

    // 다음 코드는 유효한 RFC5322 날짜에 대해 동작한다
    // header.Get("Date")를 실행한 다음,
    // mail.ParseDate(that_result)를 실행한다
    if date, err := header.Date(); err == nil {
        fmt.Println("Date:", date)
    }

    fmt.Println(strings.Repeat("=", 40))
    fmt.Println()
}
```

5. main.go라는 이름의 파일을 생성하고 다음 내용을 작성한다.

```go
package main

import (
    "io"
    "log"
    "net/mail"
    "os"
    "strings"
)

// 이메일 메시지의 예
const msg string = `Date: Thu, 24 Jul 2019 08:00:00 -0700
From: Aaron <fake_sender@example.com>
To: Reader <fake_receiver@example.com>
Subject: Gophercon 2019 is going to be awesome!

Feel free to share my book with others if you're attending.
This recipe can be used to process and parse email information.
`

func main() {
    r := strings.NewReader(msg)
    m, err := mail.ReadMessage(r)
    if err != nil {
        log.Fatal(err)
    }

    printHeaderInfo(m.Header)

    // 헤더를 출력한 다음, 표준 출력(stdout)에 본문을 보낸다
    if _, err := io.Copy(os.Stdout, m.Body); err != nil {
        log.Fatal(err)
    }
}
```

6. go run . 명령을 실행한다.

7. 대신 다음 명령을 실행해도 된다.

```
$ go build
$ ./mail
```

그러면 다음과 같은 내용을 확인할 수 있을 것이다.

```
$ go run .
To: Reader <fake_receiver@example.com>
From: Aaron <fake_sender@example.com>
Subject: Gophercon 2019 is going to be awesome!
Date: 2019-07-24 08:00:00 -0700 -0700
========================================

Feel free to share my book with others if you're attending.
This recipe can be used to process and parse email information.
```

8. 코드를 복사하거나 테스트 코드를 직접 작성한 경우, 한 경로 위로 이동한 다음 go test 명령을 실행해 모든 테스트를 통과하는지 확인한다.

예제 분석

printHeaderInfo 함수는 이 예제에서 대부분의 작업을 수행한다. 헤더에서 주소 정보를 해석해 *mail.Adress 구조체로 만들고 날짜 헤더 정보를 파싱해 date 객체로 만든다. 그런 다음, 메시지의 모든 정보를 가져와 읽을 수 있는 형식으로 서식을 맞춘다. main 함수는 초기 이메일을 파싱하고, 파싱한 결과를 헤더와 함께 printHeaderInfo 함수에 전달한다.

06

데이터베이스와 저장소의 모든 것

Go 애플리케이션을 만들다 보면 종종 장기 저장소가 필요할 때가 있다. 이때 사용하는 저장소는 일반적으로 관계형 데이터베이스, 비관계형 데이터베이스, 키-값 저장소 등의 형태다. 이런 저장소 애플리케이션을 활용해 작업할 때는 필요한 작업을 인터페이스로 래핑하는 것이 도움이 된다. 이 장의 예제들은 다양한 저장소 인터페이스를 살펴본다. 연결 풀connection pool 등을 활용한 병렬 접근을 살펴보고, Go 라이브러리를 통합하기 위한 일반적인 팁도 살펴본다. 이 팁들은 새로운 저장소 기술을 사용하는 경우에 종종 필요하다.

이 장에서 다루는 내용은 다음과 같다.

- MySQL과 함께 database/sql 패키지 사용하기

- 데이터베이스 트랜잭션 인터페이스 실행하기

- SQL에 대한 연결 풀링connection pooling, 속도 제한, 타임아웃timeout(시간 초과)

- Redis를 활용한 작업

- MongoDB를 활용한 NoSQL 사용

- 데이터 이식성을 고려한 저장소 인터페이스 생성하기

⠿ MySQL과 함께 database/sql 패키지 사용하기

관계형 데이터베이스는 많은 개발자가 가장 잘 이해하고 일반적으로 사용하는 데이터베이스 옵션이다. MySQL과 PostgreSQL은 가장 널리 사용되는 오픈소스 관계형 데이터베이스다. 이번 예제는 database/sql 패키지를 사용하는 방법을 보여준다. 예제를 통해 여러 관계형 데이터베이스에 대한 훅hook을 활용하는 방법을 확인할 수 있다. 또한 연결 풀 및 연결 시간을 자동으로 처리하는 방법을 소개하고, 여러 기본적인 데이터베이스 작업에 대한 예시를 보여준다.

이번 예제에서는 MySQL 데이터베이스를 사용해 연결을 생성하고, 간단한 데이터를 삽입하고, 이를 쿼리한다. 사용 후에는 테이블을 삭제해 데이터베이스를 정리할 것이다.

준비

이 장의 모든 예제를 진행하기 위해서는 다음 단계에 따라 환경을 구성해야 한다.

1. https://golang.org/doc/install에서 여러분의 운영체제에 Go 1.12.6 이상의 버전을 다운로드하고 설치한다.

2. 터미널이나 콘솔 프로그램을 열고 프로젝트 디렉터리(~/projects/go-programming-cookbook 등)를 생성한 후 해당 경로로 이동한다. 모든 코드는 이 디렉터리에서 실행되고 수정될 것이다.

3. 최신 코드를 ~/projects/go-programming-cookbook-original 경로에 복제한다. 예제를 직접 입력하는 대신 이 디렉터리에서 작업할 것을 권장한다.

```
$ git clone git@github.com:PacktPublishing/Go-Programming-Cookbook-Second-
Edition.git go-programming-cookbook-original
```

4. https://dev.mysql.com/doc/mysql-getting-started/en/을 사용해 MySQL의 설치와 설정을 진행한다.

5. export MYSQLUSERNAME=<mysql 사용자명> 명령을 실행한다.[1]

6. export MYSQLPASSWORD=<mysql 패스워드> 명령을 실행한다.[2]

예제 구현

다음 단계는 애플리케이션을 작성하고 실행하는 방법을 설명한다.[3]

1. 터미널이나 콘솔 프로그램에서 ~/projects/go-programming-cookbook/chapter6/database라는 이름의 새 디렉터리를 생성하고 이 디렉터리로 이동한다.

2. 다음 명령을 실행한다.

```
$ go mod init github.com/PacktPublishing/Go-Programming-Cookbook-Second-
Edition/chapter6/database
```

그러면 다음을 포함하는 go.mod라는 이름의 파일을 볼 수 있을 것이다.

```
module github.com/PacktPublishing/Go-Programming-Cookbook-Second-Edition/
chapter6/database
```

3. ~/projects/go-programming-cookbook-original/chapter6/database에서 복사해 테스트하거나 이 코드를 예제로 여러분만의 코드를 작성해본다.

---

1   윈도우의 경우에는 환경 변수를 추가해야 한다. – 옮긴이

2   윈도우의 경우에는 환경 변수를 추가해야 한다. – 옮긴이

3   예제를 시작하기 전에 MySQL에 gocookbook이라는 이름의 데이터베이스를 생성해야 한다. – 옮긴이

4. config.go라는 이름의 파일을 생성하고 다음 내용을 작성한다.

```
package database

import (
    "database/sql"
    "fmt"
    "os"
    "time"

    _ "github.com/go-sql-driver/mysql" // database/sql에 지원되는 라이브러리를
임포트함
)

// Example 구조체는 쿼리에 대한 결과를 저장한다
type Example struct {
    Name string
    Created *time.Time
}

// Setup 함수는 데이터베이스를 설정하고
// 연결 풀이 설정된 데이터베이스를 반환한다
func Setup() (*sql.DB, error) {
    db, err := sql.Open("mysql",
    fmt.Sprintf("%s:%s@/gocookbook?
    parseTime=true", os.Getenv("MYSQLUSERNAME"),
    os.Getenv("MYSQLPASSWORD")))
    if err != nil {
        return nil, err
    }
    return db, nil
}
```

5. create.go라는 이름의 파일을 생성하고 다음 내용을 작성한다.

```
package database

import (
    "database/sql"
    _ "github.com/go-sql-driver/mysql" // database/sql에 지원되는 라이브러리를
임포트함
)
```

```go
// Create 함수는 example이라는 이름의 테이블을 생성하고
// 데이터를 채운다
func Create(db *sql.DB) error {
    // 데이터베이스 생성하기
    if _, err := db.Exec("CREATE TABLE example (name
        VARCHAR(20), created DATETIME)"); err != nil {
        return err
    }

    if _, err := db.Exec(`INSERT INTO example (name, created)
        values ("Aaron", NOW())`); err != nil {
        return err
    }

    return nil
}
```

6. query.go라는 이름의 파일을 생성하고 다음 내용을 작성한다.

```go
package database

import (
    "database/sql"
    "fmt"
    _ "github.com/go-sql-driver/mysql" // database/sql에 지원되는 라이브러리를
임포트함
)

// Query 함수는 새로운 연결을 가져와
// 테이블을 생성하고 일부 쿼리 작업을 한 다음,
// 나중에 테이블을 삭제한다
func Query(db *sql.DB, name string) error {
    name := "Aaron"
    rows, err := db.Query("SELECT name, created FROM example
    where name=?", name)
    if err != nil {
        return err
    }
    defer rows.Close()
    for rows.Next() {
        var e Example
        if err := rows.Scan(&e.Name, &e.Created); err != nil {
```

```
            return err
        }
        fmt.Printf("Results:\n\tName: %s\n\tCreated: %v\n",
        e.Name, e.Created)
    }
    return rows.Err()
}
```

7. exec.go라는 이름의 파일을 생성하고 다음 내용을 작성한다.

```
package database

import "database/sql"
// Exec 함수는 이전 예제의 Exec 함수를 대체한다
func Exec(db *sql.DB) error {

    // 정리할 때 감지되지 않은 오류가 발생할 수 있다
    // 하지만 항상 정리를 시도한다
    defer db.Exec("DROP TABLE example")

    if err := Create(db); err != nil {
        return err
    }

    if err := Query(db, "Aaron"); err != nil {
        return err
    }
    return nil
}
```

8. example이라는 이름의 디렉터리를 생성하고 여기로 이동한다.

9. main.go라는 이름의 파일을 생성하고 다음 내용을 작성한다.

```
package main

import (
    "github.com/PacktPublishing/Go-Programming-Cookbook-Second-Edition/
chapter6/database"
    _ "github.com/go-sql-driver/mysql" // database/sql에 지원되는 라이브러리를
임포트함
```

```
)

func main() {
    db, err := database.Setup()
    if err != nil {
        panic(err)
    }

    if err := database.Exec(db); err != nil {
        panic(err)
    }
}
```

10. go run main.go 명령을 실행한다.

11. 대신 다음 명령을 실행해도 된다.

```
$ go build
$ ./example
```

그러면 다음과 같은 결과를 확인할 수 있을 것이다.

```
$ go run main.go
Results:
Name: Aaron
Created: 2017-02-16 19:02:36 +0000 UTC
```

12. go.mod 파일이 업데이트됐을 것이며, 이제 go.sum 파일이 최상위 예제 디렉터리
    에 있을 것이다.

13. 코드를 복사하거나 테스트 코드를 직접 작성한 경우, 한 경로 위로 이동한 다음 go
    test 명령을 실행해 모든 테스트를 통과하는지 확인한다.

예제 분석

코드의 _ "github.com/go-sql-driver/mysql" 라인은 다양한 데이터베이스 커넥터를 database/sql 패키지에 연결하는 방법을 보여준다. 또한 같은 방식으로 가져와 비슷한 결과를 내는 다른 MySQL 패키지도 있다. PostgreSQL, SQLite나 database/sql 인터페이스를 구현하는 다른 시스템에 연결하려는 경우 명령이 비슷하다.

데이터베이스에 연결되면 database/sql 패키지는 SQL에 대한 연결 풀링 속도 제한 및 타임아웃을 처리하는 연결 풀을 설정한다. 그런 다음, 이 연결에서 직접 SQL을 실행하거나 커밋commit, 되돌리기rollback 명령과 함께 연결에서 할 수 있는 모든 작업이 가능한 트랜잭션 객체를 생성해 SQL을 실행할 수 있다.

mysql 패키지는 데이터베이스를 활용해 작업할 때 Go time 객체에 대한 편의 기능을 제공한다. 이 예제에서는 또한 MYSQLUSERNAME과 MYSQLPASSWORD 환경 변수에서 username과 password도 검색해 가져왔다.

⠿ 데이터베이스 트랜잭션 인터페이스 실행하기

데이터베이스와 같은 서비스에 연결하는 작업을 할 때는 테스트를 작성하기 어려울 수 있다. Go에서 런타임에 모의 객체mock를 통한 테스트나 덕 타이핑duck-typing 등의 작업이 어렵기 때문이다. 개인적으로는 데이터베이스 작업 시 저장소 인터페이스의 사용을 권장한다. 하지만 저장소 인터페이스 안에 데이터베이스 트랜잭션 인터페이스의 검증을 위해 모의 객체를 사용하는 것은 여전히 유용하다. '데이터 이식성을 고려한 저장소 인터페이스 생성하기' 예제에서는 저장소 인터페이스를 다룬다. 이번 예제는 데이터베이스 연결과 트랜잭션 객체를 래핑하는 인터페이스에 중점을 둔다.

인터페이스의 사용을 보여주기 위해, 이전 예제에서 인터페이스를 사용하도록 생성 파일과 쿼리 파일을 다시 작성할 것이다. 최종 결과는 동일하지만, 생성과 쿼리 작업은 모두 트랜잭션에서 수행한다.

준비

'MySQL과 함께 database/sql 패키지 사용하기' 예제의 '준비' 절을 참고하길 바란다.

예제 구현

다음 단계는 애플리케이션을 작성하고 실행하는 방법을 설명한다.

1. 터미널이나 콘솔 프로그램에서 ~/projects/go-programming-cookbook/chapter6/ dbinterface라는 이름의 새 디렉터리를 생성하고 이 디렉터리로 이동한다.

2. 다음 명령을 실행한다.

```
$ go mod init github.com/PacktPublishing/Go-Programming-Cookbook-Second-
Edition/chapter6/dbinterface
```

그러면 다음을 포함하는 go.mod라는 이름의 파일을 볼 수 있을 것이다.

```
module github.com/PacktPublishing/Go-Programming-Cookbook-Second-Edition/
chapter6/dbinterface
```

3. ~/projects/go-programming-cookbook-original/chapter6/dbinterface에서 복사해 테스트하거나 이 코드를 예제로 여러분만의 코드를 작성해본다.

4. transaction.go라는 이름의 파일을 생성하고 다음 내용을 작성한다.

```go
package dbinterface

import "database/sql"

// DB는 sql.DB 또는 sql.Transaction을
// 만족하는 인터페이스다
type DB interface {
    Exec(query string, args ...interface{}) (sql.Result, error)
    Prepare(query string) (*sql.Stmt, error)
```

```go
    Query(query string, args ...interface{}) (*sql.Rows, error)
    QueryRow(query string, args ...interface{}) *sql.Row
}

// Transaction 인터페이스는 커밋(Commit), 되돌리기(Rollback), Stmt 등
// 쿼리(Query)가 할 수 있는 모든 작업을 할 수 있다
type Transaction interface {
    DB
    Commit() error
    Rollback() error
}
```

5. create.go라는 이름의 파일을 생성하고 다음 내용을 작성한다.

```go
package dbinterface

import _ "github.com/go-sql-driver/mysql" // database/sql에 지원되는 라이브러리를
임포트함

// Create 함수는 example이라는 이름의 테이블을 만들고
// 데이터를 추가한다
func Create(db DB) error {
    // 데이터베이스 생성
    if _, err := db.Exec("CREATE TABLE example (name VARCHAR(20), created
DATETIME)"); err != nil {
        return err
    }

    if _, err := db.Exec(`INSERT INTO example (name, created) values
("Aaron", NOW())`); err != nil {
        return err
    }

    return nil
}
```

6. query.go라는 이름의 파일을 생성하고 다음 내용을 작성한다.

```go
package dbinterface

import (
```

```go
    "fmt"
    "github.com/PacktPublishing/Go-Programming-Cookbook-Second-Edition/chapter6/database"
)

// Query 함수는 새로운 연결을 포착해 테이블을 생성하고
// 몇 가지 쿼리를 수행한 다음, 나중에 테이블을 제거한다
func Query(db DB) error {
    name := "Aaron"
    rows, err := db.Query("SELECT name, created FROM example where name=?", name)
    if err != nil {
        return err
    }
    defer rows.Close()
    for rows.Next() {
        var e database.Example
        if err := rows.Scan(&e.Name, &e.Created); err != nil {
            return err
        }
        fmt.Printf("Results:\n\tName: %s\n\tCreated: %v\n", e.Name, e.Created)
    }
    return rows.Err()
}
```

7. exec.go라는 이름의 파일을 생성하고 다음 내용을 작성한다.

```go
package dbinterface

// Exec 함수는 이전 예제의 Exec 함수를 대체한다
func Exec(db DB) error {

    // 정리할 때 감지되지 않은 오류가 발생할 수 있다
    // 하지만 항상 정리를 시도한다
    defer db.Exec("DROP TABLE example")

    if err := Create(db); err != nil {
        return err
    }

    if err := Query(db); err != nil {
```

```
        return err
    }

    return nil
}
```

8. example이라는 이름의 디렉터리를 생성하고 여기로 이동한다.

9. main.go라는 이름의 파일을 생성하고 다음 내용을 작성한다.

```
package main
import (
    "github.com/PacktPublishing/Go-Programming-Cookbook-Second-Edition/
chapter6/database"
    "github.com/PacktPublishing/Go-Programming-Cookbook-Second-Edition/
chapter6/dbinterface"
    _ "github.com/go-sql-driver/mysql" // database/sql에 지원되는 라이브러리를
임포트함
)

func main() {
    db, err := database.Setup()
    if err != nil {
        panic(err)
    }

    tx, err := db.Begin()
    if err != nil {
        panic(err)
    }

    // 커밋을 성공하면 다음 코드는 아무 작업도 하지 않는다
    defer tx.Rollback()

    if err := dbinterface.Exec(tx); err != nil {
        panic(err)
    }

    if err := tx.Commit(); err != nil {
        panic(err)
    }
}
```

10. `go run main.go` 명령을 실행한다.

11. 대신 다음 명령을 실행해도 된다.

```
$ go build
$ ./example
```

그러면 다음과 같은 결과를 확인할 수 있을 것이다.

```
$ go run main.go
Results:
Name: Aaron
Created: 2017-02-16 20:00:00 +0000 UTC
```

12. go.mod 파일이 업데이트됐을 것이며, 이제 go.sum 파일이 최상위 예제 디렉터리에 있을 것이다.

13. 코드를 복사하거나 테스트 코드를 직접 작성한 경우, 한 경로 위로 이동한 다음 `go test` 명령을 실행해 모든 테스트를 통과하는지 확인한다.

예제 분석

이 예제는 MySQL과 함께 database/sql 패키지를 사용하는 이전 데이터베이스 예제와 매우 비슷한 방식으로 동작한다. 이 예제는 데이터를 생성하고 조회하는 동일한 동작을 수행하지만, 트랜잭션을 사용하는 방법과 sql.DBconnection, sql.Transaction 객체 모두에서 동작하는 제네릭 데이터베이스 함수를 작성하는 방법도 보여준다.

이런 방식으로 작성된 코드를 사용하면 트랜잭션을 사용해 개별적으로 또는 그룹으로 묶어서 데이터베이스 작업을 수행하는 함수를 만들어 재사용할 수 있다. 이를 통해 더 많은 코드 재사용이 가능하며 데이터베이스에서 동작하는 함수나 메소드와 기능을 분리시킬 수 있다. 예를 들면 여러 테이블에 대한 Update(db DB) 함수를 작성한 다음, 모든 공유 트랜잭션에 이 함수들을 전달해 여러 업데이트 작업을 개별적으로 처리할 수 있다. 이런 인터페이스의 동작을 검증하는 방법 또한 매우 간단하며 9장, 'Go 코드 테스트하기'에서 살펴볼 수 있다.

⠿ SQL에 대한 연결 풀링, 속도 제한, 타임아웃

database/sql 패키지가 연결 풀링, 속도 제한, 타임아웃(시간 초과)에 대한 기능을 제공하지만, 가끔은 데이터베이스의 구성을 더 잘 활용할 수 있도록 기본 동작을 조정하는 것이 중요하다. 이를 위해서는 마이크로서비스에 수평 확장horizontal scaling이 필요한데, 데이터베이스에서 너무 많은 활성 연결을 유지하지 않으려고 할 때 중요해질 수 있다.

준비

'MySQL과 함께 database/sql 패키지 사용하기' 예제의 '준비' 절을 참고하길 바란다.

예제 구현

다음 단계는 애플리케이션을 작성하고 실행하는 방법을 설명한다.

1. 터미널이나 콘솔 프로그램에서 ~/projects/go-programming-cookbook/chapter6/pools라는 이름의 새 디렉터리를 생성하고 이 디렉터리로 이동한다.
2. 다음 명령을 실행한다.

```
$ go mod init github.com/PacktPublishing/Go-Programming-Cookbook-Second-
Edition/chapter6/pools
```

그러면 다음을 포함하는 go.mod라는 이름의 파일을 볼 수 있을 것이다.

216

```
module github.com/PacktPublishing/Go-Programming-Cookbook-Second-Edition/
chapter6/pools
```

3. ~/projects/go-programming-cookbook-original/chapter6/pools에서 복사해 테스트하거나 이 코드를 예제로 여러분만의 코드를 작성해본다.

4. pools.go라는 이름의 파일을 생성하고 다음 내용을 작성한다.

```go
package pools

import (
    "database/sql"
    "fmt"
    "os"
    _ "github.com/go-sql-driver/mysql" // database/sql에 지원되는 라이브러리를
임포트함
)

// Setup 함수는 pools 패키지를 사용하고 연결 수 제한 등을 적용해
// db를 구성한다
func Setup() (*sql.DB, error) {
    db, err := sql.Open("mysql",
    fmt.Sprintf("%s:%s@/gocookbook?
    parseTime=true", os.Getenv("MYSQLUSERNAME"),
    os.Getenv("MYSQLPASSWORD")))
    if err != nil {
        return nil, err
    }

    // 최대 24개의 연결만 허용한다
    db.SetMaxOpenConns(24)

    // MaxIdleConns는 열려 있는 최대 SetMaxOpenConns보다 작을 수 없다
    // 그렇지 않으면 해당 값으로 기본 설정된다
    db.SetMaxIdleConns(24)

    return db, nil
}
```

5. timeout.go라는 이름의 파일을 생성하고 다음 내용을 작성한다.

```go
package pools

import (
    "context"
    "time"
)

// ExecWithTimeout 함수는 현재 시간을 얻어오려다
// 시간 초과를 발생시킨다
func ExecWithTimeout() error {
    db, err := Setup()
    if err != nil {
        return err
    }

    ctx := context.Background()

    // 즉시 시간 초과를 발생시킨다
    ctx, cancel := context.WithDeadline(ctx, time.Now())

    // 완료한 다음, cancel을 호출한다
    defer cancel()

    // 트랜잭션이 컨텍스트를 인지한다
    _, err = db.BeginTx(ctx, nil)

    return err
}
```

6. example이라는 이름의 디렉터리를 생성하고 여기로 이동한다.

7. main.go라는 이름의 파일을 생성하고 다음 내용을 작성한다.

```go
package main

import "github.com/PacktPublishing/Go-Programming-Cookbook-Second-Edition/chapter6/pools"

func main() {
    if err := pools.ExecWithTimeout(); err != nil {
```

```
        panic(err)
      }
   }
```

8. `go run main.go` 명령을 실행한다.

9. 대신 다음 명령을 실행해도 된다.

   ```
   $ go build
   $ ./example
   ```

   그러면 다음과 같은 결과를 확인할 수 있을 것이다.

   ```
   $ go run main.go
   panic: context deadline exceeded

   goroutine 1 [running]:
   main.main()
   /go/src/PacktPublishing/Go-Programming-Cookbook-Second-
   Edition/go-cookbook/chapter6/pools/example/main.go:7 +0x4e
   exit status 2
   ```

10. go.mod 파일이 업데이트됐을 것이며, 이제 go.sum 파일이 최상위 예제 디렉터리
    에 있을 것이다.

11. 코드를 복사하거나 테스트 코드를 직접 작성한 경우, 한 경로 위로 이동한 다음 go
    test 명령을 실행해 모든 테스트를 통과하는지 확인한다.

예제 분석

연결 풀의 깊이를 제어할 수 있는 기능은 매우 유용하다. 이를 통해 데이터베이스에 과
부하가 걸리는 것을 방지할 수 있다. 하지만 이런 점이 시간 초과 상황에서 어떤 의미를
갖는지 고려하는 것 또한 중요하다. 이 예제에서 했던 것과 같이, 설정된 수의 연결과 엄
격한 컨텍스트 기반 타임아웃을 모두 적용하면 너무 많은 연결을 시도해 과부하가 걸린

애플리케이션에 대한 요청이 시간 초과에 자주 걸리는 경우가 발생한다.

연결을 사용할 수 있을 때까지 대기하다가 시간 초과가 발생하기 때문이다. `database/sql` 패키지에 새로 추가된 컨텍스트 기능을 사용하면, 쿼리 수행과 관련된 단계를 포함해 전체 요청에 대한 공유 타임아웃을 사용할 수 있어 처리가 훨씬 더 간단해진다.

이번 예제에서는 환경 변수만 사용했지만, 이 예제에서 사용한 방법과 다른 예제에 사용한 방법을 활용해 `Setup()` 함수에 전달될 전역 설정 객체를 사용하는 것이 좋다.

⁞⁝ Redis를 활용한 작업

서드파티 라이브러리와 서비스에서 제공하는 영구 저장소나 추가적인 기능이 필요할 때가 있다. 이번 예제에서는 비관계형 데이터 저장소의 형태인 Redis를 살펴보고, Go와 같은 언어가 이런 서드파티 서비스와 상호 작용하는 방법을 보여줄 것이다.

Redis는 단순한 인터페이스를 통해 키-값 저장소를 지원하기 때문에 세션 저장소 또는 기간이 설정된 임시 데이터를 저장할 후보군으로 훌륭하다. Redis에 저장된 데이터에 타임아웃을 지정하는 기능은 매우 활용 가치가 높다. 이 예제는 구성^{configuration}에서 쿼리, 사용자 정의 정렬 사용법까지 아우르는 기본적인 Redis 사용법을 살펴본다.

준비

다음 단계에 따라 환경을 구성한다.

1. https://golang.org/doc/install에서 Go 1.11.1 버전 이상을 다운로드하고 운영체제에 설치한다.

2. https://www.consul.io/intro/getting-started/install.html에서 Consul을 설치한다.

3. 터미널이나 콘솔 프로그램을 열고 프로젝트 디렉터리(~/projects/go-programming-cookbook 등)를 생성한 후 해당 경로로 이동한다. 모든 코드는 이 디렉터리에서 실행되고 수정될

것이다.

4. 최신 코드를 ~/projects/go-programming-cookbook-original 경로에 복제한다. 예제를 직접 입력하는 대신 이 디렉터리에서 작업할 것을 권장한다.

```
$ git clone git@github.com:PacktPublishing/Go-Programming-Cookbook-Second-
Edition.git go-programming-cookbook-original
```

5. https://redis.io/topics/quickstart를 사용해 Redis를 설치하고 설정한다.

예제 구현

다음 단계는 애플리케이션을 작성하고 실행하는 방법을 설명한다.

1. 터미널이나 콘솔 프로그램에서 ~/projects/go-programming-cookbook/chapter6/ redis라는 이름의 새 디렉터리를 생성하고 이 디렉터리로 이동한다.

2. 다음 명령을 실행한다.

```
$ go mod init github.com/PacktPublishing/Go-Programming-Cookbook-Second-
Edition/chapter6/redis
```

그러면 다음을 포함하는 go.mod라는 이름의 파일을 볼 수 있을 것이다.

```
module github.com/PacktPublishing/Go-Programming-Cookbook-Second-Edition/
chapter6/redis
```

3. ~/projects/go-programming-cookbook-original/chapter6/redis에서 복사해 테스트하거나 이 코드를 예제로 여러분만의 코드를 작성해본다.

4. config.go라는 이름의 파일을 생성하고 다음 내용을 작성한다.

```go
package redis

import (
    "os"
    redis "gopkg.in/redis.v5"
)

// Setup 함수는 redis 클라이언트를 초기화한다
func Setup() (*redis.Client, error) {
    client := redis.NewClient(&redis.Options{
    Addr: "localhost:6379",
    Password: os.Getenv("REDISPASSWORD"),
    DB: 0, // use default DB
    })

    _, err := client.Ping().Result()
    return client, err
}
```

5. exec.go라는 이름의 파일을 생성하고 다음 내용을 작성한다.

```go
package redis

import (
    "fmt"
    "time"
    redis "gopkg.in/redis.v5"
)

// Exec 함수는 redis 작업을 처리한다
func Exec() error {
    conn, err := Setup()
    if err != nil {
        return err
    }

    c1 := "value"
    // value는 인터페이스이며, 마지막 매개변수가 무엇이든 간에
    // redis의 만료 시간을 저장할 수 있다
    conn.Set("key", c1, 5*time.Second)
```

```go
    var result string
    if err := conn.Get("key").Scan(&result); err != nil {
        switch err {
            // 키가 발견되지 않았다는 것을 의미한다
            case redis.Nil:
                return nil
            default:
                return err
        }
    }

    fmt.Println("result =", result)

    return nil
}
```

6. sort.go라는 이름의 파일을 생성하고 다음 내용을 작성한다.

```go
package redis

import (
    "fmt"
    redis "gopkg.in/redis.v5"
)

// Sort 함수는 redis 작업을 정렬한다
func Sort() error {
    conn, err := Setup()
    if err != nil {
        return err
    }

    listkey := "list"
    if err := conn.LPush(listkey, 1).Err(); err != nil {
        return err
    }
    // 다음 명령 중 하나라도 오류가 발생하면 리스트 키를 정리(제거)한다
    defer conn.Del(listkey)

    if err := conn.LPush(listkey, 3).Err(); err != nil {
        return err
    }
```

```
    if err := conn.LPush(listkey, 2).Err(); err != nil {
        return err
    }

    res, err := conn.Sort(listkey, redis.Sort{Order: "ASC"}).Result()
    if err != nil {
        return err
    }
    fmt.Println(res)

    return nil
}
```

7. example 폴더를 생성하고 example 디렉터리로 이동한다.

8. main.go라는 이름의 파일을 생성하고 다음 내용을 작성한다.

```
package main

import "github.com/PacktPublishing/Go-Programming-Cookbook-Second-Edition/chapter6/redis"

func main() {
    if err := redis.Exec(); err != nil {
        panic(err)
    }

    if err := redis.Sort(); err != nil {
        panic(err)
    }
}
```

9. go run main.go 명령을 실행한다.

10. 대신 다음 명령을 실행해도 된다.

```
$ go build
$ ./example
```

그러면 다음과 같은 결과를 확인할 수 있을 것이다.

```
$ go run main.go
result = value
[1 2 3]
```

11. go.mod 파일이 업데이트됐을 것이며, 이제 go.sum 파일이 최상위 예제 디렉터리에 있을 것이다.

12. 코드를 복사하거나 테스트 코드를 직접 작성한 경우, 한 경로 위로 이동한 다음 go test 명령을 실행해 모든 테스트를 통과하는지 확인한다.

예제 분석

Go에서 Redis를 활용하는 작업은 MySQL을 활용한 작업과 비슷하다. 표준 라이브러리는 없지만, 많은 라이브러리가 Redis에서 Go 타입으로 데이터를 읽는 Scan()과 같은 함수와 동일한 규칙을 따른다. 이와 같은 경우에는 가장 적합한 라이브러리를 선택하는 것이 어려울 수 있다. 이런 내용은 빠르게 바뀔 수 있기 때문에 주기적으로 어떤 라이브러리를 사용할 수 있는지 조사하는 것이 좋다.

이 예제에서는 redis 패키지를 사용해 데이터 설정, 읽기, 좀 더 복잡한 정렬 함수와 기본 구성을 살펴봤다. database/sql 패키지와 같이 타임아웃, 풀^{pool} 크기 등의 형태로 추가 구성을 설정할 수 있다. 또한 Redis 패키지는 Redis 클러스터 지원, Zscore 및 counter 객체, 분산 락^{distributed lock}을 포함해 많은 기능을 제공한다.

이전 예제와 마찬가지로, 설정과 보안 작업을 쉽게 처리하기 위해 Redis 설정 및 세부 구성 정보를 저장하는 설정 객체(config 객체)를 사용하는 것이 좋다.

⠿ MongoDB를 활용한 NoSQL 사용하기

Go 구조체 및 Go가 정적 타입 언어라는 이유로 Go가 관계형 데이터베이스에 더 적합하다고 생각할 수도 있다. github.com/mongodb/mongo-go-driver와 같은 패키지를 활용하면 Go에서도 거의 구조가 없는 임의의 객체를 저장하고 값을 읽어올 수 있다. 객체에 버전을 지정하면 스키마schema가 새로운 구조를 적용할 수 있으므로 매우 유연한 개발 환경을 제공할 수 있다.

이런 추상화를 숨기거나 더 잘 설계한 일부 라이브러리들도 있다. mongo-godriver 패키지는 이런 추상화를 훌륭하게 처리한 라이브러리의 한 예다. 다음 예제는 Redis와 MySQL에서 진행했던 것과 비슷한 방식으로 연결을 생성하지만, 구체적인 스키마를 정의하지 않으면서도 객체를 저장하고 값을 읽는다.

준비

다음 단계에 따라 환경을 구성한다.

1. https://golang.org/doc/install에서 Go 1.11.1 버전 이상을 다운로드하고 운영체제에 설치한다.

2. https://www.consul.io/intro/getting-started/install.html에서 Consul을 설치한다.

3. 터미널이나 콘솔 프로그램을 열고 프로젝트 디렉터리(~/projects/go-programming-cookbook 등)를 생성한 후 해당 경로로 이동한다. 모든 코드는 이 디렉터리에서 실행되고 수정될 것이다.

4. 최신 코드를 ~/projects/go-programming-cookbook-original 경로에 복제한다. 예제를 직접 입력하는 대신 이 디렉터리에서 작업할 것을 권장한다.

    ```
    $ git clone git@github.com:PacktPublishing/Go-Programming-Cookbook-Second-
    Edition.git go-programming-cookbook-original
    ```

5. MongoDB를 설치하고 설정한다(https://docs.mongodb.com/manual/).

예제 구현

다음 단계는 애플리케이션을 작성하고 실행하는 방법을 설명한다.

1. 터미널이나 콘솔 프로그램에서 ~/projects/go-programming-cookbook/chapter6/ mongodb라는 이름의 새 디렉터리를 생성하고 이 디렉터리로 이동한다.

2. 다음 명령을 실행한다.

```
$ go mod init github.com/PacktPublishing/Go-Programming-Cookbook-Second-
Edition/chapter6/mongodb
```

그러면 다음을 포함하는 go.mod라는 이름의 파일을 볼 수 있을 것이다.

```
module github.com/PacktPublishing/Go-Programming-Cookbook-Second-Edition/
chapter6/mongodb
```

3. ~/projects/go-programming-cookbook-original/chapter6/mongodb에서 복사해 테스트하거나 이 코드를 예제로 여러분만의 코드를 작성해본다.

4. config.go라는 이름의 파일을 생성하고 다음 내용을 작성한다.

```go
package mongodb

import (
    "context"
    "time"
    "go.mongodb.org/mongo-driver/mongo"
    "go.mongodb.org/mongo-driver/mongo/options"
)

// Setup mongo 클라이언트를 초기화한다
func Setup(ctx context.Context, address string) (*mongo.Client, error) {
    ctx, cancel := context.WithTimeout(ctx, 10*time.Second)
    // cancel은 설정이 종료될 때 호출된다(지연 호출)
    defer cancel()

    client, err := mongo.NewClient(options.Client().ApplyURI(address))
```

```go
    if err != nil {
        return nil, err
    }

    if err := client.Connect(ctx); err != nil {
        return nil, err
    }
    return client, nil
}
```

5. exec.go라는 이름의 파일을 생성하고 다음 내용을 작성한다.

```go
package mongodb

import (
    "context"
    "fmt"
    "go.mongodb.org/mongo-driver/bson"
)

// State는 예제에서 사용할 데이터 모델이다
type State struct {
    Name string `bson:"name"`
    Population int `bson:"pop"`
}

// Exec 함수는 Example을 생성하고 쿼리한다
func Exec(address string) error {
    ctx := context.Background()
    db, err := Setup(ctx, address)
    if err != nil {
        return err
    }

    coll := db.Database("gocookbook").Collection("example")

    vals := []interface{}{&State{"Washington", 7062000}, &State{"Oregon",
3970000}}

    // 한 번에 여러 열을 삽입할 수 있다
    if _, err := coll.InsertMany(ctx, vals); err != nil {
        return err
```

```
    }

    var s State
    if err := coll.FindOne(ctx, bson.M{"name": "Washington"}).Decode(&s);
err != nil {
        return err
    }

    if err := coll.Drop(ctx); err != nil {
        return err
    }

    fmt.Printf("State: %#v\n", s)
    return nil
}
```

6. example 디렉터리로 이동한다.

7. main.go라는 이름의 파일을 생성하고 다음 내용을 작성한다.

```
package main

import "github.com/PacktPublishing/Go-Programming-Cookbook-Second-Edition/
chapter6/mongodb"

func main() {
    if err := mongodb.Exec("mongodb://localhost"); err != nil {
        panic(err)
    }
}
```

8. go run main.go 명령을 실행한다.

9. 대신 다음 명령을 실행해도 된다.

```
$ go build
$ ./example
```

그러면 다음과 같은 결과를 확인할 수 있을 것이다.

```
$ go run main.go
State: mongodb.State{Name:"Washington", Population:7062000}
```

10. go.mod 파일이 업데이트됐을 것이며, 이제 go.sum 파일이 최상위 예제 디렉터리에 있을 것이다.

11. 코드를 복사하거나 테스트 코드를 직접 작성한 경우, 한 경로 위로 이동한 다음 go test 명령을 실행해 모든 테스트를 통과하는지 확인한다.

예제 분석

mongo-go-driver 패키지는 연결 풀링과 MongoDB 데이터베이스에 대한 연결을 조정하고 구성하는 여러 방법을 제공한다. 이 예제에서 보여준 예시는 매우 기본적이지만, 문서 기반 데이터베이스에 데이터를 쓰고 읽는 과정이 얼마나 쉬운지를 보여준다. 이 패키지는 BSON 데이터 타입을 구현하며, 마샬링은 JSON을 활용하는 경우와 비슷하다.

MongoDB에 대한 일관성 보증 및 모범 사례best practice에 대한 내용은 이 책의 범위를 벗어난다. 하지만 Go 언어에서 이런 내용을 다루는 것은 언제나 즐거운 일이다.

⠿ 데이터 이식성을 고려한 저장소 인터페이스 생성하기

외부 저장소 인터페이스로 작업할 때는 인터페이스 뒤에 동작을 추상화하는 것이 도움이 될 수 있다. 이렇게 하면 모의 테스트, 저장소 백엔드 변경, 문제의 분리가 쉬워진다. 트랜잭션 내부에서 여러 작업을 처리해야 하는 경우에 이 접근 방법의 단점이 나타날 수 있다. 이 경우 복합 연산을 하거나 컨텍스트 객체 또는 추가적인 함수 매개변수를 통해 전달되도록 만드는 것이 좋다.

이 예제는 MongoDB에서 항목(아이템)을 활용한 작업을 위해 매우 간단한 인터페이스를 구현한다. 이 항목들은 이름과 가격 정보를 가지며 인터페이스를 사용해 객체를 저장하고 값을 조회한다.

준비

'MongoDB를 활용한 NoSQL 사용하기' 예제의 '준비' 절을 참고하길 바란다.

예제 구현

다음 단계는 애플리케이션을 작성하고 실행하는 방법을 설명한다.

1. 터미널이나 콘솔 프로그램에서 ~/projects/go-programming-cookbook/chapter6/ storage라는 이름의 새 디렉터리를 생성하고 이 디렉터리로 이동한다.

2. 다음 명령을 실행한다.

```
$ go mod init github.com/PacktPublishing/Go-Programming-Cookbook-Second-
Edition/chapter6/storage
```

그러면 다음을 포함하는 go.mod라는 이름의 파일을 볼 수 있을 것이다.

```
module github.com/PacktPublishing/Go-Programming-Cookbook-Second-Edition/
chapter6/storage
```

3. ~/projects/go-programming-cookbook-original/chapter6/storage에서 복사해 테스트하거나 이 코드를 예제로 여러분만의 코드를 작성해본다.

4. storage.go라는 이름의 파일을 생성하고 다음 내용을 작성한다.

```
package storage

import "context"

// Item은 상점의 항목을 표현한다
```

```go
type Item struct {
    Name string
    Price int64
}

// Storage는 저장소 인터페이스이며
// Mongo 저장소를 활용해 구현할 예정이다
type Storage interface {
    GetByName(context.Context, string) (*Item, error)
    Put(context.Context, *Item) error
}
```

5. mongoconfig.go라는 이름의 파일을 생성하고 다음 내용을 작성한다.

```go
package storage

import (
    "context"
    "time"
    "go.mongodb.org/mongo-driver/mongo"
    "go.mongodb.org/mongo-driver/mongo/options"
)

// MongoStorage는 예제의 저장소 인터페이스를 구현한다
type MongoStorage struct {
    *mongo.Client
    DB string
    Collection string
}

// NewMongoStorage 함수는 MongoStorage를 초기화한다
func NewMongoStorage(ctx context.Context, connection, db,
collection string) (*MongoStorage, error) {
    ctx, cancel := context.WithTimeout(ctx, 10*time.Second)
    defer cancel()

    client, err := mongo.NewClient(options.Client().ApplyURI("mongodb://
localhost"))
    if err != nil {
        return nil, err
    }
```

```
        if err := client.Connect(ctx); err != nil {
            return nil, err
        }

        ms := MongoStorage{
            Client: client,
            DB: db,
            Collection: collection,
        }
        return &ms, nil
    }
```

6. mongointerface.go라는 이름의 파일을 생성하고 다음 내용을 작성한다.

```
    package storage

    import (
        "context"

        "go.mongodb.org/mongo-driver/bson"
    )

    // GetByName 함수는 정확한 이름을 사용해 mongodb에서 항목(아이템)을 조회한다
    func (m *MongoStorage) GetByName(ctx context.Context, name string)
    (*Item, error) {
        c := m.Client.Database(m.DB).Collection(m.Collection)
        var i Item
        if err := c.FindOne(ctx, bson.M{"name": name}).Decode(&i); err != nil {
            return nil, err
        }

        return &i, nil
    }

    // Put 함수는 예제의 mongo 인터페이스에 항목을 추가한다
    func (m *MongoStorage) Put(ctx context.Context, i *Item) error {
        c := m.Client.Database(m.DB).Collection(m.Collection)
        _, err := c.InsertOne(ctx, i)
        return err
    }
```

7. exec.go라는 이름의 파일을 생성하고 다음 내용을 작성한다.

```go
package storage

import (
    "context"
    "fmt"
)

// Exec 함수는 저장소를 초기화한 다음, 저장소 인터페이스를 사용해
// 작업을 처리한다
func Exec() error {
    ctx := context.Background()
    m, err := NewMongoStorage(ctx, "localhost", "gocookbook", "items")
    if err != nil {
        return err
    }

    if err := PerformOperations(m); err != nil {
        return err
    }

    if err := m.Client.Database(m.DB).Collection(m.Collection).Drop(ctx);
err != nil {
        return err
    }

    return nil
}

// PerformOperations 함수는 양초(candle) 항목을 생성하고
// 데이터베이스에서 이 값을 조회한다
func PerformOperations(s Storage) error {
    ctx := context.Background()
    i := Item{Name: "candles", Price: 100}
    if err := s.Put(ctx, &i); err != nil {
        return err
    }

    candles, err := s.GetByName(ctx, "candles")
    if err != nil {
        return err
    }
```

```
        fmt.Printf("Result: %#v\n", candles)
        return nil
    }
```

8. example 디렉터리로 이동한다.

9. main.go라는 이름의 파일을 생성하고 다음 내용을 작성한다.

```
package main

import "github.com/PacktPublishing/Go-Programming-Cookbook-Second-Edition/
chapter6/storage"

func main() {
    if err := storage.Exec(); err != nil {
        panic(err)
    }
}
```

10. go run main.go 명령을 실행한다.

11. 대신 다음 명령을 실행해도 된다.

```
$ go build
$ ./example
```

그러면 다음과 같은 결과를 확인할 수 있을 것이다.

```
$ go run main.go
Result: &storage.Item{Name:"candles", Price:100}
```

12. go.mod 파일이 업데이트됐을 것이며, 이제 go.sum 파일이 최상위 예제 디렉터리에 있을 것이다.

13. 코드를 복사하거나 테스트 코드를 직접 작성한 경우, 한 경로 위로 이동한 다음 go test 명령을 실행해 모든 테스트를 통과하는지 확인한다.

예제 분석

이 예제를 설명하는 가장 중요한 함수는 PerformOperations 함수다. 이 함수는 저장소 storage 인터페이스를 매개변수로 받는다. 즉, 이 함수를 수정하지 않고도 사용할 저장소를 동적으로 교체할 수 있다. 예를 들어, 저장소에서 데이터를 가져오고 수정하기 위한 별도의 API를 저장소에 연결하는 작업은 간단하다.

예제에서는 이런 인터페이스에 대한 컨텍스트를 사용해 유연성을 더하고 인터페이스에서 타임아웃도 처리할 수 있도록 했다. 애플리케이션 로직을 저장소와 분리하면 다양한 이점이 있다. 하지만 이를 분리시킬 명확한 경계(위치)를 선택하기 어려울 수 있으며, 애플리케이션에 따라 매우 다를 수 있다.

07

웹 클라이언트와 API

API를 활용해 웹 클라이언트를 작성하는 일은 까다로운 작업이다. 서로 다른 API는 권한, 인증, 프로토콜 유형이 다르다. 이 장에서는 http.Client 객체와 OAuth2 클라이언트 및 장기 토큰 저장소를 활용하는 방법을 살펴보고 GRPC와 REST 인터페이스로 마무리한다.

이 장을 마칠 무렵에는 서드파티 API나 자체 제작 API와 통신하는 방법에 대한 개념이 생길 것이고, API에 비동기 요청과 같은 일반적인 작업 패턴을 이해할 수 있을 것이다.

다음 목록은 이 장에서 다루는 예제들이다.

- http.Client 객체의 초기화, 저장, 전달하기

- REST API용 클라이언트 작성하기

- 병렬 및 비동기 클라이언트 요청 실행하기

- OAuth2 클라이언트 활용

- OAuth2 토큰 저장소 인터페이스 구현하기

- 추가된 기능 및 함수 구성으로 클라이언트 래핑하기

- GRPC 클라이언트 이해하기

- RPC를 위한 `twitchtv/twirp` 사용하기

기술 요구 사항

이 장의 모든 예제를 진행하기 위해서는 다음 단계에 따라 환경을 구성해야 한다.

1. https://golang.org/doc/install에서 여러분의 운영체제에 Go 1.12.6 이상의 버전을 다운로드하고 설치한다.

2. 터미널이나 콘솔 프로그램을 열고 프로젝트 디렉터리(~/projects/go-programming-cookbook 등)를 생성한 후 해당 경로로 이동한다. 모든 코드는 이 디렉터리에서 실행되고 수정될 것이다.

3. 최신 코드를 ~/projects/go-programming-cookbook-original 경로에 복제한다. 예제를 직접 입력하는 대신 이 디렉터리에서 작업할 것을 권장한다.

```
$ git clone git@github.com:PacktPublishing/Go-Programming-Cookbook-Second-
Edition.git go-programming-cookbook-original
```

http.Client 객체의 초기화, 저장, 전달하기

Go의 net/http 패키지는 HTTP API를 활용한 작업을 위해 유연한 `http.Client` 구조체를 제공한다. 이 구조체는 별도의 전송 기능이 있고, 이 구조체를 사용하면 요청 단락 short-circuit, 각 클라이언트 작업에 대한 헤더 수정, REST 작업을 간단하게 처리할 수 있다. 클라이언트 생성은 매우 일반적인 작업이며, 이 예제에서는 `http.Client` 객체를 활용하고 생성하는 기초적인 내용부터 시작한다.

예제 구현

다음 단계는 애플리케이션을 작성하고 실행하는 방법을 설명한다.

1. 터미널이나 콘솔 프로그램에서 ~/projects/go-programming-cookbook/chapter7/client라는 이름의 새 디렉터리를 생성하고 이 디렉터리로 이동한다.

2. 다음 명령을 실행한다.

```
$ go mod init github.com/PacktPublishing/Go-Programming-Cookbook-Second-
Edition/chapter7/client
```

그러면 다음을 포함하는 go.mod라는 이름의 파일을 볼 수 있을 것이다.

```
module github.com/PacktPublishing/Go-Programming-Cookbook-Second-Edition/
chapter7/client
```

3. ~/projects/go-programming-cookbook-original/chapter7/client에서 복사해 테스트하거나 이 코드를 예제로 여러분만의 코드를 작성해본다.

4. client.go라는 이름의 파일을 생성하고 다음 내용을 작성한다.

```go
package client

import (
    "crypto/tls"
    "net/http"
)

// Setup 함수는 클라이언트를 구성하고
// 전역 DefaultClient를 재정의한다
func Setup(isSecure, nop bool) *http.Client {
    c := http.DefaultClient
    // 때로는 테스트를 위해 SSL 인증 기능을
    // 꺼야 할 때도 있다
    if !isSecure {
        c.Transport = &http.Transport{
            TLSClientConfig: &tls.Config{
```

```
                    InsecureSkipVerify: false,
                },
            }
        }
        if nop {
            c.Transport = &NopTransport{}
        }
        http.DefaultClient = c
        return c
    }

    // NopTransport는 아무 일도 하지 않는(No-Operation) 전송이다
    type NopTransport struct {
    }

    // RoundTrip 함수는 RoundTripper 인터페이스를 구현한다
    func (n *NopTransport) RoundTrip(*http.Request) (*http.Response, error) {
        // 초기화되지 않은 응답이라는 점에 주의한다
        // (헤더 등을 살펴보면 알 수 있다)
        return &http.Response{StatusCode: http.StatusTeapot}, nil
    }
```

5. exec.go라는 이름의 파일을 생성하고 다음 내용을 작성한다.

```
    package client

    import (
        "fmt"
        "net/http"
    )

    // DoOps 함수는 클라이언트를 매개변수로 받은 다음,
    // google.com에 연결한다
    func DoOps(c *http.Client) error {
        resp, err := c.Get("http://www.google.com")
        if err != nil {
            return err
        }
        fmt.Println("results of DoOps:", resp.StatusCode)

        return nil
    }
```

```go
// DefaultGetGolang 함수는 golang.org의 주소로 Get 요청을 하기 위해
// 기본 클라이언트를 사용한다
func DefaultGetGolang() error {
    resp, err := http.Get("https://www.golang.org")
    if err != nil {
        return err
    }
    fmt.Println("results of DefaultGetGolang:",
    resp.StatusCode)
    return nil
}
```

6. store.go라는 이름의 파일을 생성하고 다음 내용을 작성한다.

```go
package client

import (
    "fmt"
    "net/http"
)

// Controller는 http.Client 객체를 가지며
// 이를 내부에서 사용한다
type Controller struct {
    *http.Client
}

// DoOps 함수는 Controller 객체를 매개변수로 받아 작업을 수행한다
func (c *Controller) DoOps() error {
    resp, err := c.Client.Get("http://www.google.com")
    if err != nil {
        return err
    }
    fmt.Println("results of client.DoOps", resp.StatusCode)
    return nil
}
```

7. example이라는 이름의 디렉터리를 생성하고 여기로 이동한다.

8. main.go라는 이름의 파일을 생성하고 다음 내용을 작성한다.

```
package main

import "github.com/PacktPublishing/Go-Programming-Cookbook-Second-Edition/chapter7/client"

func main() {
    // Setup 함수의 첫 번째 인자는 true로 설정하고 두 번째 인자는 false로 설정한다
    cli := client.Setup(true, false)
    if err := client.DefaultGetGolang(); err != nil {
        panic(err)
    }

    if err := client.DoOps(cli); err != nil {
        panic(err)
    }

    c := client.Controller{Client: cli}
    if err := c.DoOps(); err != nil {
        panic(err)
    }

    // Setup 함수의 첫 번째 인자를 true로 설정하고 두 번째 인자도 true로 설정한다
    // 또한 기본 설정을 변경한다
    client.Setup(true, true)
    if err := client.DefaultGetGolang(); err != nil {
        panic(err)
    }
}
```

9. `go run main.go` 명령을 실행한다.

10. 대신 다음 명령을 실행해도 된다.

```
$ go build
$ ./example
```

그러면 다음과 같은 결과를 확인할 수 있을 것이다.

```
$ go run main.go
results of DefaultGetGolang: 200
results of DoOps: 200
results of client.DoOps 200
results of DefaultGetGolang: 418
```

11. 코드를 복사하거나 테스트 코드를 직접 작성한 경우, 한 경로 위로 이동한 다음 go test 명령을 실행해 모든 테스트를 통과하는지 확인한다.

예제 분석

net/http 패키지는 DefaultClient 패키지 변수를 노출시키며 Do, Get, POST 등의 내부 작업에 사용된다. 예제의 Setup() 함수는 클라이언트를 반환하고 기본 클라이언트를 반환한 클라이언트와 동일한 클라이언트로 설정한다. 클라이언트를 설정할 때 대부분의 수정 사항은 전송 과정에서 이루어지기 때문에 RoundTripper 인터페이스만 구현하면 된다.

이 예제는 항상 418 상태 코드를 반환하는 아무런 작업도 수행하지 않는 Round Tripper의 예시를 보여준다. 이 예제가 테스트에 어떻게 유용하게 활용될 수 있을지 상상할 수 있을 것이다. 또한 클라이언트를 함수의 매개변수로 전달하는 방법, 전달된 클라이언트를 구조체 매개변수로 사용하는 방법, 요청 처리를 위해 기본 클라이언트를 사용하는 방법을 보여준다.

⁝⁝⁝ REST API용 클라이언트 작성하기

REST API용 클라이언트를 작성하면 불확실한 API를 더 잘 이해하는 데 도움이 될 뿐만 아니라 이 API를 사용하는 미래의 모든 애플리케이션에 유용한 도구를 제공할 수 있다. 이번 예제는 클라이언트를 구성하고 곧바로 활용할 수 있는 몇 가지 전략을 보여준다.

이 클라이언트의 경우 인증 과정이 기본 인증에 의해 처리된다고 가정한다. 하지만 엔드포인트endpoint에 도달해 토큰 등을 검색할 수도 있다. 단순한 예제를 위해 GetGoogle() 엔드포인트 하나만 노출한다고 가정한다. GetGoogle()은 https://www.google.com의 주소로 GET 요청을 통해 받은 상태 코드를 반환한다.

예제 구현

다음 단계는 애플리케이션을 작성하고 실행하는 방법을 설명한다.

1. 터미널이나 콘솔 프로그램에서 ~/projects/go-programming-cookbook/chapter7/ rest라는 이름의 새 디렉터리를 생성하고 이 디렉터리로 이동한다.

2. 다음 명령을 실행한다.

   ```
   $ go mod init github.com/PacktPublishing/Go-Programming-Cookbook-Second-
   Edition/chapter7/rest
   ```

   그러면 다음을 포함하는 go.mod라는 이름의 파일을 볼 수 있을 것이다.

   ```
   module github.com/PacktPublishing/Go-Programming-Cookbook-Second-Edition/
   chapter7/rest
   ```

3. ~/projects/go-programming-cookbook-original/chapter7/rest에서 복사해 테스트하거나 이 코드를 예제로 여러분만의 코드를 작성해본다.

4. client.go라는 이름의 파일을 생성하고 다음 내용을 작성한다.

   ```go
   package rest

   import "net/http"

   // APIClient는 예제에서 사용할 사용자 정의 클라이언트다
   type APIClient struct {
       *http.Client
   ```

```
}

// NewAPIClient 생성자는 사용자 정의 Transport 값으로
// 클라이언트를 초기화한다
func NewAPIClient(username, password string) *APIClient {
    t := http.Transport{}
    return &APIClient{
        Client: &http.Client{
            Transport: &APITransport{
                Transport: &t,
                username: username,
                password: password,
            },
        },
    }
}

// GetGoogle 함수는 API 호출이다
// REST 관련 내용은 추상화한다
func (c *APIClient) GetGoogle() (int, error) {
    resp, err := c.Get("http://www.google.com")
    if err != nil {
        return 0, err
    }
    return resp.StatusCode, nil
}
```

5. transport.go라는 이름의 파일을 생성하고 다음 내용을 작성한다.

```
package rest

import "net/http"

// APITransport는 모든 요청에 대해
// SetBasicAuth를 수행한다
type APITransport struct {
    *http.Transport
    username, password string
}

// RoundTrip 함수는 기본 전송을 수행하기 전에
// 기본적인 인증을 진행한다
```

```go
func (t *APITransport) RoundTrip(req *http.Request) (*http.Response, error)
{
    req.SetBasicAuth(t.username, t.password)
    return t.Transport.RoundTrip(req)
}
```

6. exec.go라는 이름의 파일을 생성하고 다음 내용을 작성한다.

```go
package rest

import "fmt"

// Exec 함수는 API 클라이언트를 생성하고
// 생성된 클라이언트의 GetGoogle 메소드를 사용한 다음,
// 결과를 출력한다
func Exec() error {
    c := NewAPIClient("username", "password")
    StatusCode, err := c.GetGoogle()
    if err != nil {
        return err
    }
    fmt.Println("Result of GetGoogle:", StatusCode)
    return nil
}
```

7. example이라는 이름의 디렉터리를 생성하고 여기로 이동한다.

8. main.go라는 이름의 파일을 생성하고 다음 내용을 작성한다.

```go
package main

import "github.com/PacktPublishing/Go-Programming-Cookbook-Second-Edition/chapter7/rest"

func main() {
    if err := rest.Exec(); err != nil {
        panic(err)
    }
}
```

9. go run main.go 명령을 실행한다.

10. 다음 명령도 실행한다.

```
$ go build
$ ./example
```

그러면 다음과 같은 결과를 확인할 수 있을 것이다.

```
$ go run main.go
Result of GetGoogle: 200
```

11. 코드를 복사하거나 테스트 코드를 직접 작성한 경우, 한 경로 위로 이동한 다음 go test 명령을 실행해 모든 테스트를 통과하는지 확인한다.

예제 분석

이 코드는 인증과 같은 로직을 숨기는 방법과 Transport 인터페이스를 사용해 토큰 갱신을 처리하는 방법을 보여준다. 또한 메소드(함수)를 통해 API 호출을 노출시키는 방법도 보여준다. 사용자 API 등을 사용하지 않고 구현한다면 다음과 같은 메소드가 필요하다.

```
type API interface{
    GetUsers() (Users, error)
    CreateUser(User) error
    UpdateUser(User) error
    DeleteUser(User)
}
```

6장, '데이터베이스와 저장소의 모든 것'을 읽었다면, '데이터베이스 트랜잭션 인터페이스 실행하기'라는 제목의 예제와 비슷하다는 것을 알 수 있다. 이러한 구성, 특히 RoundTripper 인터페이스와 같은 공통 인터페이스를 통한 구성은 API를 작성할 때 많은 유연성을 제공한다. 또한 이전에 했듯이 최상위 인터페이스를 작성하고 이 인터페이스를 전달하는 것이 클라이언트에 직접 전달하는 것보다 유용할 수 있다. 이 내용은

OAuth2 클라이언트를 작성하면서 다음 예제에서 더 자세히 살펴볼 것이다.

⚙️ 병렬 및 비동기 클라이언트 요청 실행하기

Go에서 클라이언트 요청을 병렬로 처리하는 작업은 비교적 간단하다. 다음 예제에서는 Go의 버퍼를 사용하는 채널을 통해 여러 URL을 검색하는 클라이언트를 사용한다. 응답과 오류는 모두 클라이언트에 쉽게 접근할 수 있는 별도의 채널로 전달된다.

이 예제의 경우 클라이언트 생성, 채널 읽기, 응답과 오류 처리를 모두 main.go 파일에서 수행한다.

예제 구현

다음 단계는 애플리케이션을 작성하고 실행하는 방법을 설명한다.

1. 터미널이나 콘솔 프로그램에서 ~/projects/go-programming-cookbook/chapter7/async라는 이름의 새 디렉터리를 생성하고 이 디렉터리로 이동한다.

2. 다음 명령을 실행한다.

   ```
   $ go mod init github.com/PacktPublishing/Go-Programming-Cookbook-Second-
   Edition/chapter7/async
   ```

   그러면 다음을 포함하는 go.mod라는 이름의 파일을 볼 수 있을 것이다.

   ```
   module github.com/PacktPublishing/Go-Programming-Cookbook-Second-Edition/
   chapter7/async
   ```

3. ~/projects/go-programming-cookbook-original/chapter7/async에서 복사해 테스트하거나 이 코드를 예제로 여러분만의 코드를 작성해본다.

4. config.go라는 이름의 파일을 생성하고 다음 내용을 작성한다.

```go
package async

import "net/http"

// NewClient 함수는 새 클라이언트를 생성하고
// 클라이언트에 적절한 채널을 설정한다
func NewClient(client *http.Client, bufferSize int) *Client {
    respch := make(chan *http.Response, bufferSize)
    errch := make(chan error, bufferSize)
    return &Client{
        Client: client,
        Resp: respch,
        Err: errch,
    }
}

// Client 구조체는 클라이언트를 저장하고 응답과 오류 정보를
// 가져오기 위한 두 채널을 가진다
type Client struct {
    *http.Client
    Resp chan *http.Response
    Err chan error
}

// AsyncGet 함수는 Get 요청을 수행한 다음,
// 적합한 채널에 응답/오류를 반환한다
func (c *Client) AsyncGet(url string) {
    resp, err := c.Get(url)
    if err != nil {
        c.Err <- err
        return
    }
    c.Resp <- resp
}
```

5. exec.go라는 이름의 파일을 생성하고 다음 내용을 작성한다.

```go
package async

// FetchAll 함수는 url의 목록을 받는다
```

```
func FetchAll(urls []string, c *Client) {
    for _, url := range urls {
        go c.AsyncGet(url)
    }
}
```

6. example이라는 이름의 디렉터리를 생성하고 여기로 이동한다.

7. main.go라는 이름의 파일을 생성하고 다음 내용을 작성한다.

```
package main

import (
    "fmt"
    "net/http"
    "github.com/PacktPublishing/Go-Programming-Cookbook-Second-Edition/
chapter7/async"
)

func main() {
    urls := []string{
    "https://www.google.com",
    "https://golang.org",
    "https://www.github.com",
    }
    c := async.NewClient(http.DefaultClient, len(urls))
    async.FetchAll(urls, c)

    for i := 0; i < len(urls); i++ {
        select {
            case resp := <-c.Resp:
                fmt.Printf("Status received for %s: %d\n",
                resp.Request.URL, resp.StatusCode)
            case err := <-c.Err:
                fmt.Printf("Error received: %s\n", err)
        }
    }
}
```

8. `go run main.go` 명령을 실행한다.

9. 대신 다음 명령을 실행해도 된다.

```
$ go build
$ ./example
```

그러면 다음과 같은 결과를 확인할 수 있을 것이다.

```
$ go run main.go
Status received for https://www.google.com: 200
Status received for https://golang.org: 200
Status received for https://github.com/: 200
```

10. 코드를 복사하거나 테스트 코드를 직접 작성한 경우, 한 경로 위로 이동한 다음 go test 명령을 실행해 모든 테스트를 통과하는지 확인한다.

예제 분석

이 예제는 단일 클라이언트를 사용해 팬 아웃^fan-out 비동기 방식으로 요청을 처리하기 위한 프레임워크를 작성한다. 이 클라이언트는 지정한 URL을 최대한 빨리 검색하려고 시도한다. 대부분의 경우 워커 풀 등으로 이를 제한하는 것이 좋다. 또한 이런 비동기 Go 루틴을 클라이언트 외부에서 처리하는 것이 좋으며, 특정 저장소나 조회 인터페이스에 대해 처리하는 것이 좋다.

이 예제는 또한 case 문을 사용해 여러 채널을 분기하는 방법을 보여준다. 처리 로직 연결을 비동기로 실행하기 때문에 작업을 완료할 때까지 대기하는 메커니즘이 필요하다. 예제에서는 main 함수에서 원래 목록에 있는 URL과 동일한 수의 응답과 오류를 읽었을 때만 프로그램을 종료한다. 이와 같은 경우에는 애플리케이션에 타임아웃이 필요한지, 작업을 일찍 취소하는 방법을 지원해야 하는지 여부를 고려하는 것도 중요하다.

⠿ OAuth2 클라이언트 활용

OAuth2는 API와 소통하기 위한 비교적 일반적인 프로토콜이다. golang.org/x/oauth2 패키지는 OAuth2를 활용한 작업을 위한 상당히 유연한 클라이언트를 제공한다. 이 패키지는 페이스북, 구글, 깃허브와 같은 다양한 공급 업체에 대한 엔드포인트를 지정하는 하위 패키지를 갖고 있다.

이 예제는 깃허브 OAuth2 클라이언트를 생성하는 방법과 기본적인 사용법을 보여준다.

준비

이 장 초반의 '기술적 요구 사항' 절에서 언급한 초기 설정 단계를 완료한 후 다음 단계를 진행한다.

1. https://github.com/settings/applications/new에서 OAuth 클라이언트를 구성한다.

2. 클라이언트 ID와 secret 값을 저장하는 환경 변수를 설정한다.

   ○ export GITHUB_CLIENT="your_client"

   ○ export GITHUB_SECRET="your_secret"

3. https://developer.github.com/v3/의 깃허브 API 문서를 참고한다.

예제 구현

다음 단계는 애플리케이션을 작성하고 실행하는 방법을 설명한다.

1. 터미널이나 콘솔 프로그램에서 ~/projects/go-programming-cookbook/chapter7/ oauthcli라는 이름의 새 디렉터리를 생성하고 이 디렉터리로 이동한다.

2. 다음 명령을 실행한다.

```
$ go mod init github.com/PacktPublishing/Go-Programming-Cookbook-Second-
Edition/chapter7/oauthcli
```

그러면 다음을 포함하는 go.mod라는 이름의 파일을 볼 수 있을 것이다.

```
module github.com/PacktPublishing/Go-Programming-Cookbook-Second-Edition/
chapter7/oauthcli
```

3. ~/projects/go-programming-cookbook-original/chapter7/oauthcli에서 복사해
   테스트하거나 이 코드를 예제로 여러분만의 코드를 작성해본다.

4. config.go라는 이름의 파일을 생성하고 다음 내용을 작성한다.

```go
package oauthcli

import (
    "context"
    "fmt"
    "os"
    "golang.org/x/oauth2"
    "golang.org/x/oauth2/github"
)

// Setup 함수는 github와 소통하기 위한 구성이 완료된 oauth2Config를
// 반환한다. id와 secret 값이 설정된 환경 변수가 필요하다
func Setup() *oauth2.Config {
    return &oauth2.Config{
        ClientID: os.Getenv("GITHUB_CLIENT"),
        ClientSecret: os.Getenv("GITHUB_SECRET"),
        Scopes: []string{"repo", "user"},
        Endpoint: github.Endpoint,
    }
}

// GetToken 함수는 github oauth2 토큰을 가져온다
func GetToken(ctx context.Context, conf *oauth2.Config) (*oauth2.Token,
error) {
    url := conf.AuthCodeURL("state")
```

```
        fmt.Printf("Type the following url into your browser and
        follow the directions on screen: %v\n", url)
        fmt.Println("Paste the code returned in the redirect URL
        and hit Enter:")

        var code string
        if _, err := fmt.Scan(&code); err != nil {
            return nil, err
        }
        return conf.Exchange(ctx, code)
    }
```

5. exec.go라는 이름의 파일을 생성하고 다음 내용을 작성한다.

```
package oauthcli

import (
    "fmt"
    "io"
    "net/http"
    "os"
)

// GetUsers 함수는 초기화된 oauth2 클라이언트를 사용해
// 사용자의 정보를 가져온다
func GetUser(client *http.Client) error {
    url := fmt.Sprintf("https://api.github.com/user")

    resp, err := client.Get(url)
    if err != nil {
        return err
    }
    defer resp.Body.Close()
    fmt.Println("Status Code from", url, ":", resp.StatusCode)
    io.Copy(os.Stdout, resp.Body)
    return nil
}
```

6. example이라는 이름의 디렉터리를 생성하고 여기로 이동한다.

7. main.go라는 이름의 파일을 생성하고 다음 내용을 작성한다.

```go
package main

import (
    "context"
    "github.com/PacktPublishing/Go-Programming-Cookbook-Second-Edition/
chapter7/oauthcli"
)

func main() {
    ctx := context.Background()
    conf := oauthcli.Setup()

    tok, err := oauthcli.GetToken(ctx, conf)
    if err != nil {
        panic(err)
    }
    client := conf.Client(ctx, tok)

    if err := oauthcli.GetUser(client); err != nil {
        panic(err)
    }
}
```

8. `go run main.go` 명령을 실행한다.

9. 대신 다음 명령을 실행해도 된다.

```
$ go build
$ ./example
```

그러면 다음과 같은 결과를 확인할 수 있을 것이다.

```
go run main.go
Visit the URL for the auth dialog:
https://github.com/login/oauth/authorize?
access_type=offline&client_id=
<your_id>&response_type=code&scope=repo+user&state=state
Paste the code returned in the redirect URL and hit Enter:
```

```
<your_code>
Status Code from https://api.github.com/user: 200
{<json_payload>}
```

10. go.mod 파일이 업데이트됐을 것이며, 이제 go.sum 파일이 최상위 예제 디렉터리
    에 있을 것이다.

11. 코드를 복사하거나 테스트 코드를 직접 작성한 경우, 한 경로 위로 이동한 다음 go
    test 명령을 실행해 모든 테스트를 통과하는지 확인한다.

예제 분석

표준 OAuth2 동작은 리디렉트^{redirect} 기반이며, 서버는 지정한 엔드포인트로 경로를 재
지정한다. 그런 다음 서버는 코드를 가져와 토큰을 교환해야 한다. 이 예제는 https://
localhost나 https://a-domain-you-own과 같은 URL을 사용하고 코드를 수동으로 복
사/붙여넣기를 한 다음 엔터 키를 누르는 것을 허용하는 것으로 이 요구 사항을 우회한
다. 토큰 교환이 완료되면 클라이언트는 필요에 따라 지능적으로 토큰을 갱신한다.

어떤 식으로든 토큰을 저장하지 않는다는 점에 주의해야 한다. 프로그램에 문제가 생기
면 토큰을 다시 교환해야 한다. 또한 토큰이 만료되거나 토큰을 잃어버렸거나 토큰이
손상되지 않는 한 토큰을 명시적으로 한 번만 조회한다는 점에 주의한다. 클라이언트의
설정을 완료하면, OAuth2 작업을 진행하는 동안 적절한 범위^{scope}가 요청되는 한 API
에 대한 일반적인 HTTP 동작은 모두 수행할 수 있다. 이 예제는 "repo"와 "user" 범위
를 요청하지만, 필요하다면 더 많은(또는 더 적은) 범위도 요청할 수 있다.

⁂ OAuth2 토큰 저장소 인터페이스 구현하기

이전 예제에서는 클라이언트에 대한 토큰을 조회하고 API 요청을 처리했다. 이 접근 방
법의 단점은 토큰을 장기간 저장할 수 없다는 점이다. 예를 들어, HTTP 서버에서는 요

청 사이에 토큰을 일관되게 저장하는 것이 필요할 수 있다.

이번 예제는 요청 사이에 토큰을 저장하기 위해 OAuth2 클라이언트를 수정하는 방법과 필요에 따라 키를 사용해 토큰을 검색하는 방법을 살펴본다. 예제를 단순하게 하기 위해 이 키를 파일로 만들 것이지만 데이터베이스, Redis 등이 될 수도 있다.

준비

'OAuth2 클라이언트 활용' 예제의 '준비' 절을 참고하길 바란다.

예제 구현

다음 단계는 애플리케이션을 작성하고 실행하는 방법을 설명한다.

1. 터미널이나 콘솔 프로그램에서 ~/projects/go-programming-cookbook/chapter7/oauthstore라는 이름의 새 디렉터리를 생성하고 이 디렉터리로 이동한다.

2. 다음 명령을 실행한다.

```
$ go mod init github.com/PacktPublishing/Go-Programming-Cookbook-Second-
Edition/chapter7/oauthstore
```

그러면 다음을 포함하는 go.mod라는 이름의 파일을 볼 수 있을 것이다.

```
module github.com/PacktPublishing/Go-Programming-Cookbook-Second-Edition/
chapter7/oauthstore
```

3. ~/projects/go-programming-cookbook-original/chapter7/oauthstore에서 복사해 테스트하거나 이 코드를 예제로 여러분만의 코드를 작성해본다.

4. config.go라는 이름의 파일을 생성하고 다음 내용을 작성한다.

```go
package oauthstore

import (
    "context"
    "net/http"
    "golang.org/x/oauth2"
)

// Config는 기본 oauth2.Config를 래핑해
// 예제의 저장소를 추가한다
type Config struct {
    *oauth2.Config
    Storage
}

// Exchange 함수는 토큰을 조회한 다음, 이를 저장한다
func (c *Config) Exchange(ctx context.Context, code string) (*oauth2.Token,
error) {
    token, err := c.Config.Exchange(ctx, code)
    if err != nil {
        return nil, err
    }
    if err := c.Storage.SetToken(token); err != nil {
        return nil, err
    }
    return token, nil
}

// TokenSource 함수는 저장된 토큰을 전달받을 수 있으며,
// 새로운 토큰이 조회되면 이 토큰을 저장한다
func (c *Config) TokenSource(ctx context.Context,
t *oauth2.Token) oauth2.TokenSource {
    return StorageTokenSource(ctx, c, t)
}

// Client 함수는 TokenSource에 추가된다
func (c *Config) Client(ctx context.Context, t *oauth2.Token) *http.Client {
    return oauth2.NewClient(ctx, c.TokenSource(ctx, t))
}
```

5. tokensource.go라는 이름의 파일을 생성하고 다음 내용을 작성한다.

```go
package oauthstore

import (
    "context"
    "golang.org/x/oauth2"
)

type storageTokenSource struct {
    *Config
    oauth2.TokenSource
}

// Token 함수는 TokenSource 인터페이스를 준수한다
func (s *storageTokenSource) Token() (*oauth2.Token, error) {
    if token, err := s.Config.Storage.GetToken(); err == nil && token.Valid() {
        return token, err
    }
    token, err := s.TokenSource.Token()
    if err != nil {
        return token, err
    }
    if err := s.Config.Storage.SetToken(token); err != nil {
        return nil, err
    }
    return token, nil
}

// StorageTokenSource 함수는 TokenSource에서 사용한다
func StorageTokenSource(ctx context.Context, c *Config,
t *oauth2.Token) oauth2.TokenSource {
    if t == nil || !t.Valid() {
        if tok, err := c.Storage.GetToken(); err == nil {
            t = tok
        }
    }
    ts := c.Config.TokenSource(ctx, t)
    return &storageTokenSource{c, ts}
}
```

6. storage.go라는 이름의 파일을 생성하고 다음 내용을 작성한다.

```go
package oauthstore

import (
    "context"
    "fmt"
    "golang.org/x/oauth2"
)

// Storage는 제네릭 저장소 인터페이스다
type Storage interface {
    GetToken() (*oauth2.Token, error)
    SetToken(*oauth2.Token) error
}

// GetToken 함수는 github oauth2 토큰을 조회한다
func GetToken(ctx context.Context, conf Config) (*oauth2.Token,
error) {
    token, err := conf.Storage.GetToken()
    if err == nil && token.Valid() {
        return token, err
    }
    url := conf.AuthCodeURL("state")
    fmt.Printf("Type the following url into your browser and
    follow the directions on screen: %v\n", url)
    fmt.Println("Paste the code returned in the redirect URL
    and hit Enter:")

    var code string
    if _, err := fmt.Scan(&code); err != nil {
        return nil, err
    }
    return conf.Exchange(ctx, code)
}
```

7. filestorage.go라는 이름의 파일을 생성하고 다음 내용을 작성한다.

```go
package oauthstore

import (
    "encoding/json"
```

```go
        "errors"
        "os"
        "sync"
        "golang.org/x/oauth2"
)

// FileStorage는 저장소 인터페이스를 준수한다
type FileStorage struct {
    Path string
    mu sync.RWMutex
}

// GetToken 함수는 파일에서 토큰을 조회한다
func (f *FileStorage) GetToken() (*oauth2.Token, error) {
    f.mu.RLock()
    defer f.mu.RUnlock()
    in, err := os.Open(f.Path)
    if err != nil {
        return nil, err
    }
    defer in.Close()
    var t *oauth2.Token
    data := json.NewDecoder(in)
    return t, data.Decode(&t)
}

// SetToken 함수는 토큰을 생성하고, 필요한 값을 자른 다음,
// 파일에 저장한다
func (f *FileStorage) SetToken(t *oauth2.Token) error {
    if t == nil || !t.Valid() {
        return errors.New("bad token")
    }
    f.mu.Lock()
    defer f.mu.Unlock()
    out, err := os.OpenFile(f.Path,
    os.O_RDWR|os.O_CREATE|os.O_TRUNC, 0755)
    if err != nil {
        return err
    }
    defer out.Close()
    data, err := json.Marshal(&t)
    if err != nil {
        return err
```

```
        }

        _, err = out.Write(data)
        return err
    }
```

8. example이라는 이름의 디렉터리를 생성하고 여기로 이동한다.

9. main.go라는 이름의 파일을 생성하고 다음 내용을 작성한다.

```
package main

import (
    "context"
    "io"
    "os"
    "github.com/PacktPublishing/Go-Programming-Cookbook-Second-Edition/
chapter7/oauthstore"
    "golang.org/x/oauth2"
    "golang.org/x/oauth2/github"
)

func main() {
    conf := oauthstore.Config{
        Config: &oauth2.Config{
            ClientID: os.Getenv("GITHUB_CLIENT"),
            ClientSecret: os.Getenv("GITHUB_SECRET"),
            Scopes: []string{"repo", "user"},
            Endpoint: github.Endpoint,
        },
        Storage: &oauthstore.FileStorage{Path: "token.txt"},
    }
    ctx := context.Background()
    token, err := oauthstore.GetToken(ctx, conf)
    if err != nil {
        panic(err)
    }

    cli := conf.Client(ctx, token)
    resp, err := cli.Get("https://api.github.com/user")
    if err != nil {
        panic(err)
```

```
        }
        defer resp.Body.Close()
        io.Copy(os.Stdout, resp.Body)
    }
```

10. go run main.go 명령을 실행한다.

11. 대신 다음 명령을 실행해도 된다.

```
$ go build
$ ./example
```

그러면 다음과 같은 결과를 확인할 수 있을 것이다.

```
$ go run main.go
Visit the URL for the auth dialog:
https://github.com/login/oauth/authorize?
access_type=offline&client_id=
<아이디>&response_type=code&scope=repo+user&state=state
Paste the code returned in the redirect URL and hit Enter:
<받은 코드>
{<json_payload>}

$ go run main.go
{<json_payload>}
```

12. go.mod 파일이 업데이트됐을 것이며, 이제 go.sum 파일이 최상위 예제 디렉터리에 있을 것이다.

13. 코드를 복사하거나 테스트 코드를 직접 작성한 경우, 한 경로 위로 이동한 다음 go test 명령을 실행해 모든 테스트를 통과하는지 확인한다.

예제 분석

이 예제에서는 토큰의 내용을 파일에 저장하고 조회한다. 예제를 처음 실행하면 전체 코드 교환을 실행한다. 하지만 이후의 실행에서는 접근 토큰을 재사용하고, 가능하다면 토큰을 갱신한다.

현재 이 코드에는 사용자/토큰을 구별할 수 있는 방법이 없지만, 쿠키cookie를 키로 사용해 파일 이름을 구별하거나 데이터베이스의 열row을 구별할 수 있다. 각 코드의 기능을 살펴보자.

- config.go 파일은 표준 OAuth2 config를 래핑한다. 토큰 조회와 관련된 모든 메소드(함수)에 대해 먼저 로컬 저장소에 유효한 토큰이 있는지 확인한다. 유효한 토큰이 없다면 표준 config를 사용해 토큰을 조회한 다음 파일에 저장한다.

- tokensource.go 파일은 Config와 함께 사용자 정의 TokenSource 인터페이스를 구현한다. Config와 마찬가지로 먼저 파일에서 토큰 조회를 시도하고, 실패하면 새로운 토큰을 설정한다.

- storage.go 파일은 Config와 TokenSource에서 사용하는 저장소 인터페이스다. 두 개의 메소드(함수)만 정의하며, 이전 예제에서 했던 것과 비슷한 OAuth2 기반 동작을 수행하는 도움 함수도 포함한다. 하지만 유효한 토큰을 가진 파일이 이미 존재하면 파일을 대신 사용한다.

- filestorage.go 파일은 저장소 인터페이스를 구현한다. 새 토큰을 저장할 때 먼저 파일에서 필요한 내용을 자르고 토큰 구조의 JSON 표현을 파일에 쓴다. 토큰이 있는 경우에는 파일을 해석해 토큰을 반환한다.

⠿ 추가된 기능 및 함수 구성으로 클라이언트 래핑하기

2015년 토마스 세나트Tomás Senart는 인터페이스를 사용해 http.Client 구조체를 래핑하는 것에 관한 훌륭한 발표를 진행했으며, 이를 통해 미들웨어와 함수 구성의 장점을 활용할 수 있다. 발표에 대한 더 자세한 내용은 https://github.com/gophercon/2015-talks에서 확인할 수 있다. 이번 예제는 그의 아이디어를 빌려 REST API를 위한 클라이언트를 작성했던 이전 예제와 비슷한 방법으로 http.Client 구조체의 인터페이스를 전송하는 동일한 동작을 수행하는 방법을 보여주려고 한다.

이어지는 예제에서는 표준 http.Client 구조체에 대한 로깅과 기본적인 인증 미들웨어를 구현한다. 또한 다양한 미들웨어를 사용해야 할 때 활용할 수 있는 도움 함수도 포함한다.

예제 구현

다음 단계는 애플리케이션을 작성하고 실행하는 방법을 설명한다.

1. 터미널이나 콘솔 프로그램에서 ~/projects/go-programming-cookbook/chapter7/decorator라는 이름의 새 디렉터리를 생성하고 이 디렉터리로 이동한다.

2. 다음 명령을 실행한다.

```
$ go mod init github.com/PacktPublishing/Go-Programming-Cookbook-Second-
Edition/chapter7/decorator
```

그러면 다음을 포함하는 go.mod라는 이름의 파일을 볼 수 있을 것이다.

```
module github.com/PacktPublishing/Go-Programming-Cookbook-Second-Edition/
chapter7/decorator
```

3. ~/projects/go-programming-cookbook-original/chapter7/decorator에서 복사해 테스트하거나 이 코드를 예제로 여러분만의 코드를 작성해본다.

4. config.go라는 이름의 파일을 생성하고 다음 내용을 작성한다.

```
package decorator

import (
    "log"
    "net/http"
    "os"
```

```
)

// Setup 함수는 ClientInterface를 초기화한다
func Setup() *http.Client {
    c := http.Client{}

    t := Decorate(&http.Transport{},
        Logger(log.New(os.Stdout, "", 0)),
        BasicAuth("username", "password"),
    )
    c.Transport = t
    return &c
}
```

5. decorator.go라는 이름의 파일을 생성하고 다음 내용을 작성한다.

```
package decorator

import "net/http"

// TransportFunc 함수는 RoundTripper 인터페이스를 구현한다
type TransportFunc func(*http.Request) (*http.Response, error)

// RoundTrip 함수는 원래의 함수를 호출만 한다
func (tf TransportFunc) RoundTrip(r *http.Request) (*http.Response, error) {
    return tf(r)
}

// Decorator 함수는 미들웨어 내부 함수를 표현하는 편의 함수다
type Decorator func(http.RoundTripper) http.RoundTripper

// Decorate 함수는 모든 미들웨어를 래핑하는 도움 함수다
func Decorate(t http.RoundTripper, rts ...Decorator) http.RoundTripper {
    decorated := t
    for _, rt := range rts {
        decorated = rt(decorated)
    }
    return decorated
}
```

6. middleware.go라는 이름의 파일을 생성하고 다음 내용을 작성한다.

```go
package decorator

import (
    "log"
    "net/http"
    "time"
)

// Logger 함수는 '미들웨어' 데코레이터 중 하나다
func Logger(l *log.Logger) Decorator {
    return func(c http.RoundTripper) http.RoundTripper {
        return TransportFunc(func(r *http.Request) (*http.Response, error) {
            start := time.Now()
            l.Printf("started request to %s at %s", r.URL, start.
Format("2006-01-02 15:04:05"))
            resp, err := c.RoundTrip(r)
            l.Printf("completed request to %s in %s", r.URL, time.
Since(start))
            return resp, err
        })
    }
}

// BasicAuth 함수도 '미들웨어' 데코레이터 중 하나다
func BasicAuth(username, password string) Decorator {
    return func(c http.RoundTripper) http.RoundTripper {
        return TransportFunc(func(r *http.Request) (*http.Response, error) {
            r.SetBasicAuth(username, password)
            resp, err := c.RoundTrip(r)
            return resp, err
        })
    }
}
```

7. exec.go라는 이름의 파일을 생성하고 다음 내용을 작성한다.

```go
package decorator

import "fmt"
```

```go
// Exec 함수는 클라이언트를 생성하고 google.com에
// Get 요청을 한 다음, 응답을 출력한다
func Exec() error {
    c := Setup()

    resp, err := c.Get("https://www.google.com")
    if err != nil {
        return err
    }
    fmt.Println("Response code:", resp.StatusCode)
    return nil
}
```

8. example이라는 이름의 디렉터리를 생성하고 여기로 이동한다.

9. main.go라는 이름의 파일을 생성하고 다음 내용을 작성한다.

```go
package main

import "github.com/PacktPublishing/Go-Programming-Cookbook-Second-Edition/chapter7/decorator"

func main() {
    if err := decorator.Exec(); err != nil {
        panic(err)
    }
}
```

10. go run main.go 명령을 실행한다.

11. 대신 다음 명령을 실행해도 된다.

```
$ go build
$ ./example
```

그러면 다음과 같은 결과를 확인할 수 있을 것이다.

```
$ go run main.go
started request to https://www.google.com at 2017-01-01 13:38:42
completed request to https://www.google.com in 194.013054ms
Response code: 200
```

12. 코드를 복사하거나 테스트 코드를 직접 작성한 경우, 한 경로 위로 이동한 다음 go
    test 명령을 실행해 모든 테스트를 통과하는지 확인한다.

예제 분석

이 예제는 일급first-class citizen 객체인 클로저closure와 인터페이스의 장점을 활용한다. 인
터페이스를 구현하는 함수를 작성하는 것이 이 기법의 핵심이다. 이렇게 하면 구조체로
구현한 인터페이스를 함수로 구현한 인터페이스로 래핑할 수 있다.

middleware.go 파일은 클라이언트 미들웨어 함수의 두 가지 예제를 포함한다. 좀 더
정교한 인증과 기능을 위해 미들웨어를 추가할 수 있도록 확장하는 것도 가능하다. 또
한 이 예제는 이전 예제와 결합해 추가 미들웨어에서 확장할 수 있는 OAuth2 클라이언
트를 생성할 수도 있다.

Decorator 함수는 다음을 가능하게 만드는 편의 함수다.

```
Decorate(RoundTripper, Middleware1, Middleware2, etc)

vs

var t RoundTripper
t = Middleware1(t)
t = Middleware2(t)
etc
```

클라이언트를 래핑하는 방법과 비교해 이 방법의 장점은 인터페이스를 분리해 관리할
수 있다는 것이다. 완전한 기능을 갖춘 클라이언트를 작성하려면 GET, POST, PostForm과
같은 함수도 구현해야 한다.

GRPC 클라이언트 이해하기

GRPC는 프로토콜 버퍼protocol buffers(https://developers.google.com/protocol-buffers)와 HTTP/2 (https://http2.github.io)를 사용해 제작된 고성능 RPC 프레임워크다. Go에서 GRPC 클라이언트를 생성하려면 Go HTTP 클라이언트를 사용할 때와 같이 복잡하고 많은 과정이 필요하다. 클라이언트의 기본적인 사용법을 보여주는 가장 쉬운 방법은 서버를 구현하는 것이다. 이번 예제는 인사말greeting과 이름name을 받아 <greeting> <name>! 문장을 반환하는 인사말 서비스를 만든다. 또한 서버는 느낌표(!)를 붙일지 말지를 지정할 수 있다.

GRPC는 (예제에서 살펴보지 않을) 스트리밍과 같은 다양한 기능을 제공한다. 하지만 예제에서는 기본적인 서버와 클라이언트를 만들기 위해 필요한 기초 내용에 집중한다.

준비

이 장 초반의 '기술적 요구 사항' 절에서 언급한 초기 설정 단계를 완료한 다음, GRPC (https://grpc.io/docs/quickstart/go/)를 설치하고 다음 명령을 실행한다.

- `go get -u github.com/golang/protobuf/{proto,protoc-gen-go}`

- `go get -u google.golang.org/grpc`

예제 구현

다음 단계는 애플리케이션을 작성하고 실행하는 방법을 설명한다.

1. 터미널이나 콘솔 프로그램에서 ~/projects/go-programming-cookbook/chapter7/ grpc라는 이름의 새 디렉터리를 생성하고 이 디렉터리로 이동한다.

2. 다음 명령을 실행한다.

```
$ go mod init github.com/PacktPublishing/Go-Programming-Cookbook-Second-
Edition/chapter7/grpc
```

그러면 다음을 포함하는 go.mod라는 이름의 파일을 볼 수 있을 것이다.

```
module github.com/PacktPublishing/Go-Programming-Cookbook-Second-Edition/
chapter7/grpc
```

3. ~/projects/go-programming-cookbook-original/chapter7/grpc에서 복사해 테스
트하거나 이 코드를 예제로 여러분만의 코드를 작성해본다.

4. greeter라는 이름의 디렉터리를 생성하고 여기로 이동한다.

5. greeter.proto라는 이름의 파일을 생성하고 다음 내용을 작성한다.

```
syntax = "proto3";

package greeter;

service GreeterService{
    rpc Greet(GreetRequest) returns (GreetResponse) {}
}

message GreetRequest {
    string greeting = 1;
    string name = 2;
}

message GreetResponse{
    string response = 1;
}
```

6. grpc 디렉터리로 이동한다.

7. 다음 명령을 실행한다.

```
$ protoc --go_out=plugins=grpc:. greeter/greeter.proto
```

8. server라는 이름의 디렉터리를 생성하고 여기로 이동한다.

9. greeter.go라는 이름의 파일을 생성하고 다음 내용을 작성한다. greeter를 import하는 구문에서 3번 단계에서 설정한 경로를 사용하도록 수정한다.

```go
package main

import (
    "fmt"
    "github.com/PacktPublishing/Go-Programming-Cookbook-Second-Edition/
chapter7/grpc/greeter"
    "golang.org/x/net/context"
)

// Greeter는 protoc에서 생성된 인터페이스를 구현한다
type Greeter struct {
    Exclaim bool
}

// Greet 함수는 grpc Greet을 구현한다
func (g *Greeter) Greet(ctx context.Context, r
*greeter.GreetRequest) (*greeter.GreetResponse, error) {
    msg := fmt.Sprintf("%s %s", r.GetGreeting(), r.GetName())
    if g.Exclaim {
        msg += "!"
    } else {
        msg += "."
    }
    return &greeter.GreetResponse{Response: msg}, nil
}
```

10. server.go라는 이름의 파일을 생성하고 다음 내용을 작성한다. greeter를 import하는 구문에서 3번 단계에서 설정한 경로를 사용하도록 수정한다.

```go
package main

import (
    "fmt"
    "net"
    "github.com/PacktPublishing/Go-Programming-Cookbook-Second-Edition/
```

```
    chapter7/grpc/greeter"
    "google.golang.org/grpc"
)

func main() {
    grpcServer := grpc.NewServer()
    greeter.RegisterGreeterServiceServer(grpcServer,
    &Greeter{Exclaim: true})
    lis, err := net.Listen("tcp", ":4444")
    if err != nil {
        panic(err)
    }
    fmt.Println("Listening on port :4444")
    grpcServer.Serve(lis)
}
```

11. grpc 디렉터리로 이동한다.

12. client라는 이름의 디렉터리를 생성하고 여기로 이동한다.

13. client.go라는 이름의 파일을 생성하고 다음 내용을 작성한다. greeter를 import하
    는 구문에서 3번 단계에서 설정한 경로를 사용하도록 수정한다.

```
package main

import (
    "context"
    "fmt"
    "github.com/PacktPublishing/Go-Programming-Cookbook-Second-Edition/
chapter7/grpc/greeter"
    "google.golang.org/grpc"
)

func main() {
    conn, err := grpc.Dial(":4444", grpc.WithInsecure())
    if err != nil {
        panic(err)
    }
    defer conn.Close()

    client := greeter.NewGreeterServiceClient(conn)
```

```
    ctx := context.Background()
    req := greeter.GreetRequest{Greeting: "Hello", Name: "Reader"}
    resp, err := client.Greet(ctx, &req)
    if err != nil {
        panic(err)
    }
    fmt.Println(resp)

    req.Greeting = "Goodbye"
    resp, err = client.Greet(ctx, &req)
    if err != nil {
        panic(err)
    }
    fmt.Println(resp)
}
```

14. grpc 디렉터리로 이동한다.

15. go run ./server 명령을 실행하면 다음과 같은 결과를 확인할 수 있을 것이다.

```
$ go run ./server
Listening on port :4444
```

16. 별도의 터미널을 실행한 다음, grpc 디렉터리에서 go run ./client 명령을 실행하면 다음과 같은 결과를 확인할 수 있을 것이다.

```
$ go run ./client
response:"Hello Reader!"
response:"Goodbye Reader!"
```

17. go.mod 파일이 업데이트됐을 것이며, 이제 go.sum 파일이 최상위 예제 디렉터리에 있을 것이다.

18. 코드를 복사하거나 테스트 코드를 직접 작성한 경우, 한 경로 위로 이동한 다음 go test 명령을 실행해 모든 테스트를 통과하는지 확인한다.

예제 분석

GRPC 서버는 4444번 포트에서 요청을 대기하도록 설정돼 있다. 클라이언트가 연결되면 서버에 요청을 전달하고 서버로부터 응답을 받을 수 있다. 요청^{request}, 응답^{response}의 구조와 지원되는 함수는 4번 단계에서 생성한 .proto 파일에 의해 결정된다. 실제로 GRPC 서버와 통합할 때는 클라이언트를 자동으로 생성하는 데 사용할 수 있는 .proto 파일을 제공해야 한다.

클라이언트 외에도 protoc 명령은 서버에 대한 스텁(stub)을 생성하며 구현 세부 사항만 작성하면 된다. 생성된 Go 코드에는 JSON 태그가 있으며, 동일한 구조를 JSON REST 서비스에 재사용할 수 있다. 예제 코드는 안전하지 않은 클라이언트를 설정한다. GRPC를 안전하게 처리하려면 SSL 인증서를 사용해야 한다.

⁜ RPC를 위한 twitchtv/twirp 사용하기

twitchtv/twirp RPC 프레임워크는 프로토콜 버퍼(https://developers.google.com/protocol-buffers)를 사용해 모델을 구축하는 등 GRPC의 다양한 이점을 제공하며 HTTP 1.1을 통한 통신을 허용한다. 또한 JSON을 사용해 통신할 수도 있으므로 curl 명령을 사용해 twirp RPC 서비스와 통신할 수 있다.

이번 예제는 GRPC 섹션에서 했던 것과 동일한 인사말 서비스를 구현한다. 이 서비스는 인사말과 이름을 받아 <greeting> <name>! 문장을 반환한다. 또한 서버는 느낌표(!)를 붙일지 말지를 지정할 수 있다.

이 예제는 twitchtv/twirp의 다른 기능을 살펴보지 않고, 기본적인 클라이언트-서버 통신에 대한 내용에만 집중한다. 지원되는 기능에 대한 더 자세한 내용은 깃허브 페이지 (https://github.com/twitchtv/twirp)를 방문해 확인하길 바란다.

준비

이 장 초반의 '기술적 요구 사항' 절에서 언급한 초기 설정 단계를 완료한 다음, twirp (https://twitchtv.github.io/twirp/docs/install.html)를 설치하고 다음 명령을 실행한다.

- go get -u github.com/golang/protobuf/{proto,protoc-gen-go}

- go get github.com/twitchtv/twirp/protoc-gen-twirp

예제 구현

다음 단계는 애플리케이션을 작성하고 실행하는 방법을 설명한다.

1. 터미널이나 콘솔 프로그램에서 ~/projects/go-programming-cookbook/chapter7/ twirp라는 이름의 새 디렉터리를 생성하고 이 디렉터리로 이동한다.

2. 다음 명령을 실행한다.

   $ go mod init github.com/PacktPublishing/Go-Programming-Cookbook-Second-Edition/chapter7/twirp

   그러면 다음을 포함하는 go.mod라는 이름의 파일을 볼 수 있을 것이다.

   ```
   module github.com/PacktPublishing/Go-Programming-Cookbook-Second-Edition/
   chapter7/twirp
   ```

3. ~/projects/go-programming-cookbook-original/chapter7/twirp에서 복사해 테스트하거나 이 코드를 예제로 여러분만의 코드를 작성해본다.

4. rpc/greeter라는 이름의 디렉터리를 생성하고 여기로 이동한다.

5. greeter.proto라는 이름의 파일을 생성하고 다음 내용을 작성한다.

```
syntax = "proto3";

package greeter;

service GreeterService{
    rpc Greet(GreetRequest) returns (GreetResponse) {}
}

message GreetRequest {
    string greeting = 1;
    string name = 2;
}

message GreetResponse{
    string response = 1;
}
```

6. twirp 디렉터리로 이동한다.

7. 다음 명령을 실행한다.

```
$ protoc --proto_path=$GOPATH/src:. --twirp_out=. --go_out=. ./rpc/greeter/
greeter.proto
```

8. server라는 이름의 디렉터리를 생성하고 여기로 이동한다.

9. greeter.go라는 이름의 파일을 생성하고 다음 내용을 작성한다. greeter를 import하
   는 구문에서 3번 단계에서 설정한 경로를 사용하도록 수정한다.

```
package main

import (
    "context"
    "fmt"
    "github.com/PacktPublishing/Go-Programming-Cookbook-Second-Edition/
chapter7/twirp/rpc/greeter"
)

// Greeter는 protoc에서 생성한 인터페이스를 구현한다
type Greeter struct {
```

```
    Exclaim bool
}

// Greet은 twirp 인사말 서비스를 구현한다
func (g *Greeter) Greet(ctx context.Context, r
*greeter.GreetRequest) (*greeter.GreetResponse, error) {
    msg := fmt.Sprintf("%s %s", r.GetGreeting(), r.GetName())
    if g.Exclaim {
        msg += "!"
    } else {
        msg += "."
    }
    return &greeter.GreetResponse{Response: msg}, nil
}
```

10. server.go라는 이름의 파일을 생성하고 다음 내용을 작성한다. greeter를 import하
    는 구문에서 3번 단계에서 설정한 경로를 사용하도록 수정한다.

```
package main

import (
    "fmt"
    "net/http"
    "github.com/PacktPublishing/Go-Programming-Cookbook-Second-Edition/
chapter7/twirp/rpc/greeter"
)

func main() {
    server := &Greeter{}
    twirpHandler := greeter.NewGreeterServiceServer(server, nil)

    fmt.Println("Listening on port :4444")
    http.ListenAndServe(":4444", twirpHandler)
}
```

11. twirp 디렉터리로 이동한다.

12. client라는 이름의 디렉터리를 생성하고 여기로 이동한다.

13. client.go라는 이름의 파일을 생성하고 다음 내용을 작성한다. greeter를 import하는 구문에서 3번 단계에서 설정한 경로를 사용하도록 수정한다.

```go
package main

import (
    "context"
    "fmt"
    "net/http"
    "github.com/PacktPublishing/Go-Programming-Cookbook-Second-Edition/chapter7/twirp/rpc/greeter"
)

func main() {
    // 타임아웃 등, 좀 더 세부적인 제어를 위해 사용자 정의 클라이언트를 전달할 수도 있다
    client := greeter.NewGreeterServiceProtobufClient("http://localhost:4444", &http.Client{})

    ctx := context.Background()
    req := greeter.GreetRequest{Greeting: "Hello", Name: "Reader"}
    resp, err := client.Greet(ctx, &req)
    if err != nil {
        panic(err)
    }
    fmt.Println(resp)

    req.Greeting = "Goodbye"
    resp, err = client.Greet(ctx, &req)
    if err != nil {
        panic(err)
    }
    fmt.Println(resp)
}
```

14. twirp 디렉터리로 이동한다.

15. go run ./server 명령을 실행하면 다음과 같은 결과를 확인할 수 있을 것이다.

```
$ go run ./server
Listening on port :4444
```

16. 별도의 터미널을 실행한 다음, twirp 디렉터리에서 go run ./client 명령을 실행하면 다음과 같은 결과를 확인할 수 있을 것이다.

```
$ go run ./client
response:"Hello Reader!"
response:"Goodbye Reader!"
```

17. go.mod 파일이 업데이트됐을 것이며, 이제 go.sum 파일이 최상위 예제 디렉터리에 있을 것이다.

18. 코드를 복사하거나 테스트 코드를 직접 작성한 경우, 한 경로 위로 이동한 다음 go test 명령을 실행해 모든 테스트를 통과하는지 확인한다.

예제 분석

4444번 포트에서 요청을 대기하도록 twitchtv/twirp RPC 서버를 설정했다. GRPC와 마찬가지로 protoc 명령은 다양한 언어에 대한 클라이언트를 생성하는 데 사용할 수 있다. 예를 들면 Swagger(https://swagger.io/)를 생성할 수 있다.

GRPC와 마찬가지로 .proto 파일에 먼저 모델을 정의하고 Go 바인딩을 생성한 다음, protoc 명령에서 생성한 인터페이스를 구현했다. .proto 파일을 사용한 덕분에 GRPC 와 twitchtv/twirp 간에 코드를 이식할 수 있다(두 프레임워크의 고급 기능을 사용하지 않는 한).

또한 twitchtv/twirp 서버는 HTTP 1.1을 지원하기 때문에 다음과 같은 curl 명령을 사용할 수 있다.

```
$ curl --request "POST" \
    --location "http://localhost:4444/twirp/greeter.GreeterService/Greet"\
    --header "Content-Type:application/json" \
    --data '{"greeting": "Greetings to", "name":"you"}'
{"response":"Greetings to you."}
```

08

Go의 애플리케이션용 마이크로서비스

기본적으로 Go는 웹 애플리케이션을 제작하는 데 훌륭한 선택이 될 수 있다. net/http 내장 패키지와 html/template과 같은 패키지를 결합하면 최신 기능을 갖춘 웹 애플리케이션을 작성할 수 있다. 기본적으로 장기간 실행되는 애플리케이션의 관리를 위한 웹 인터페이스를 구동하는 것도 매우 쉽다. 표준 라이브러리가 모든 기능을 갖추고 있지만, 라우팅routing에서 풀스택 프레임워크까지 아우르는 다양한 서드파티 웹 패키지가 존재한다. 여기에는 다음과 같은 패키지가 포함된다.

- https://github.com/urfave/negroni

- https://github.com/gin-gonic/gin

- https://github.com/labstack/echo

- http://www.gorillatoolkit.org/

- https://github.com/julienschmidt/httprouter

이 장의 예제들은 핸들러로 작업할 때, 응답과 요청 객체를 탐색할 때, 미들웨어와 같은 개념을 처리할 때 발생할 수 있는 기본적인 작업에 중점을 둔다.

이 장에서 다루는 예제는 다음과 같다.

- 웹 핸들러^{web handler}, 요청^{request}, ResponseWriter 인스턴스를 활용한 작업

- 상태 저장^{stateful} 핸들러에 구조체와 클로저 활용하기

- Go 구조체와 사용자 입력에 대한 입력 검증

- 렌더링과 내용 협상^{content negotiation}

- 미들웨어 구현 및 사용하기

- 리버스 프록시^{reverse proxy} 애플리케이션 제작하기

- JSON API로 GRPC 내보내기

⁝⁝⁝ 기술적 요구 사항

이 장의 모든 예제를 진행하기 위해서는 다음 단계에 따라 환경을 구성해야 한다.

1. https://golang.org/doc/install에서 여러분의 운영체제에 Go 1.12.6 이상의 버전을 다운로드하고 설치한다.

2. 터미널이나 콘솔 프로그램을 열고 프로젝트 디렉터리(~/projects/go-programming-cookbook 등) 를 생성한 후 해당 경로로 이동한다. 모든 코드는 이 디렉터리에서 실행되고 수정될 것이다.

3. 최신 코드를 ~/projects/go-programming-cookbook-original 경로에 복제한다. 예제를 직접 입력하는 대신 이 디렉터리에서 작업할 것을 권장한다.

```
$ git clone git@github.com:PacktPublishing/Go-Programming-Cookbook-Second-
Edition.git go-programming-cookbook-original
```

4. https://curl.haxx.se/download.html에서 curl 명령을 설치한다.

⫶ 웹 핸들러, 요청, ResponseWriter 인스턴스를 활용한 작업

Go는 다음과 같이 HandlerFunc 및 Handler 인터페이스를 정의한다.

```
// HandlerFunc 함수는 Handler 인터페이스를 구현한다
type HandlerFunc func(http.ResponseWriter, *http.Request)

type Handler interface {
    ServeHTTP(http.ResponseWriter, *http.Request)
}
```

기본적으로 net/http 패키지는 이런 타입을 광범위하게 사용한다. 예를 들면 Handler와 HandlerFunc 인터페이스에 라우트route를 연결할 수 있다. 이번 예제는 Handler 인터페이스 생성, 로컬 포트에서 요청 응답, http.Request를 처리한 후 http.ResponseWriter 인터페이스에서 일부 동작 수행하기 등의 내용을 살펴본다. 이 내용은 Go 애플리케이션과 RESTful API의 기초로 간주할 수 있다.

예제 구현

다음 단계는 애플리케이션을 작성하고 실행하는 방법을 설명한다.

1. 터미널이나 콘솔 프로그램에서 ~/projects/go-programming-cookbook/chapter8/handlers라는 이름의 새 디렉터리를 생성하고 이 디렉터리로 이동한다.

2. 다음 명령을 실행한다.

```
$ go mod init github.com/PacktPublishing/Go-Programming-Cookbook-Second-
Edition/chapter8/handlers
```

그러면 다음을 포함하는 go.mod라는 이름의 파일을 볼 수 있을 것이다.

```
module github.com/PacktPublishing/Go-Programming-Cookbook-Second-Edition/
chapter8/handlers
```

3. ~/projects/go-programming-cookbook-original/chapter8/handlers에서 복사해 테스트하거나 이 코드를 예제로 여러분만의 코드를 작성해본다.

4. get.go라는 이름의 파일을 생성하고 다음 내용을 작성한다.

```go
package handlers

import (
    "fmt"
    "net/http"
)

// HelloHandler 함수는 GET 요청으로 매개변수 "name"을 받아
// Hello <name>!을 일반 텍스트로 응답한다
func HelloHandler(w http.ResponseWriter, r *http.Request) {
    w.Header().Set("Content-Type", "text/plain")
    if r.Method != http.MethodGet {
        w.WriteHeader(http.StatusMethodNotAllowed)
        return
    }
    name := r.URL.Query().Get("name")

    w.WriteHeader(http.StatusOK)
    w.Write([]byte(fmt.Sprintf("Hello %s!", name)))
}
```

5. post.go라는 이름의 파일을 생성하고 다음 내용을 작성한다.

```go
package handlers

import (
    "encoding/json"
    "net/http"
)
```

```go
// GreetingResponse 구조체는 GreetingHandler가 반환하는
// JSON 응답이다
type GreetingResponse struct {
    Payload struct {
        Greeting string `json:"greeting,omitempty"`
        Name string `json:"name,omitempty"`
        Error string `json:"error,omitempty"`
    } `json:"payload"`
    Successful bool `json:"successful"`
}

// GreetingHandler 함수는 오류나 유용한 정보(payload)를 갖는
// GreetingResponse를 반환한다
func GreetingHandler(w http.ResponseWriter, r *http.Request) {
    w.Header().Set("Content-Type", "application/json")
    if r.Method != http.MethodPost {
        w.WriteHeader(http.StatusMethodNotAllowed)
        return
    }
    var gr GreetingResponse
    if err := r.ParseForm(); err != nil {
        gr.Payload.Error = "bad request"
        if payload, err := json.Marshal(gr); err == nil {
            w.Write(payload)
        } else if err != nil {
            w.WriteHeader(http.StatusInternalServerError)
        }
    }
    name := r.FormValue("name")
    greeting := r.FormValue("greeting")

    w.WriteHeader(http.StatusOK)
    gr.Successful = true
    gr.Payload.Name = name
    gr.Payload.Greeting = greeting
    if payload, err := json.Marshal(gr); err == nil {
        w.Write(payload)
    }
}
```

6. example이라는 이름의 디렉터리를 생성하고 여기로 이동한다.

7. main.go라는 이름의 파일을 생성하고 다음 내용을 작성한다.

```
package main

import (
    "fmt"
    "net/http"
    "github.com/PacktPublishing/Go-Programming-Cookbook-Second-Edition/
chapter8/handlers"
)

func main() {
    http.HandleFunc("/name", handlers.HelloHandler)
    http.HandleFunc("/greeting", handlers.GreetingHandler)
    fmt.Println("Listening on port :3333")
    err := http.ListenAndServe(":3333", nil)
    panic(err)
}
```

8. `go run main.go` 명령을 실행한다.

9. 대신 다음 명령을 실행해도 된다.

```
$ go build
$ ./example
```

그러면 다음과 같은 결과를 확인할 수 있을 것이다.

```
$ go run main.go
Listening on port :3333
```

10. 별도의 터미널을 실행하고 다음 명령을 실행한다.

```
$ curl "http://localhost:3333/name?name=Reader" -X GET
$ curl "http://localhost:3333/greeting" -X POST -d
'name=Reader;greeting=Goodbye'
```

그러면 다음과 같은 결과를 확인할 수 있을 것이다.

```
$ curl "http://localhost:3333/name?name=Reader" -X GET
Hello Reader!

$ curl "http://localhost:3333/greeting" -X POST -d
'name=Reader;greeting=Goodbye'
{"payload":{"greeting":"Goodbye","name":"Reader"},"successful":true}
```

11. go.mod 파일이 업데이트됐을 것이며, 이제 go.sum 파일이 최상위 예제 디렉터리
    에 있을 것이다.

12. 코드를 복사하거나 테스트 코드를 직접 작성한 경우, 한 경로 위로 이동한 다음 go
    test 명령을 실행해 모든 테스트를 통과하는지 확인한다.

예제 분석

이 예제에서는 두 개의 핸들러를 설정했다. 첫 번째 핸들러는 name이라는 GET 매개변수
를 가진 GET 요청을 예상한다. curl 명령을 통해 실행하면 일반 텍스트로 Hello <name>!
을 반환한다.

두 번째 핸들러는 PostForm 요청을 갖는 POST 함수를 예상한다. AJAX 호출 없이 표준
HTML 폼form을 사용해 응답을 얻을 수 있다. 다른 방법으로 요청 본문에서 JSON을
해석할 수도 있다. 이 과정은 일반적으로 json.Decoder를 통해 처리한다. JSON을 처리
하는 것도 연습으로 시도해볼 것을 권한다. 마지막으로, 핸들러는 JSON 포맷의 응답을
전송하고 모든 헤더를 적절하게 설정한다.

이 모든 내용을 명시적으로 작성했지만, 다음과 같이 코드를 덜 작성하는 방법이 있다.

- 응답 처리를 위해 https://github.com/unrolled/render를 사용한다.

- 이 장의 '웹 핸들러, 요청, ResponseWriter 인스턴스를 활용한 작업' 절에서 언급했던
  다양한 웹 프레임워크를 사용해 라우트 매개변수 해석, 특정 HTTP 함수로 경로 제
  한, 안전하게 종료하기 등을 처리한다.

⁝⁝ 상태 저장 핸들러에 구조체와 클로저 활용하기

HTTP 핸들러 함수의 엉성한 서명으로 인해 핸들러에 상태를 추가하는 것이 까다로울 수 있다. 예를 들면, 데이터베이스 연결을 포함시키는 방법은 너무나도 다양하다. 이를 해결하는 두 가지 접근 방법이 있다. 하나는 클로저를 통해 상태를 전달하는 것이며, 하나의 핸들러에 유연성을 제공할 때 좋다. 다른 하나는 구조체를 사용하는 방법이다.

이 예제는 두 가지 방법 모두를 살펴본다. 구조체 컨트롤러를 사용해 저장소 인터페이스를 저장하고 외부 함수에 의해 수정되는 단일 핸들러로 두 개의 경로(라우트route)를 생성한다.

예제 구현

다음 단계는 애플리케이션을 작성하고 실행하는 방법을 설명한다.

1. 터미널이나 콘솔 프로그램에서 ~/projects/go-programming-cookbook/chapter8/controllers라는 이름의 새 디렉터리를 생성하고 이 디렉터리로 이동한다.

2. 다음 명령을 실행한다.

```
$ go mod init github.com/PacktPublishing/Go-Programming-Cookbook-Second-
Edition/chapter8/controllers
```

그러면 다음을 포함하는 go.mod라는 이름의 파일을 볼 수 있을 것이다.

```
module github.com/PacktPublishing/Go-Programming-Cookbook-Second-Edition/
chapter8/controllers
```

3. ~/projects/go-programming-cookbook-original/chapter8/controllers에서 복사해 테스트하거나 이 코드를 예제로 여러분만의 코드를 작성해본다.

4. controller.go라는 이름의 파일을 생성하고 다음 내용을 작성한다.

```go
package controllers

// Controller는 핸들러의 상태를 전달한다
type Controller struct {
    storage Storage
}

// New 함수는 Controller의 '생성자(constructor)'다
func New(storage Storage) *Controller {
    return &Controller{
        storage: storage,
    }
}

// Payload는 일반적인 응답에 사용한다
type Payload struct {
    Value string `json:"value"`
}
```

5. storage.go라는 이름의 파일을 생성하고 다음 내용을 작성한다.

```go
package controllers

// Storage 인터페이스는 단일 값의 Get과 Put을 지원한다
type Storage interface {
    Get() string
    Put(string)
}

// MemStorage는 Storage를 구현한다
type MemStorage struct {
    value string
}

// 인메모리 값을 가져온다
func (m *MemStorage) Get() string {
    return m.value
}

// 인메모리 값을 설정한다
func (m *MemStorage) Put(s string) {
    m.value = s
```

```
}
```

6. post.go라는 이름의 파일을 생성하고 다음 내용을 작성한다.

```go
package controllers

import (
    "encoding/json"
    "net/http"
)

// SetValue 함수는 컨트롤러 객체의 기본 저장소를 수정한다
func (c *Controller) SetValue(w http.ResponseWriter, r *http.Request) {
    if r.Method != http.MethodPost {
        w.WriteHeader(http.StatusMethodNotAllowed)
        return
    }
    if err := r.ParseForm(); err != nil {
        w.WriteHeader(http.StatusInternalServerError)
        return
    }
    value := r.FormValue("value")
    c.storage.Put(value)
    w.WriteHeader(http.StatusOK)
    p := Payload{Value: value}
    if payload, err := json.Marshal(p); err == nil {
        w.Write(payload)
    } else if err != nil {
        w.WriteHeader(http.StatusInternalServerError)
    }
}
```

7. get.go라는 이름의 파일을 생성하고 다음 내용을 작성한다.

```go
package controllers

import (
    "encoding/json"
    "net/http"
)
```

```
// GetValue 함수는 HandlerFunc를 래핑하는 클로저다
// UseDefault 값이 true면 value에 저장되는 값은 항상 "default"이며,
// UseDefault 값이 false면 저장소에 저장된 값이 value에 저장된다
func (c *Controller) GetValue(UseDefault bool) http.HandlerFunc
{
    return func(w http.ResponseWriter, r *http.Request) {
        w.Header().Set("Content-Type", "application/json")
        if r.Method != http.MethodGet {
            w.WriteHeader(http.StatusMethodNotAllowed)
            return
        }
        value := "default"
        if !UseDefault {
            value = c.storage.Get()
        }
        w.WriteHeader(http.StatusOK)
        p := Payload{Value: value}
        if payload, err := json.Marshal(p); err == nil {
            w.Write(payload)
        }
    }
}
```

8. example이라는 이름의 디렉터리를 생성하고 여기로 이동한다.

9. main.go라는 이름의 파일을 생성하고 다음 내용을 작성한다.

```
package main

import (
    "fmt"
    "net/http"
    "github.com/PacktPublishing/Go-Programming-Cookbook-Second-Edition/chapter8/controllers"

)

func main() {
    storage := controllers.MemStorage{}
    c := controllers.New(&storage)
    http.HandleFunc("/get", c.GetValue(false))
    http.HandleFunc("/get/default", c.GetValue(true))
```

```
    http.HandleFunc("/set", c.SetValue)

    fmt.Println("Listening on port :3333")
    err := http.ListenAndServe(":3333", nil)
    panic(err)
}
```

10. go run main.go 명령을 실행한다.

11. 대신 다음 명령을 실행해도 된다.

```
$ go build
$ ./example
```

그러면 다음과 같은 결과를 확인할 수 있을 것이다.

```
$ go run main.go
Listening on port :3333
```

12. 별도의 터미널을 열고 다음 명령을 실행한다.

```
$ curl "http://localhost:3333/set" -X POST -d "value=value"
$ curl "http://localhost:3333/get" -X GET
$ curl "http://localhost:3333/get/default" -X GET
```

그러면 다음과 같은 결과를 확인할 수 있을 것이다.

```
$ curl "http://localhost:3333/set" -X POST -d "value=value"
{"value":"value"}

$ curl "http://localhost:3333/get" -X GET
{"value":"value"}

$ curl "http://localhost:3333/get/default" -X GET
{"value":"default"}
```

13. go.mod 파일이 업데이트됐을 것이며, 이제 go.sum 파일이 최상위 예제 디렉터리에 있을 것이다.

14. 코드를 복사하거나 테스트 코드를 직접 작성한 경우, 한 경로 위로 이동한 다음 go test 명령을 실행해 모든 테스트를 통과하는지 확인한다.

예제 분석

Go는 메소드(함수)가 http.HandlerFunc와 같이 타입이 지정된 함수를 만족시키기 때문에 이런 전략이 효과적이다. 구조체를 사용하면 main.go에 데이터베이스 연결, 로깅 등 다양한 기능을 주입할 수 있다. 예제에서는 저장소(Storage) 인터페이스를 삽입했다. 컨트롤러에 연결된 모든 핸들러는 연결된 컨트롤러의 함수와 속성을 사용할 수 있다.

GetValue 함수는 http.HandlerFunc 서명이 없는 대신에 이 서명을 반환한다. 이것이 바로 클로저를 사용해 상태를 주입하는 방법이다. 예제에서는 main.go에 두 개의 경로(라우트)를 정의했다. 하나는 UseDefault를 false로 설정하고, 다른 하나는 UseDefault를 true로 설정한다. 여러 경로에 걸쳐 있는 함수를 정의하거나 핸들러가 너무 복잡한 곳에서 구조체를 사용할 때 이 방법(클로저 활용)을 활용할 수 있다.

⁖ Go 구조체와 사용자 입력에 대한 입력 검증

웹에 대한 검증은 문제가 될 수 있다. 이번 예제에서는 클로저를 활용해 이 문제를 해결하는 방법을 살펴본다. 첫 번째는 검증 함수를 쉽게 테스트하기 위해 클로저를 사용하는 방법이고, 두 번째는 이전 예제에서 설명했듯이 컨트롤러 구조체를 초기화할 때 수행하는 검증 유형에 유연성을 제공하기 위해 클로저를 사용하는 방법이다.

모든 검증은 구조체에 대해 수행하지만, 구조체에 데이터를 채우는 방법은 살펴보지 않는다. JSON 데이터(페이로드payload)를 해석해 구조체의 데이터를 채우거나 입력 또는 다른 방법을 통해 구조체의 데이터를 명시적으로 채운다고 가정한다.

예제 구현

다음 단계는 애플리케이션을 작성하고 실행하는 방법을 설명한다.

1. 터미널이나 콘솔 프로그램에서 ~/projects/go-programming-cookbook/chapter8/ validation이라는 이름의 새 디렉터리를 생성하고 이 디렉터리로 이동한다.

2. 다음 명령을 실행한다.

```
$ go mod init github.com/PacktPublishing/Go-Programming-Cookbook-Second-
Edition/chapter8/validation
```

그러면 다음을 포함하는 go.mod라는 이름의 파일을 볼 수 있을 것이다.

```
module github.com/PacktPublishing/Go-Programming-Cookbook-Second-Edition/
chapter8/validation
```

3. ~/projects/go-programming-cookbook-original/chapter8/validation에서 복사해 테스트하거나 이 코드를 예제로 여러분만의 코드를 작성해본다.

4. controller.go라는 이름의 파일을 생성하고 다음 내용을 작성한다.

```go
package validation

// Controller는 검증 함수를 갖는다
type Controller struct {
    ValidatePayload func(p *Payload) error
}

// New 함수는 로컬 검증 함수를 갖는 컨트롤러를 초기화하며
// 덮어 쓰기가 가능하다
func New() *Controller {
    return &Controller{
        ValidatePayload: ValidatePayload,
    }
}
```

5. validate.go라는 이름의 파일을 생성하고 다음 내용을 작성한다.

```go
package validation

import "errors"

// Verror는 검증 과정에서 발생하는 오류이며,
// 사용자에게 반환할 수 있다
type Verror struct {
    error
}

// Payload는 예제에서 처리하는 값이다
type Payload struct {
    Name string `json:"name"`
    Age int `json:"age"`
}

// ValidatePayload 함수는 컨트롤러 안에서 클로저를 구현하는
// 한 가지 방법이다
func ValidatePayload(p *Payload) error {
    if p.Name == "" {
        return Verror{errors.New("name is required")}
    }

    if p.Age <= 0 || p.Age >= 120 {
        return Verror{errors.New("age is required and must be a value
greater than 0 and less than 120")}
    }
    return nil
}
```

6. process.go라는 이름의 파일을 생성하고 다음 내용을 작성한다.

```go
package validation

import (
    "encoding/json"
    "fmt"
    "net/http"
)
```

```go
// Process 함수는 post 페이로드를 검증하는 핸들러다
func (c *Controller) Process(w http.ResponseWriter, r *http.Request) {
    if r.Method != http.MethodPost {
        w.WriteHeader(http.StatusMethodNotAllowed)
        return
    }

    decoder := json.NewDecoder(r.Body)
    defer r.Body.Close()
    var p Payload

    if err := decoder.Decode(&p); err != nil {
        fmt.Println(err)
        w.WriteHeader(http.StatusBadRequest)
        return
    }

    if err := c.ValidatePayload(&p); err != nil {
        switch err.(type) {
            case Verror:
                w.WriteHeader(http.StatusBadRequest)
                // Verror를 같이 전달한다
                w.Write([]byte(err.Error()))
                return
            default:
                w.WriteHeader(http.StatusInternalServerError)
                return
        }
    }
}
```

7. example이라는 이름의 디렉터리를 생성하고 여기로 이동한다.

8. main.go라는 이름의 파일을 생성하고 다음 내용을 작성한다.

```go
package main

import (
    "fmt"
    "net/http"
    "github.com/PacktPublishing/Go-Programming-Cookbook-Second-Edition/chapter8/validation"
```

```
    )

    func main() {
        c := validation.New()
        http.HandleFunc("/", c.Process)
        fmt.Println("Listening on port :3333")
        err := http.ListenAndServe(":3333", nil)
        panic(err)
    }
```

9. go run main.go 명령을 실행한다.

10. 다음 명령도 실행한다.

```
$ go build
$ ./example
```

그러면 다음과 같은 결과를 확인할 수 있을 것이다.

```
$ go run main.go
Listening on port :3333
```

11. 별도의 터미널을 열고 다음 명령을 실행한다.

```
$ curl "http://localhost:3333/" -X POST -d '{}'
$ curl "http://localhost:3333/" -X POST -d '{"name":"test"}'
$ curl "http://localhost:3333/" -X POST -d '{"name":"test", "age": 5}' -v
```

그러면 다음과 같은 결과를 확인할 수 있을 것이다.

```
$ curl "http://localhost:3333/" -X POST -d '{}'
name is required

$ curl "http://localhost:3333/" -X POST -d '{"name":"test"}'
age is required and must be a value greater than 0 and less than 120

$ curl "http://localhost:3333/" -X POST -d '{"name":"test", "age": 5}' -v
```

<그 외의 많은 출력 결과가 있으며, 200 OK 상태 코드가 포함돼 있을 것이다>

12. go.mod 파일이 업데이트됐을 것이며, 이제 go.sum 파일이 최상위 예제 디렉터리에 있을 것이다.

13. 코드를 복사하거나 테스트 코드를 직접 작성한 경우, 한 경로 위로 이동한 다음 go test 명령을 실행해 모든 테스트를 통과하는지 확인한다.

예제 분석

컨트롤러 구조체에 클로저를 전달해 유효성 검사를 처리했다. 컨트롤러에서 검증이 필요한 모든 입력에 대해 이런 클로저 중 하나가 필요하다. 이 접근 방법의 장점은 실시간으로 검증 함수를 테스트하고 변경할 수 있기 때문에 테스트가 훨씬 간단하다는 점이다. 또한 단일 함수 서명에 국한되지 않아도 되므로 데이터베이스 연결 등을 검증 함수에 전달할 수 있다.

이 예제에서 보여주는 다른 예는 Verror라는 타입의 오류를 반환하는 것이다. 이 타입은 사용자에게 표시할 수 있는 검증 오류 메시지를 가진다. 이 방법의 한 가지 단점은 한 번에 여러 검증 메시지를 처리하지 못한다는 것이다. 이 문제는 Verror 타입이 더 많은 상태를 가질 수 있도록 변경하는 것으로 해결할 수 있다. 예를 들면, ValidatePayload 함수에서 반환하기 전에 여러 오류를 저장하기 위해 맵을 사용하도록 변경할 수 있을 것이다.

⁝⁝ 렌더링 및 내용 협상

웹 핸들러는 다양한 타입의 내용content을 반환할 수 있다. JSON, 일반 텍스트, 이미지 등을 예로 들 수 있다. 때로는 API와 통신할 때 데이터를 전달할 타입과 데이터를 받을 타입을 명확히 하기 위해 콘텐츠 형식을 지정하고 이를 허용할 수 있다.

이 예제는 unrolled/render, 사용자 정의 함수를 사용해 내용을 협상하고 이에 따라 적절하게 응답하는 방법을 살펴본다.

예제 구현

다음 단계는 애플리케이션을 작성하고 실행하는 방법을 설명한다.

1. 터미널이나 콘솔 프로그램에서 ~/projects/go-programming-cookbook/chapter8/
   negotiate라는 이름의 새 디렉터리를 생성하고 이 디렉터리로 이동한다.

2. 다음 명령을 실행한다.

   ```
   $ go mod init github.com/PacktPublishing/Go-Programming-Cookbook-Second-
   Edition/chapter8/negotiate
   ```

   그러면 다음을 포함하는 go.mod라는 이름의 파일을 볼 수 있을 것이다.

   ```
   module github.com/PacktPublishing/Go-Programming-Cookbook-Second-Edition/
   chapter8/negotiate
   ```

3. ~/projects/go-programming-cookbook-original/chapter8/negotiate에서 복사해
   테스트하거나 이 코드를 예제로 여러분만의 코드를 작성해본다.

4. negotiate.go라는 이름의 파일을 생성하고 다음 내용을 작성한다.

   ```
   package negotiate

   import (
       "net/http"
       "github.com/unrolled/render"
   )

   // Negotiator는 render를 래핑해
   // ContentType으로 내용을 전환한다
   type Negotiator struct {
       ContentType string
   ```

```
        *render.Render
    }

    // GetNegotiator 함수는 요청을 받고
    // Content-type 헤더로부터 ContentType을 판별한다
    func GetNegotiator(r *http.Request) *Negotiator {
        contentType := r.Header.Get("Content-Type")

        return &Negotiator{
            ContentType: contentType,
            Render: render.New(),
        }
    }
```

5. respond.go라는 이름의 파일을 생성하고 다음 내용을 작성한다.

```
package negotiate

import "io"
import "github.com/unrolled/render"

// Respond 함수는 내용 유형(Content Type)에 따라
// 적절하게 응답한다
func (n *Negotiator) Respond(w io.Writer, status int, v
    interface{}) {
    switch n.ContentType {
        case render.ContentJSON:
            n.Render.JSON(w, status, v)
        case render.ContentXML:
            n.Render.XML(w, status, v)
        default:
            n.Render.JSON(w, status, v)
    }
}
```

6. handler.go라는 이름의 파일을 생성하고 다음 내용을 작성한다.

```
package negotiate

import (
    "encoding/xml"
```

```
    "net/http"
)

// Payload는 xml과 json으로 데이터의 레이아웃을 정의한다
type Payload struct {
    XMLName xml.Name `xml:"payload" json:"-"`
    Status string `xml:"status" json:"status"`
}

// Handler 함수는 요청을 사용해 negociator 객체를 가져온 다음,
// 데이터를 렌더링(표시)한다
func Handler(w http.ResponseWriter, r *http.Request) {
    n := GetNegotiator(r)
    n.Respond(w, http.StatusOK, &Payload{Status: "Successful!"})
}
```

7. example이라는 이름의 디렉터리를 생성하고 여기로 이동한다.

8. main.go라는 이름의 파일을 생성하고 다음 내용을 작성한다.

```
package main

import (
    "fmt"
    "net/http"
    "github.com/PacktPublishing/Go-Programming-Cookbook-Second-Edition/
chapter8/negotiate"
)

func main() {
    http.HandleFunc("/", negotiate.Handler)
    fmt.Println("Listening on port :3333")
    err := http.ListenAndServe(":3333", nil)
    panic(err)
}
```

9. go run main.go 명령을 실행한다.

10. 대신 다음 명령을 실행해도 된다.

```
$ go build
$ ./example
```

그러면 다음과 같은 결과를 확인할 수 있을 것이다.

```
$ go run main.go
Listening on port :3333
```

11. 별도의 터미널을 열고 다음 명령을 실행한다.

```
$ curl "http://localhost:3333" -H "Content-Type: text/xml"
$ curl "http://localhost:3333" -H "Content-Type: application/json"
```

그러면 다음과 같은 결과를 확인할 수 있을 것이다.

```
$ curl "http://localhost:3333" -H "Content-Type: text/xml"
<payload><status>Successful!</status></payload>

$ curl "http://localhost:3333" -H "Content-Type: application/json"
{"status":"Successful!"}
```

12. go.mod 파일이 업데이트됐을 것이며, 이제 go.sum 파일이 최상위 예제 디렉터리에 있을 것이다.

13. 코드를 복사하거나 테스트 코드를 직접 작성한 경우, 한 경로 위로 이동한 다음 go test 명령을 실행해 모든 테스트를 통과하는지 확인한다.

예제 분석

github.com/unrolled/render 패키지는 이 예제를 위해 중요한 역할을 하며, HTML 템플릿 등으로 작업해야 할 경우에 입력할 수 있는 다양한 옵션이 있다. 이 예제는 웹 핸들러로 작업할 때 다양한 Content-Type 헤더를 전달하거나 구조체를 직접 조작하는 방법을 자동 협상에 활용할 수 있다는 점을 보여준다.

헤더를 수락할 때 비슷한 패턴을 적용할 수 있다. 하지만 이런 헤더는 종종 여러 값을 포함하기 때문에 코드에서 이를 고려해야 한다는 점에 주의한다.

⁖ 미들웨어 구현 및 사용하기

Go에서 핸들러용 미들웨어는 광범위하게 탐구해야 할 영역이다. 미들웨어 처리를 위한 패키지는 매우 다양하다. 이 예제는 미들웨어를 처음부터 작성해보고 여러 미들웨어를 함께 연결하기 위한 ApplyMiddleware 함수를 구현한다.

또한 요청 컨텍스트 객체에서 값을 설정하고 미들웨어를 사용해 이 값을 나중에 가져오는 방법도 살펴본다. 이 과정은 미들웨어 로직을 핸들러에서 분리시키는 방법을 보여주기 위해 아주 기본적인 핸들러로 처리할 것이다.

예제 구현

다음 단계는 애플리케이션을 작성하고 실행하는 방법을 설명한다.

1. 터미널이나 콘솔 프로그램에서 ~/projects/go-programming-cookbook/chapter8/ middleware라는 이름의 새 디렉터리를 생성하고 이 디렉터리로 이동한다.

2. 다음 명령을 실행한다.

```
$ go mod init github.com/PacktPublishing/Go-Programming-Cookbook-Second-
Edition/chapter8/middleware
```

그러면 다음을 포함하는 go.mod라는 이름의 파일을 볼 수 있을 것이다.

```
module github.com/PacktPublishing/Go-Programming-Cookbook-Second-Edition/
chapter8/middleware
```

3. ~/projects/go-programming-cookbook-original/chapter8/middleware에서 복사해 테스트하거나 이 코드를 예제로 여러분만의 코드를 작성해본다.

4. middleware.go라는 이름의 파일을 생성하고 다음 내용을 작성한다.

```go
package middleware

import (
    "log"
    "net/http"
    "time"
)

// Middleware는 모든 미들웨어 함수가 리턴 타입이다
type Middleware func(http.HandlerFunc) http.HandlerFunc

// ApplyMiddleware 함수는 모든 미들웨어를 적용하며,
// 마지막 매개변수는 컨텍스트 전달을 위해 외부로 래핑한다
func ApplyMiddleware(h http.HandlerFunc, middleware ...Middleware) http.
HandlerFunc {
    applied := h
    for _, m := range middleware {
        applied = m(applied)
    }
    return applied
}

// Logger 함수는 요청을 로그로 기록하며, SetID()를 통해 전달된 id를 사용한다
func Logger(l *log.Logger) Middleware {
    return func(next http.HandlerFunc) http.HandlerFunc {
    return func(w http.ResponseWriter, r *http.Request) {
        start := time.Now()
        l.Printf("started request to %s with id %s", r.URL, GetID(r.
Context()))
        next(w, r)
        l.Printf("completed request to %s with id %s in %s", r.URL,
GetID(r.Context()), time.Since(start))
        }
    }
}
```

5. context.go라는 이름의 파일을 생성하고 다음 내용을 작성한다.

```go
package middleware

import (
    "context"
    "net/http"
    "strconv"
)

// ContextID는 컨텍스트 객체를 조회하기 위한 타입이다
type ContextID int

// ID는 예제에서 정의한 유일한 ID다
const ID ContextID = 0

// SetID 함수는 id로 컨텍스트를 갱신한 다음, id를 증가시킨다
func SetID(start int64) Middleware {
    return func(next http.HandlerFunc) http.HandlerFunc {
        return func(w http.ResponseWriter, r *http.Request) {
            ctx := context.WithValue(r.Context(), ID, strconv.
FormatInt(start, 10))
            start++
            r = r.WithContext(ctx)
            next(w, r)
        }
    }
}

// GetID 함수는 ID가 설정된 경우, 컨텍스트에서 ID를 가져오고
// ID가 설정되지 않았으면 빈 문자열을 반환한다
func GetID(ctx context.Context) string {
    if val, ok := ctx.Value(ID).(string); ok {
        return val
    }
    return ""
}
```

6. handler.go라는 이름의 파일을 생성하고 다음 내용을 작성한다.

```go
package middleware
```

```
import (
    "net/http"
)

// 매우 기초적인 핸들러
func Handler(w http.ResponseWriter, r *http.Request) {
    w.WriteHeader(http.StatusOK)
    w.Write([]byte("success"))
}
```

7. example이라는 이름의 디렉터리를 생성하고 여기로 이동한다.

8. main.go라는 이름의 파일을 생성하고 다음 내용을 작성한다.

```
package main

import (
    "fmt"
    "log"
    "net/http"
    "os"
    "github.com/PacktPublishing/Go-Programming-Cookbook-Second-Edition/
chapter8/middleware"
)

func main() {
    // 아래에서부터 위로 적용한다
    h := middleware.ApplyMiddleware(
        middleware.Handler,
        middleware.Logger(log.New(os.Stdout, "", 0)),
        middleware.SetID(100),
    )
    http.HandleFunc("/", h)
    fmt.Println("Listening on port :3333")
    err := http.ListenAndServe(":3333", nil)
    panic(err)
}
```

9. go run main.go 명령을 실행한다.

10. 대신 다음 명령을 실행해도 된다.

```
$ go build
$ ./example
```

그러면 다음과 같은 결과를 확인할 수 있을 것이다.

```
$ go run main.go
Listening on port :3333
```

11. 별도의 터미널을 열고 다음 명령을 실행한다.

```
$ curl http://localhost:3333
```

그러면 다음과 같은 결과를 확인할 수 있을 것이다.

```
$ curl http://localhost:3333
success

$ curl http://localhost:3333
success

$ curl http://localhost:3333
 success
```

12. main.go를 실행한 터미널에서 다음과 같은 결과를 확인할 수 있을 것이다.

```
Listening on port :3333
started request to / with id 100
completed request to / with id 100 in 52.284µs
started request to / with id 101
completed request to / with id 101 in 40.273µs
started request to / with id 102
```

13. go.mod 파일이 업데이트됐을 것이며, 이제 go.sum 파일이 최상위 예제 디렉터리에 있을 것이다.

14. 코드를 복사하거나 테스트 코드를 직접 작성한 경우, 한 경로 위로 이동한 다음 go test 명령을 실행해 모든 테스트를 통과하는지 확인한다.

예제 분석

미들웨어는 로깅, 메트릭^{metric} 수집, 분석과 같은 간단한 작업을 수행하는 데 사용할 수 있다. 또한 미들웨어는 요청마다 동적으로 변수에 데이터를 설정할 수도 있다. 예를 들면, 이 예제에서 했듯이 ID를 설정하거나 ID를 생성하는 요청에서 X-header를 수집하는 작업을 수행할 수 있다. 또 다른 ID 전략은 모든 요청에 대해 UUID^{Universal Unique Identifier}를 생성하는 것이다. 모든 요청에 대해 UUID를 생성하면, 여러 마이크로서비스가 응답을 만드는 경우에 여러 로그 메시지를 쉽게 연결시키고 서로 다른 애플리케이션에서 각 요청을 추적할 수 있다.

컨텍스트 값을 활용해 작업할 때는 미들웨어의 순서를 고려하는 것이 중요하다. 일반적으로 미들웨어가 서로 의존하지 않도록 만드는 것이 좋다. 이번 예제를 예로 들면, 로깅 미들웨어 자체에서 UUID를 생성하는 것이 더 좋다. 하지만 이 예제는 미들웨어들을 계층화하고 main.go에서 이 미들웨어들을 초기화하는 방법에 대한 기본적인 내용을 제공하는 데 중점을 뒀다.

⠿ 리버스 프록시 애플리케이션 제작하기

이번 예제에서는 리버스 프록시 애플리케이션을 개발한다. 브라우저에서 http://localhost:3333이 입력되면 모든 트래픽을 구성 가능한 호스트로 전달하고, 브라우저로 응답을 전달한다. 최종 결과는 프록시 애플리케이션을 통해 브라우저에서 https://www.golang.org가 표시되는 것이다.

이 과정은 중간 서버를 통해 웹 사이트에 안전하게 접속하기 위해 포트 포워딩과 SSH 터널을 결합해야 한다. 이 예제는 리버스 프록시를 처음부터 제작한다. 하지만 이 기능은 net/http/httputil 패키지에서도 제공한다. 이 패키지를 사용하면 들어오는 요청을

Director func(*http.Request) 함수로 수정할 수 있고, 내보내는 응답을 ModifyResponse func(*http.Response) error 함수로 수정할 수 있다. 또한 응답 버퍼링도 지원한다.

예제 구현

다음 단계는 애플리케이션을 작성하고 실행하는 방법을 설명한다.

1. 터미널이나 콘솔 프로그램에서 ~/projects/go-programming-cookbook/chapter8/ proxy라는 이름의 새 디렉터리를 생성하고 이 디렉터리로 이동한다.

2. 다음 명령을 실행한다.

```
$ go mod init github.com/PacktPublishing/Go-Programming-Cookbook-Second-
Edition/chapter8/proxy
```

그러면 다음을 포함하는 go.mod라는 이름의 파일을 볼 수 있을 것이다.

```
module github.com/PacktPublishing/Go-Programming-Cookbook-Second-Edition/
chapter8/proxy
```

3. ~/projects/go-programming-cookbook-original/chapter8/proxy에서 복사해 테스트하거나 이 코드를 예제로 여러분만의 코드를 작성해본다.

4. proxy.go라는 이름의 파일을 생성하고 다음 내용을 작성한다.

```go
package proxy

import (
    "log"
    "net/http"
)

// Proxy는 프록시를 설정하기 위해 구성된 클라이언트와
// BaseURL을 저장한다
type Proxy struct {
```

```
        Client *http.Client
        BaseURL string
    }

    // ServeHTTP 함수는 프록시가 핸들러(Handler) 인터페이스를 구현한다는 것을 의미한다
    // 요청을 조작해 BaseURL로 전달한 다음, 응답을 반환한다
    func (p *Proxy) ServeHTTP(w http.ResponseWriter, r *http.Request) {
        if err := p.ProcessRequest(r); err != nil {
            log.Printf("error occurred during process request: %s", err.
    Error())
            w.WriteHeader(http.StatusBadRequest)
            return
        }

        resp, err := p.Client.Do(r)
        if err != nil {
            log.Printf("error occurred during client operation: %s", err.
    Error())
            w.WriteHeader(http.StatusInternalServerError)
            return
        }
        defer resp.Body.Close()
        CopyResponse(w, resp)
    }
```

5. process.go라는 이름의 파일을 생성하고 다음 내용을 작성한다.

```
    package proxy

    import (
        "bytes"
        "net/http"
        "net/url"
    )

    // ProcessRequest 함수는 프록시 설정에 따라 요청을 수정한다
    func (p *Proxy) ProcessRequest(r *http.Request) error {
        proxyURLRaw := p.BaseURL + r.URL.String()

        proxyURL, err :- url.Parse(proxyURLRaw)
        if err != nil {
            return err
```

```
    }
    r.URL = proxyURL
    r.Host = proxyURL.Host
    r.RequestURI = ""
    return nil
}

// CopyResponse 함수는 클라이언트 응답을 받아
// 모든 내용을 ResponseWriter에 쓴다
func CopyResponse(w http.ResponseWriter, resp *http.Response) {
    var out bytes.Buffer
    out.ReadFrom(resp.Body)

    for key, values := range resp.Header {
        for _, value := range values {
            w.Header().Add(key, value)
        }
    }

    w.WriteHeader(resp.StatusCode)
    w.Write(out.Bytes())
}
```

6. example이라는 이름의 디렉터리를 생성하고 여기로 이동한다.

7. main.go라는 이름의 파일을 생성하고 다음 내용을 작성한다.

```
package main

import (
    "fmt"
    "net/http"
    "github.com/PacktPublishing/Go-Programming-Cookbook-Second-Edition/
chapter8/proxy"
)

func main() {
    p := &proxy.Proxy{
        Client: http.DefaultClient,
        BaseURL: "https://www.golang.org",
    }
    http.Handle("/", p)
```

```
            fmt.Println("Listening on port :3333")
            err := http.ListenAndServe(":3333", nil)
            panic(err)
    }
```

8. go run main.go 명령을 실행한다.

9. 대신 다음 명령을 실행해도 된다.

    ```
    $ go build
    $ ./example
    ```

    그러면 다음과 같은 결과를 확인할 수 있을 것이다.

    ```
    $ go run main.go
    Listening on port :3333
    ```

10. 브라우저에서 localhost:3333/으로 이동한다. 그러면 https://golang.org/ 웹 사이트가 표시될 것이다.

11. 이제 go.mod 파일이 업데이트됐을 것이며, 이제 go.sum 파일이 최상위 예제 디렉터리에 있을 것이다.

12. 코드를 복사하거나 테스트 코드를 직접 작성한 경우, 한 경로 위로 이동한 다음 go test 명령을 실행해 모든 테스트를 통과하는지 확인한다.

예제 분석

클라이언트와 핸들러에서 Go의 요청 및 응답 객체를 광범위하게 공유할 수 있다. 이 코드는 핸들러 인터페이스를 만족하는 Proxy 구조체로부터 얻어온 요청 객체를 받는다. main.go 파일은 다른 곳에서 사용했던 HandleFunc 대신 Handle을 사용한다. 요청이 들어오면 이 요청에 대해 Proxy.BaseURL을 추가한다. 그런 다음, 클라이언트는 이를 배포한다. 마지막으로 ResponseWriter 인터페이스에 응답을 역으로(리버스reverse) 복사한다. 여

312

기에는 헤더, 본문, 상태 코드가 모두 포함된다.

또한 필요하다면, 요청에 대한 기본적인 인증, 토큰 관리 등과 같은 몇 가지 기능을 추가할 수도 있다. 이렇게 하면 프록시가 자바스크립트^{JavaScript}나 다른 클라이언트 애플리케이션의 세션을 관리하는 곳에서 토큰을 관리하는 데 유용할 수 있다.

JSON API로 GRPC 내보내기

7장, '웹 클라이언트와 API'의 'GRPC 클라이언트 이해하기' 예제에서 기본적인 GRPC 서버와 클라이언트를 작성했다. 이번 예제는 이를 확장해 일반적인 RPC 함수들을 패키지에 추가하고, 이 함수들을 GRPC 서버와 표준 웹 핸들러로 래핑한다. 이는 API가 두 가지 타입의 클라이언트를 모두 지원하지만 일반적인 기능을 복제하고 싶지는 않을 때 유용할 수 있다.

준비

다음 단계에 따라 환경을 구성한다.

1. 이 장 초반의 '기술적 요구 사항' 절에 제시한 단계를 참고한다.
2. GRPC^(https://grpc.io/docs/quickstart/go/)를 설치하고 다음 명령을 실행한다.
    - go get -u github.com/golang/protobuf/{proto,protoc-gengo}
    - go get -u google.golang.org/grpc

예제 구현

다음 단계는 애플리케이션을 작성하고 실행하는 방법을 설명한다.

1. 터미널이나 콘솔 프로그램에서 ~/projects/go-programming-cookbook/chapter8/ grpcjson이라는 이름의 새 디렉터리를 생성하고 이 디렉터리로 이동한다.

2. 다음 명령을 실행한다.

```
$ go mod init github.com/PacktPublishing/Go-Programming-Cookbook-Second-
Edition/chapter8/grpcjson
```

그러면 다음을 포함하는 go.mod라는 이름의 파일을 볼 수 있을 것이다.

```
module github.com/PacktPublishing/Go-Programming-Cookbook-Second-Edition/
chapter8/grpcjson
```

3. ~/projects/go-programming-cookbook-original/chapter8/grpcjson에서 복사해 테스트하거나 이 코드를 예제로 여러분만의 코드를 작성해본다.

4. keyvalue라는 이름의 디렉터리를 생성하고 여기로 이동한다.

5. keyvalue.proto라는 이름의 파일을 생성하고 다음 내용을 작성한다.

```
syntax = "proto3";

package keyvalue;

service KeyValue{
    rpc Set(SetKeyValueRequest) returns (KeyValueResponse){}
    rpc Get(GetKeyValueRequest) returns (KeyValueResponse){}
}

message SetKeyValueRequest {
    string key = 1;
    string value = 2;
}

message GetKeyValueRequest{
    string key = 1;
}

message KeyValueResponse{
```

```
    string success = 1;
    string value = 2;
}
```

6. 다음 명령을 실행한다.

```
$ protoc --go_out=plugins=grpc:. keyvalue.proto
```

7. 디렉터리를 한 단계 위로 이동한다.

8. internal이라는 이름의 디렉터리를 생성한다.

9. internal/keyvalue.go라는 이름의 파일을 생성하고 다음 내용을 작성한다.

```
package internal

import (
    "golang.org/x/net/context"
    "sync"
    "github.com/PacktPublishing/Go-Programming-Cookbook-Second-Edition/
chapter8/grpcjson/keyvalue"
    "google.golang.org/grpc"
    "google.golang.org/grpc/codes"
)

// KeyValue는 맵을 저장하는 구조체다
type KeyValue struct {
    mutex sync.RWMutex
    m map[string]string
}

// NewKeyValue는 KeyValue 구조체와 KeyValue 구조체의 맵을 초기화한다
func NewKeyValue() *KeyValue {
    return &KeyValue{
        m: make(map[string]string),
    }
}

// Set 함수는 값을 key에 설정한 다음, 이 값을 반환한다
func (k *KeyValue) Set(ctx context.Context, r
```

```
*keyvalue.SetKeyValueRequest) (*keyvalue.KeyValueResponse,
error) {
    k.mutex.Lock()
    k.m[r.GetKey()] = r.GetValue()
    k.mutex.Unlock()
    return &keyvalue.KeyValueResponse{Value: r.GetValue()}, nil
}

// Get 함수는 입력받은 키로 값을 가져오거나, 키가 존재하지 않으면
// '찾을 수 없다(not found)'는 오류를 반환한다
func (k *KeyValue) Get(ctx context.Context, r
*keyvalue.GetKeyValueRequest) (*keyvalue.KeyValueResponse,
error) {
    k.mutex.RLock()
    defer k.mutex.RUnlock()
    val, ok := k.m[r.GetKey()]
    if !ok {
        return nil, grpc.Errorf(codes.NotFound, "key not set")
    }
    return &keyvalue.KeyValueResponse{Value: val}, nil
}
```

10. grpc라는 이름의 디렉터리를 생성한다.

11. grpc/main.go라는 이름의 파일을 생성하고 다음 내용을 작성한다.

```
package main

import (
    "fmt"
    "net"
    "github.com/PacktPublishing/Go-Programming-Cookbook-Second-Edition/
chapter8/grpcjson/internal"
    "github.com/PacktPublishing/Go-Programming-Cookbook-Second-Edition/
chapter8/grpcjson/keyvalue"
    "google.golang.org/grpc"
)

func main() {
    grpcServer := grpc.NewServer()
    keyvalue.RegisterKeyValueServer(grpcServer,
    internal.NewKeyValue())
```

```
    lis, err := net.Listen("tcp", ":4444")
    if err != nil {
        panic(err)
    }
    fmt.Println("Listening on port :4444")
    grpcServer.Serve(lis)
}
```

12. http라는 이름의 디렉터리를 생성한다.

13. http/set.go라는 이름의 파일을 생성하고 다음 내용을 작성한다.

```
package main

import (
    "encoding/json"
    "net/http"
    "github.com/PacktPublishing/Go-Programming-Cookbook-Second-Edition/
chapter8/grpcjson/internal"
    "github.com/PacktPublishing/Go-Programming-Cookbook-Second-Edition/
chapter8/grpcjson/keyvalue"
    "github.com/apex/log"
)

// Controller는 내부 KeyValue 객체를 가진다
type Controller struct {
    *internal.KeyValue
}

// SetHandler 함수는 GRPC Set 함수를 래핑한다
func (c *Controller) SetHandler(w http.ResponseWriter, r *http.Request) {
    var kv keyvalue.SetKeyValueRequest

    decoder := json.NewDecoder(r.Body)
    if err := decoder.Decode(&kv); err != nil {
        log.Errorf("failed to decode: %s", err.Error())
        w.WriteHeader(http.StatusBadRequest)
        return
    }

    gresp, err := c.Set(r.Context(), &kv)
    if err != nil {
```

```
        log.Errorf("failed to set: %s", err.Error())
        w.WriteHeader(http.StatusInternalServerError)
        return
    }

    resp, err := json.Marshal(gresp)
    if err != nil {
        log.Errorf("failed to marshal: %s", err.Error())
        w.WriteHeader(http.StatusInternalServerError)
        return
    }
    w.WriteHeader(http.StatusOK)
    w.Write(resp)
}
```

14. http/get.go라는 이름의 파일을 생성하고 다음 내용을 작성한다.

```
package main

import (
    "encoding/json"
    "net/http"

    "google.golang.org/grpc"
    "google.golang.org/grpc/codes"

    "github.com/PacktPublishing/Go-Programming-Cookbook-Second-Edition/
chapter8/grpcjson/keyvalue"
    "github.com/apex/log"
)

// GetHandler 함수는 RPC Get 호출을 래핑한다
func (c *Controller) GetHandler(w http.ResponseWriter, r *http.Request) {
    key := r.URL.Query().Get("key")
    kv := keyvalue.GetKeyValueRequest{Key: key}

    gresp, err := c.Get(r.Context(), &kv)
    if err != nil {
        if grpc.Code(err) == codes.NotFound {
            w.WriteHeader(http.StatusNotFound)
            return
        }
```

```
        log.Errorf("failed to get: %s", err.Error())
        w.WriteHeader(http.StatusInternalServerError)
        return
    }

    w.WriteHeader(http.StatusOK)
    resp, err := json.Marshal(gresp)
    if err != nil {
        log.Errorf("failed to marshal: %s", err.Error())
        w.WriteHeader(http.StatusInternalServerError)
        return
    }
    w.Write(resp)
}
```

15. http/main.go라는 이름의 파일을 생성하고 다음 내용을 작성한다.

```
package main

import (
    "fmt"
    "net/http"

    "github.com/PacktPublishing/Go-Programming-Cookbook-Second-Edition/
chapter8/grpcjson/internal"
)

func main() {
    c := Controller{KeyValue: internal.NewKeyValue()}
    http.HandleFunc("/set", c.SetHandler)
    http.HandleFunc("/get", c.GetHandler)

    fmt.Println("Listening on port :3333")
    err := http.ListenAndServe(":3333", nil)
    panic(err)
}
```

16. go run ./http 명령을 실행한다. 그러면 다음과 같은 출력을 볼 수 있을 것이다.

```
$ go run ./http
Listening on port :3333
```

17. 별도의 터미널을 열고, 다음 명령을 실행한다.

```
$ curl "http://localhost:3333/set" -d '{"key":"test", "value":"123"}' -v
$ curl "http://localhost:3333/get?key=badtest" -v
$ curl "http://localhost:3333/get?key=test" -v
```

그러면 다음과 같은 출력을 확인할 수 있을 것이다.

```
$ curl "http://localhost:3333/set" -d '{"key":"test", "value":"123"}' -v
{"value":"123"}

$ curl "http://localhost:3333/get?key=badtest" -v
<404를 반환할 것이다>

$ curl "http://localhost:3333/get?key=test" -v
{"value":"123"}
```

18. go.mod 파일이 업데이트됐을 것이며, 이제 go.sum 파일이 최상위 예제 디렉터리에 있을 것이다.

19. 코드를 복사하거나 테스트 코드를 직접 작성한 경우, 한 경로 위로 이동한 다음 go test 명령을 실행해 모든 테스트를 통과하는지 확인한다.

예제 분석

이 예제는 클라이언트를 생략하지만 7장, '웹 클라이언트와 API'의 'GRPC 클라이언트 이해하기' 예제에 있는 단계를 복사해 사용할 수 있다. 그러면 curl 명령을 통해 볼 수 있는 결과와 동일한 결과를 확인할 수 있다. http와 grpc 디렉터리 모두 동일한 내부 패키지를 사용한다. 적절한 GRPC 오류 코드를 반환하고 HTTP 응답에 이 오류 코드를 정확하게 연결하려면 이 패키지에서 주의해야 한다. 예제에서는 http.StatusNotFound에 대응되는 codes.NotFound를 사용했다. 더 많은 오류를 처리해야 하는 경우에는 if... else 구문보다는 switch 구문을 사용하면 더 좋을 것이다.

일반적으로 GRPC 서명이 비슷하다는 점을 알아챘을 것이다. GRPC 서명은 요청을 받고 선택적으로 응답과 오류를 반환한다. 만약 GRPC 호출이 충분히 반복적이며 코드 생성에 적합하다고 생각되면, 제네릭 핸들러를 생성하는 것도 가능하다. 이렇게 하면 결국 goadesign/goa 등의 패키지와 비슷한 모양을 갖추게 될 것이다.

09

Go 코드 테스트하기

이 장은 테스트와 테스트 방법론에 중점을 둔다는 점에서 이전 장들과 다르다. Go는 기본적으로 훌륭한 테스트 환경을 지원한다. 하지만 몽키패치Monkey Patching[1]와 모의 테스트mocking[2]는 상당히 쉬운 동적 언어에서 넘어온 개발자들의 경우 이해하기 어려울 수 있다.

Go 테스트는 코드의 특정 구조를 권장한다. 특히 testing 및 mocking 인터페이스가 매우 직관적이며, 이를 잘 지원한다. 일부 타입의 코드는 테스트하기가 더 어려울 수 있다. 예를 들면 패키지 수준의 전역 변수, 인터페이스로 추상화되지 않은 곳, 노출하지 않은non-exported 변수나 메소드(함수)를 가진 구조체를 사용하는 코드를 테스트하는 것은 어려울 수 있다. 이 장에서는 Go 코드를 테스트하기 위한 몇 가지 예를 공유한다.

이 장에서 다루는 예제는 다음과 같다.

---

1 일반적으로 런타임 중인 프로그램 메모리의 소스 코드를 직접 바꾸는 것을 말한다. – 옮긴이
2 테스트를 쉽게 하기 위해 실제 객체와 비슷한 가짜 객체를 만들어 테스트하는 기법을 말한다. – 옮긴이

- 표준 라이브러리를 사용한 모의 테스트

- 모의 인터페이스mock interface를 테스트하기 위한 mockgen 패키지 사용하기

- 테이블 기반 테스트를 사용해 적용 범위 향상시키기

- 서드파티 테스트 도구 사용하기

- Go를 사용한 동작 테스트

기술적 요구 사항

이 장의 모든 예제를 진행하기 위해서는 다음 단계에 따라 환경을 구성해야 한다.

1. https://golang.org/doc/install에서 여러분의 운영체제에 Go 1.12.6 이상의 버전을 다운로드하고 설치한다.

2. 터미널이나 콘솔 프로그램을 열고 프로젝트 디렉터리(~/projects/go-programming-cookbook 등)를 생성한 후 해당 경로로 이동한다. 모든 코드는 이 디렉터리에서 실행되고 수정될 것이다.

3. 최신 코드를 ~/projects/go-programming-cookbook-original 경로에 복제한다. 예제를 직접 입력하는 대신 이 디렉터리에서 작업할 것을 권장한다.

```
$ git clone git@github.com:PacktPublishing/Go-Programming-Cookbook-Second-
Edition.git go-programming-cookbook-original
```


표준 라이브러리를 사용한 모의 테스트

Go에서 모의 테스트는 일반적으로 테스트 코드에서 런타임 동작을 제어할 수 있도록 테스트 버전의 인터페이스를 구현하는 것을 의미한다. 또한 이번 예제에서 살펴볼 또 다른 기법으로 모의 함수 및 메소드를 활용한 테스트 방법도 참고할 수 있다. 이 기법은

https://play.golang.org/p/oLF1XnRX3C에 정의된 Patch 및 Restore 함수를 사용한다.

일반적으로는 인터페이스를 자주 사용할 수 있고 테스트 가능한 작은 코드 모음으로 전체 코드를 구성하는 것이 좋다. 여러 분기 조건이나 깊이 중첩된 로직은 테스트가 까다로울 수 있고, 결국에는 테스트를 제대로 진행하기 어려울 수 있다. 개발자가 테스트 코드에서 더 많은 모의 객체, 패치, 반환 값, 상태를 추적해야 하기 때문이다.

예제 구현

다음 단계는 애플리케이션을 작성하고 실행하는 방법을 설명한다.

1. 터미널이나 콘솔 프로그램에서 ~/projects/go-programming-cookbook/chapter9/mocking이라는 이름의 새 디렉터리를 생성하고 이 디렉터리로 이동한다.

2. 다음 명령을 실행한다.

```
$ go mod init github.com/PacktPublishing/Go-Programming-Cookbook-Second-
Edition/chapter9/mocking
```

그러면 다음을 포함하는 go.mod라는 이름의 파일을 볼 수 있을 것이다.

```
module github.com/PacktPublishing/Go-Programming-Cookbook-Second-Edition/
chapter9/mocking
```

3. mock.go라는 이름의 파일을 생성하고 다음 내용을 작성한다.

```
package mocking

// DoStuffer는 간단한 인터페이스다
type DoStuffer interface {
    DoStuff(input string) error
}
```

4. patch.go라는 이름의 파일을 생성하고 다음 내용을 작성한다.

```go
package mocking

import "reflect"

// Restorer는 이전 상태를 복구하는 데 사용하는 함수를 가진다
type Restorer func()

// Restore 함수는 이전 상태를 복구한다
func (r Restorer) Restore() {
    r()
}

// Patch 함수는 매개변수로 가져온 destination이 가리키는 값을 지정된 값으로 설정하고,
// 변환한 값을 원래의 값으로 복원하기 위한 함수를 반환한다
// 이 값은 destination의 항목의 타입으로 할당이 가능해야 한다
func Patch(dest, value interface{}) Restorer {
    destv := reflect.ValueOf(dest).Elem()
    oldv := reflect.New(destv.Type()).Elem()
    oldv.Set(destv)
    valuev := reflect.ValueOf(value)
    if !valuev.IsValid() {
        // 이 방법은 destination 타입이 nilable이 아닌 경우에는
        // 적합하지 않지만, 다른 복잡한 방법보다는 좋은 방법이다
        valuev = reflect.Zero(destv.Type())
    }
    destv.Set(valuev)
    return func() {
        destv.Set(oldv)
    }
}
```

5. exec.go라는 이름의 파일을 생성하고 다음 내용을 작성한다.

```go
package mocking

import "errors"

var ThrowError = func() error {
    return errors.New("always fails")
}
```

326

```go
func DoSomeStuff(d DoStuffer) error {
    if err := d.DoStuff("test"); err != nil {
        return err
    }

    if err := ThrowError(); err != nil {
        return err
    }

    return nil
}
```

6. mock_test.go라는 이름의 파일을 생성하고 다음 내용을 작성한다.

```go
package mocking

type MockDoStuffer struct {
    // 모의 객체를 활용한 테스트를 위한 클로저
    MockDoStuff func(input string) error
}

func (m *MockDoStuffer) DoStuff(input string) error {
    if m.MockDoStuff != nil {
        return m.MockDoStuff(input)
    }

    // 모의 테스트를 진행하지 않을 때는 일반적인 방법으로 반환한다
    return nil
}
```

7. exec_test.go라는 이름의 파일을 생성하고 다음 내용을 작성한다.

```go
package mocking

import (
    "errors"
    "testing"
)

func TestDoSomeStuff(t *testing.T) {
    tests := []struct {
```

```
            name          string
            DoStuff       error
            ThrowError    error
            wantErr       bool
    }{
        {"base-case", nil, nil, false},
        {"DoStuff error", errors.New("failed"), nil, true},
        {"ThrowError error", nil, errors.New("failed"), true},
    }
    for _, tt := range tests {
        t.Run(tt.name, func(t *testing.T) {
            // 모의 구조체를 활용해 인터페이스를 테스트하는 예제
            d := MockDoStuffer{}
            d.MockDoStuff = func(string) error {
                return tt.DoStuff
            }

            // 변수로 선언된 함수를 모의 객체를 활용해 테스트하면
            // func A()는 동작하지 않고,
            // 반드시 var A = func()로 해야 동작한다
            defer Patch(&ThrowError, func() error {
                return tt.ThrowError }
            ).Restore()

            if err := DoSomeStuff(&d); (err != nil) != tt.wantErr
            {
                t.Errorf("DoSomeStuff() error = %v,
                wantErr %v", err, tt.wantErr)
            }
        })
    }
}
```

8. 나머지 함수에 대한 테스트를 작성하고 디렉터리를 한 단계 위로 이동한 다음, go test를 실행한다. 모든 테스트를 통과하는지 확인한다.

```
$go test
PASS
ok github.com/PacktPublishing/Go-Programming-Cookbook-Second-
Edition/chapter9/mocking 0.006s
```

9. go.mod 파일이 업데이트됐을 것이며, 이제 go.sum 파일이 최상위 예제 디렉터리에 있을 것이다.

예제 분석

이 예제는 인터페이스뿐만 아니라 변수로 선언된 함수를 모의 객체를 활용해 테스트하는 방법을 보여준다. 또한 선언된 함수에서 패치patch/복구restore를 직접 모방할 수 있는 특정 라이브러리도 존재하지만, 이들을 사용하려면 Go 타입 안정성을 우회해야 한다. 외부 패키지에서 함수를 패치해야 할 때는 다음과 같은 기법을 사용할 수 있다.

```
// 패치를 원하는 패키지 import
import "github.com/package"

// 이 예제에서 설명한 메소드(함수)를 사용해 패치가 가능함
var packageDoSomething = package.DoSomething
```

이 예제에서는 테스트를 설정하고 테이블 기반 테스트를 사용하는 것으로 시작했다. https://github.com/golang/go/wiki/TableDrivenTests와 같이, 이 기법에 대한 여러 내용이 있으니 더 자세히 살펴볼 것을 권장한다. 테스트 설정이 완료되면, 모의 함수에 대한 출력을 선택한다. 모의 객체는 인터페이스를 테스트하기 위해 런타임에 다시 작성할 수 있는 클로저를 정의한다. 전역 함수를 변경하고 필요한 테스트가 끝난 후 다시 복구하기 위해 패치/복구 기법을 적용한다. 이 동작은 테스트의 각 루프에 대해 새 함수를 설정할 수 있는 t.Run 덕분에 가능하다.

⁘ 모의 인터페이스를 테스트하기 위한 Mockgen 패키지 사용하기

이전 예제에서는 사용자 정의 모의 객체를 사용했다. 하지만 많은 인터페이스를 테스트할 때 이런 모의 객체를 작성하는 작업은 번거롭고 오류를 유발한다. 바로 이런 경우에

코드를 생성하는 것이 의미가 있다. 다행히 모의 객체 생성과 인터페이스 테스트에 관련된 매우 유용한 라이브러리를 제공하는 github.com/golang/mock/gomock이라는 패키지가 있다.

이번 예제에서는 gomock의 일부 기능을 다루면서 이 패키지를 언제, 어디서, 어떻게 사용하는지, 모의 객체를 어떻게 생성하는지, 사용했을 때 어떤 장단점이 있는지 등을 살펴볼 것이다.

준비

다음 단계에 따라 환경을 구성한다.

1. 이 장 초반의 '기술적 요구 사항' 절에 제시한 단계를 참고한다.

2. go get github.com/golang/mock/mockgen 명령을 실행한다.

예제 구현

다음 단계는 애플리케이션을 작성하고 실행하는 방법을 설명한다.

1. 터미널이나 콘솔 프로그램에서 ~/projects/go-programming-cookbook/chapter9/mockgen이라는 이름의 새 디렉터리를 생성하고 이 디렉터리로 이동한다.

2. 다음 명령을 실행한다.

```
$ go mod init github.com/PacktPublishing/Go-Programming-Cookbook-Second-
Edition/chapter9/mockgen
```

그러면 다음을 포함하는 go.mod라는 이름의 파일을 볼 수 있을 것이다.

```
module github.com/PacktPublishing/Go-Programming-Cookbook-Second-Edition/
chapter9/mockgen
```

3. interface.go라는 이름의 파일을 생성하고 다음 내용을 작성한다.

```
package mockgen

// GetSetter는 키-값 쌍의 데이터 모음을
// 가져온다(Get)
type GetSetter interface {
    Set(key, val string) error
    Get(key string) (string, error)
}
```

4. internal이라는 이름의 디렉터리를 생성한다.

5. `mockgen -destination internal/mocks.go -package internal github.com/PacktPubli
shing/Go-Programming-Cookbook-Second-Edition/chapter9/mockgen GetSetter` 명령을
실행한다. 그러면 internal/mocks.go라는 이름의 파일이 생성될 것이다.

6. exec.go라는 이름의 파일을 생성하고 다음 내용을 작성한다.

```
package mockgen

// Controller는 인터페이스를 초기화하는 한 방법을
// 보여주는 구조체다
type Controller struct {
    GetSetter
}

// GetThenSet 함수는 값을 확인한 다음, 설정한다
// 설정되지 않은 경우 값을 설정한다
func (c *Controller) GetThenSet(key, value string) error {
    val, err := c.Get(key)
    if err != nil {
        return err
    }

    if val != value {
        return c.Set(key, value)
    }
    return nil
}
```

7. interface_test.go라는 이름의 파일을 생성하고 다음 내용을 작성한다.

```go
package mockgen

import (
    "errors"
    "testing"
    "github.com/PacktPublishing/Go-Programming-Cookbook-Second-Edition/
chapter9/mockgen/internal"
    "github.com/golang/mock/gomock"
)

func TestExample(t *testing.T) {
    ctrl := gomock.NewController(t)
    defer ctrl.Finish()

    mockGetSetter := internal.NewMockGetSetter(ctrl)

    var k string
    mockGetSetter.EXPECT().Get("we can put anything
    here!").Do(func(key string) {
        k = key
    }).Return("", nil)

    customError := errors.New("failed this time")

    mockGetSetter.EXPECT().Get(gomock.Any()).Return("", customError)

    if _, err := mockGetSetter.Get("we can put anything here!"); err != nil {
        t.Errorf("got %#v; want %#v", err, nil)
    }
    if k != "we can put anything here!" {
        t.Errorf("bad key")
    }

    if _, err := mockGetSetter.Get("key"); err == nil {
        t.Errorf("got %#v; want %#v", err, customError)
    }
}
```

8. exec_test.go라는 이름의 파일을 생성하고 다음 내용을 작성한다.

```go
package mockgen

import (
    "errors"
    "testing"
    "github.com/PacktPublishing/Go-Programming-Cookbook-Second-Edition/
chapter9/mockgen/internal"
    "github.com/golang/mock/gomock"
)

func TestController_Set(t *testing.T) {
    tests := []struct {
        name string
        getReturnVal string
        getReturnErr error
        setReturnErr error
        wantErr bool
    }{
        {"get error", "value", errors.New("failed"), nil,
        true},
        {"value match", "value", nil, nil, false},
        {"no errors", "not set", nil, nil, false},
        {"set error", "not set", nil, errors.New("failed"),
        true},
    }
    for _, tt := range tests {
        t.Run(tt.name, func(t *testing.T) {
            ctrl := gomock.NewController(t)
            defer ctrl.Finish()

            mockGetSetter := internal.NewMockGetSetter(ctrl)
            mockGetSetter.EXPECT().Get("key").AnyTimes()
            .Return(tt.getReturnVal, tt.getReturnErr)
            mockGetSetter.EXPECT().Set("key",
            gomock.Any()).AnyTimes().Return(tt.setReturnErr)

            c := &Controller{
                GetSetter: mockGetSetter,
            }
            if err := c.GetThenSet("key", "value"); (err != nil) !=
tt.wantErr {
                t.Errorf("Controller.Set() error = %v, wantErr %v", err,
tt.wantErr)
```

```
                    }
                })
            }
        }
```

9. 나머지 함수에 대한 테스트를 작성하고 디렉터리를 한 단계 위로 이동한 다음, go
   test를 실행한다. 모든 테스트를 통과하는지 확인한다.

10. go.mod 파일이 업데이트됐을 것이며, 이제 go.sum 파일이 최상위 예제 디렉터리
    에 있을 것이다.

예제 분석

생성된 모의 객체를 사용하면 테스트에서 예상하는 매개변수, 함수의 호출 횟수 및 반
환 대상을 지정할 수 있다. 또한 생성된 모의 객체를 사용하면 원하는 테스트 상황을 추
가할 수 있다. 예를 들어, 원래의 함수에 비슷한 워크플로workflow가 있다면 채널에 직접
작성할 수도 있다. interface_test.go 파일은 모의 객체를 사용해 호출하는 몇 가지 예를
보여준다. 일반적으로 테스트는 실제 코드에서 수행되는 인터페이스 함수 호출을 가로
채 테스트 시점에 이 함수의 동작을 변경하는 exec_test.go와 더 비슷하다.

exec_test.go 파일은 테이블 기반 테스트 환경에서 모의 객체를 사용하는 방법에 대한
예도 보여준다. Any() 함수는 모의 함수를 한 번도 호출하지 않거나 그 이상 호출할 수
있다는 것을 보여주므로 코드가 조기에 종료되는 경우에 좋은 방법이다.

이 예제에서 마지막으로 보여준 기법은 모의 객체를 내부 패키지에 연결한 것이다. 이
기법은 직접 작성하지 않고 외부에 선언된 함수를 테스트해야 할 때 유용하다. 이 기법
을 활용하면 _test.go 파일에 외부에 선언된 함수들이 정의되지만, 내부 패키지에서 임
포트할 수 없기 때문에 여러분의 라이브러리를 사용하는 사용자에게는 보이지 않는다.
일반적으로 현재 작성 중인 테스트와 동일한 패키지 이름을 사용해 _test.go 파일에 모
의 객체를 연결하는 것이 더 쉽다.

⠿ 테이블 기반 테스트를 사용해 적용 범위 향상시키기

이번 예제는 테이블 기반 테스트 작성, 테스트 적용 범위 수집, 개선 방법에 대한 과정을 보여준다. 또한 github.com/cweill/gotests 패키지를 사용해 테스트를 생성한다. 다른 장의 테스트 코드를 다운로드해봤다면 비슷하다는 사실을 알게 될 것이다. 이번 예제와 이전의 두 예제를 조합해 사용하면 100% 테스트 범위를 달성할 수 있다.

예제 구현

다음 단계는 애플리케이션을 작성하고 실행하는 방법을 설명한다.

1. 터미널이나 콘솔 프로그램에서 ~/projects/go-programming-cookbook/chapter9/ coverage라는 이름의 새 디렉터리를 생성하고 이 디렉터리로 이동한다.

2. 다음 명령을 실행한다.

```
$ go mod init github.com/PacktPublishing/Go-Programming-Cookbook-Second-
Edition/chapter9/coverage
```

그러면 다음을 포함하는 go.mod라는 이름의 파일을 볼 수 있을 것이다.

```
module github.com/PacktPublishing/Go-Programming-Cookbook-Second-Edition/
chapter9/coverage
```

3. coverage.go라는 이름의 파일을 생성하고 다음 내용을 작성한다.

```
package main

import "errors"

// Coverage 함수는 분기 조건을 갖는 단순한 함수다
func Coverage(condition bool) error {
    if condition {
        return errors.New("condition was set")
```

```
        }
        return nil
    }
```

4. gotests -all -w . 명령을 실행한다.

5. 그러면 다음의 내용을 가진 coverage_test.go라는 이름의 파일이 생성될 것이다.

```
package main

import "testing"

func TestCoverage(t *testing.T) {
    type args struct {
        condition bool
    }
    tests := []struct {
        name string
        args args
        wantErr bool
    }{
        // TODO: Add test cases
    }
    for _, tt := range tests {
    t.Run(tt.name, func(t *testing.T) {
        if err := Coverage(tt.args.condition); (err != nil) != tt.wantErr {
                t.Errorf("Coverage() error = %v, wantErr %v", err,
tt.wantErr)
            }
        })
    }
}
```

6. // TODO: Add test cases로 주석 처리된 부분에 다음 내용을 추가한다.

```
{"no condition", args{true}, true},
```

7. go test -cover 명령을 실행하면 다음과 같은 결과를 확인할 수 있을 것이다.

```
$ go test -cover
PASS
coverage: 66.7% of statements
ok github.com/PacktPublishing/Go-Programming-Cookbook-Second-
Edition/chapter9/coverage 0.007s
```

8. 할 일 부분에 다음 내용을 추가한다.

```
{"condition", args{false}, false},
```

9. go test -cover 명령을 실행하면 다음과 같은 결과를 확인할 수 있을 것이다.

```
$ go test -cover
PASS
coverage: 100.0% of statements
ok github.com/PacktPublishing/Go-Programming-Cookbook-Second-
Edition/chapter9/coverage 0.007s
```

10. 다음 명령을 실행한다.

```
$ go test -coverprofile=cover.out
$ go tool cover -html=cover.out -o coverage.html
```

11. 브라우저에서 coverage.html 파일을 열어 테스트 범위 보고서를 확인한다.

12. go.mod 파일이 업데이트됐을 것이며, 이제 go.sum 파일이 최상위 예제 디렉터리
    에 있을 것이다.

예제 분석

go test -cover 명령은 기본 Go 설치와 함께 제공된다. Go 애플리케이션의 테스트 범
위 보고서를 수집하는 데 이 명령을 사용할 수 있다. 또한 테스트 범위 수집 방법 및
HTML 테스트 범위 보고서를 만들 수 있다. 이 도구를 다른 도구로 래핑해 사용하기도

하며, 이 방법은 다음 예제에서 다룰 예정이다. 이런 테이블 기반 테스트는 https://github.com/golang/go/wiki/TableDrivenTests에서 다루고 있으며, 많은 코드를 추가 작성하지 않아도 여러 케이스^{case}를 처리할 수 있는 깔끔한 테스트를 만드는 훌륭한 방법이다.

이 예제는 테스트 코드를 자동으로 생성한 다음, 테스트 범위를 더 넓게 만들기 위해 테스트 케이스를 채우는 것으로 시작한다. 이때 특히 까다로운 부분은 변수로 선언되지 않은 함수나 메소드가 호출되는 경우다. 예를 들면, 테스트 범위를 늘리기 위해 gob.Encode()에서 오류를 반환시키는 것은 까다로울 수 있다. 또한 이 장의 '표준 라이브러리를 사용한 모의 테스트' 절에서 설명했던 방법을 사용하고 패치를 하기 위해 var gobEncode = gob.Encode를 사용하는 것도 어려울 수 있다. 이런 이유로 100% 테스트 범위를 목표로 하는 대신에 외부 인터페이스를 더 넓은 범위에서 테스트하는 것(다양한 입출력에 대한 테스트)에 중점을 두는 편이 좋으며, 이 장의 'Go를 사용한 동작 테스트' 절에서 살펴볼 일부 케이스와 퍼지^{fuzzy} 테스트가 유용할 수 있다.

⁞⁞ 서드파티 테스트 도구 사용하기

Go 테스트에는 여러 유용한 도구가 있다. 함수 단위로 코드의 테스트 범위를 쉽게 파악할 수 있는 도구, 테스트 코드 라인 및 테스트 실행기^{runner}를 줄이기 위해 어설션을 구현할 수 있는 도구 등이 있다. 이번 예제에서는 이런 기능을 보여주기 위해 github.com/axw/gocov와 github.com/smartystreets/goconvey 패키지를 살펴볼 것이다. 필요에 따라 살펴볼 만한 여러 테스트 프레임워크가 존재한다. github.com/smartystreets/goconvey 패키지는 어설션과 테스트 실행기 모두를 지원한다. 이 패키지는 Go 1.7 이전 버전에서는 하위 테스트를 추가하는 가장 깔끔한 방법이었다.

준비

다음 단계에 따라 환경을 구성한다.

1. 이 장 초반의 '기술적 요구 사항' 절에 제시한 단계를 참고한다.

2. go get github.com/axw/gocov/gocov 명령을 실행한다.

3. go get github.com/smartystreets/goconvey 명령을 실행한다.

예제 구현

다음 단계는 애플리케이션을 작성하고 실행하는 방법을 설명한다.

1. 터미널이나 콘솔 프로그램에서 ~/projects/go-programming-cookbook/chapter9/
   tools라는 이름의 새 디렉터리를 생성하고 이 디렉터리로 이동한다.

2. 다음 명령을 실행한다.

   ```
   $ go mod init github.com/PacktPublishing/Go-Programming-Cookbook-Second-
   Edition/chapter9/tools
   ```

   그러면 다음을 포함하는 go.mod라는 이름의 파일을 볼 수 있을 것이다.

   ```
   module github.com/PacktPublishing/Go-Programming-Cookbook-Second-Edition/
   chapter9/tools
   ```

3. funcs.go라는 이름의 파일을 생성하고 다음 내용을 작성한다.

   ```go
   package tools

   import (
       "fmt"
   )

   func example() error {
       fmt.Println("in example")
       return nil
   }
   ```

```
var example2 = func() int {
    fmt.Println("in example2")
    return 10
}
```

4. structs.go라는 이름의 파일을 생성하고 다음 내용을 작성한다.

```
package tools

import (
    "errors"
    "fmt"
)

type c struct {
    Branch bool
}

func (c *c) example3() error {
    fmt.Println("in example3")
    if c.Branch {
        fmt.Println("branching code!")
        return errors.New("bad branch")
    }
    return nil
}
```

5. funcs_test.go라는 이름의 파일을 생성하고 다음 내용을 작성한다.

```
package tools

import (
    "testing"
    . "github.com/smartystreets/goconvey/convey"
)

func Test_example(t *testing.T) {
    tests := []struct {
        name string
    }{
        {"base-case"},
```

```
    }
    for _, tt := range tests {
        Convey(tt.name, t, func() {
            res := example()
            So(res, ShouldBeNil)
        })
    }
}

func Test_example2(t *testing.T) {
    tests := []struct {
        name string
    }{
        {"base-case"},
    }
    for _, tt := range tests {
        Convey(tt.name, t, func() {
            res := example2()
            So(res, ShouldBeGreaterThanOrEqualTo, 1)
        })
    }
}
```

6. structs_test.go라는 이름의 파일을 생성하고 다음 내용을 작성한다.

```
package tools

import (
    "testing"
    . "github.com/smartystreets/goconvey/convey"
)

func Test_c_example3(t *testing.T) {
    type fields struct {
        Branch bool
    }
    tests := []struct {
        name string
        fields fields
        wantErr bool
    }{
        {"no branch", fields{false}, false},
```

```
            {"branch", fields{true}, true},
        }
        for _, tt := range tests {
            Convey(tt.name, t, func() {
                c := &c{
                    Branch: tt.fields.Branch,
                }
                So((c.example3() != nil), ShouldEqual, tt.wantErr)
            })
        }
    }
```

7. gocov test | gocov report 명령을 실행하면 다음과 같은 결과를 확인할 수 있을 것이다.

```
$ gocov test | gocov report
ok github.com/PacktPublishing/Go-Programming-Cookbook-Second-
Edition/chapter9/tools 0.006s
coverage: 100.0% of statements

github.com/PacktPublishing/Go-Programming-Cookbook-Second-
Edition/chapter9/tools/struct.go
c.example3 100.00% (5/5)
github.com/PacktPublishing/Go-Programming-Cookbook-Second-
Edition/chapter9/tools/funcs.go example
100.00% (2/2)
github.com/PacktPublishing/Go-Programming-Cookbook-Second-
Edition/chapter9/tools/funcs.go @12:16
100.00% (2/2)
github.com/PacktPublishing/Go-Programming-Cookbook-Second-
Edition/chapter9/tools ----------
100.00% (9/9)

Total Coverage: 100.00% (9/9)
```

8. goconvey 명령을 실행한다. 그러면 브라우저가 실행되고 다음과 같은 결과를 확인할 수 있을 것이다.[3]

---

3 브라우저가 자동으로 열리지 않는 경우에는 웹 브라우저를 실행하고, http://127.0.0.1:8080/ 주소로 이동하면 아래 결과를 확인할 수 있다. – 옮긴이

9. 모든 테스트를 통과하는지 확인한다.

10. go.mod 파일이 업데이트됐을 것이며, 이제 go.sum 파일이 최상위 예제 디렉터리에 있을 것이다.

예제 분석

이 예제는 goconvey 명령을 테스트에 연결하는 방법을 보여준다. Convey 키워드는 기본적으로 t.Run을 대체하고 goconvey 웹 UI에 레이블을 추가하지만, 약간 다르게 동작한다. 중첩된 Convey 블록이 있다면 다음과 같이 항상 순서대로 재실행된다.

```
Convey("Outer loop", t, func(){
    a := 1
    Convey("Inner loop", t, func() {
        a = 2
    })
    Convey ("Inner loop2", t, func(){
        fmt.Println(a)
    })
})
```

goconvey 명령을 사용하는 앞의 코드는 1을 출력한다. 여기서 내장 t.Run을 대신 사용했다면 2를 출력했을 것이다. 다시 말해 Go의 t.Run 테스트는 순차적으로 실행되며 반복되지 않는다. 이런 동작은 설정 코드를 외부 Convey 블록에 넣는 데 유용할 수 있다. 하지만 goconvey 명령과 t.Run 모두를 사용해야 할 때는 이 차이점을 명심하는 것이 중요하다.

Convey 어설션을 사용하면 웹 UI 및 추가 통계 자료에서 성공에 대한 확인 표시가 나타난다. 또한 검사의 크기를 한 줄로 줄일 수 있고 사용자 정의 어설션을 생성하는 것도 가능하다.

goconvey 웹 인터페이스를 그대로 두고 알림을 켜놓은 상태로 두면, 코드를 저장할 때 테스트가 자동으로 실행되며 테스트 범위가 늘어나거나 줄어들 때뿐만 아니라 빌드에 실패할 때도 알림을 받는다.

어설션, 테스트 실행기, 웹 UI라는 세 가지 도구는 모두 독립적으로 사용하거나 함께 사용할 수 있다.

gocov는 더 높은 테스트 범위로 작업할 때 유용할 수 있으며, 테스트 범위가 부족한 함수를 빠르게 식별할 수 있고 테스트 범위 보고서를 자세히 살펴볼 수 있도록 도와준다. gocov는 또한 github.com/matm/gocov-html 패키지를 사용해 Go 코드와 함께 제공되는 대체 HTML 보고서를 생성하는 데 사용할 수도 있다.

⠿ Go를 사용한 동작 테스트

동작 테스트(또는 통합 테스트)는 엔드 투 엔드end-to-end 박스 테스트를 구현하는 좋은 방법이다. 이런 유형의 테스트에 널리 사용되는 프레임워크 중 하나는 Cucumber(https://cucumber.io/)이며, Gherkin 언어를 사용해 테스트 단계를 영어로 설명하고 코드에서 이 단계들을 구현한다. Go에도 Cubumber 라이브러리가 있다(github.com/cucumber/godog). 이번 예제는 godog 패키지를 사용해 동작 테스트를 작성한다.

준비

다음 단계에 따라 환경을 구성한다.

1. 이 장 초반의 '기술적 요구 사항' 절에 제시한 단계를 참고한다.

2. `go get github.com/cucumber/godog` 명령을 실행한다.

예제 구현

다음 단계는 애플리케이션을 작성하고 실행하는 방법을 설명한다.

1. 터미널이나 콘솔 프로그램에서 ~/projects/go-programming-cookbook/chapter9/bdd라는 이름의 새 디렉터리를 생성하고 이 디렉터리로 이동한다.

2. 다음 명령을 실행한다.

```
$ go mod init github.com/PacktPublishing/Go-Programming-Cookbook-Second-
Edition/chapter9/bdd
```

그러면 다음을 포함하는 go.mod라는 이름의 파일을 볼 수 있을 것이다.

```
module github.com/PacktPublishing/Go-Programming-Cookbook-Second-Edition/
chapter9/bdd
```

3. handler.go라는 이름의 파일을 생성하고 다음 내용을 작성한다.

```go
package bdd

import (
    "encoding/json"
    "fmt"
    "net/http"
)
```

```
// HandlerRequest는 Handler 함수가
// json으로 디코딩한다
type HandlerRequest struct {
    Name string `json:"name"`
}

// Handler 함수는 요청을 매개변수로 받아 응답을 렌더링한다
func Handler(w http.ResponseWriter, r *http.Request) {
    w.Header().Set("Content-Type", "text/plain; charset=utf-8")
    if r.Method != http.MethodPost {
        w.WriteHeader(http.StatusMethodNotAllowed)
    return
    }

    dec := json.NewDecoder(r.Body)
    var req HandlerRequest
    if err := dec.Decode(&req); err != nil {
        w.WriteHeader(http.StatusBadRequest)
        return
    }

    w.WriteHeader(http.StatusOK)
    w.Write([]byte(fmt.Sprintf("BDD testing %s", req.Name)))
}
```

4. features라는 이름의 디렉터리를 생성하고 features/handler.feature라는 이름의 파일을 생성한 후 다음 내용을 작성한다.

```
Feature: Bad Method
    Scenario: Good request
    Given we create a HandlerRequest payload with:
        | reader |
        | coder |
        | other |
    And we POST the HandlerRequest to /hello
    Then the response code should be 200
    And the response body should be:
        | BDD testing reader |
        | BDD testing coder |
        | BDD testing other |
```

5. godog 명령을 실행하면 다음과 같은 결과를 확인할 수 있을 것이다.

```
$ godog
.
1 scenarios (1 undefined)
4 steps (4 undefined)
89.062µs
.
```

6. 그러면 handler.feature 파일에 작성한 테스트를 구현하는 데 필요한 뼈대가 제공될 것이다. 이 내용을 handler_test.go 파일에 복사하고 처음 두 단계를 구현한다.

```
package bdd

import (
    "bytes"
    "encoding/json"
    "fmt"
    "net/http/httptest"
    "github.com/cucumber/godog"
)

var payloads []HandlerRequest
var resps []*httptest.ResponseRecorder

func weCreateAHandlerRequestPayloadWith(arg1 *godog.Table) error {
    for _, row := range arg1.Rows {
        h := HandlerRequest{
            Name: row.Cells[0].Value,
        }
        payloads = append(payloads, h)
    }
    return nil
}

func wePOSTTheHandlerRequestToHello() error {
    for _, p := range payloads {
        v, err := json.Marshal(p)
        if err != nil {
            return err
        }
```

```
        w := httptest.NewRecorder()
        r := httptest.NewRequest("POST", "/hello", bytes.NewBuffer(v))
        Handler(w, r)
        resps = append(resps, w)
    }
    return nil
}
```

7. godog 명령을 실행한다. 그러면 다음과 같은 결과를 확인할 수 있을 것이다.

```
$ godog
.
1 scenarios (1 pending)
4 steps (2 passed, 1 pending, 1 skipped)
```

8. 나머지 두 단계를 다음 내용으로 채운다.

```
func theResponseCodeShouldBe(arg1 int) error {
    for _, r := range resps {
        if got, want := r.Code, arg1; got != want {
            return fmt.Errorf("got: %d; want %d", got, want)
        }
    }
    return nil
}

func theResponseBodyShouldBe(arg1 *godog.Table) error {
    for c, row := range arg1.Rows {
        b := bytes.Buffer{}
        b.ReadFrom(resps[c].Body)
        if got, want := b.String(), row.Cells[0].Value;
        got != want
        {
            return fmt.Errorf("got: %s; want %s", got, want)
        }
    }
    return nil
}

func FeatureContext(s *godog.ScenarioContext) {
    s.Step(`^we create a HandlerRequest payload with:$`,
```

```
weCreateAHandlerRequestPayloadWith)
s.Step(`^we POST the HandlerRequest to /hello$`,
wePOSTTheHandlerRequestToHello)
ctx.Step(`^the response code should be (\d+)$`, theResponseCodeShouldBe)
s.Step(`^the response body should be:$`,
theResponseBodyShouldBe)
}
```

9. godog 명령을 실행한다. 그러면 다음과 같은 결과를 확인할 수 있을 것이다.

```
$ godog
.
1 scenarios (1 passed)
4 steps (4 passed)
552.605µs
.
```

예제 분석

Cucumber 프레임워크는 페어 프로그래밍^{pair programming}, 엔드 투 엔드 테스트, 작성된 지침을 통한 의사소통, 비기술 종사자들이 이해할 수 있도록 의사소통하는 데 가장 적합한 모든 종류의 테스트에 훌륭하게 동작한다. 한 Step이 구현되면, 필요한 곳에서 이 Step을 재사용할 수 있다. 서비스 간 통합을 테스트할 때는 먼저 여러분의 환경이 HTTP 연결을 받도록 설정해 확인한다. 그러면 실제 HTTP 클라이언트를 사용하도록 테스트를 작성할 수 있다.

동작 기반 개발^{BDD, Behavior-Driven Development}의 datadog 구현은 다른 Cucumber 프레임워크를 사용할 때 기대할 수 있는 몇 가지 기능이 부족하다. 여기에는 예제의 부족, 함수 간 컨텍스트 전달, 다른 키워드 수 등이 포함된다. 하지만 이는 좋은 출발점이며, 상태 추적을 위한 전역 변수(시나리오 사이에 이런 전역 변수의 정리를 보장해야 한다.)와 같이 이 예제의 몇 가지 기법을 사용하면 상당히 강력한 테스트를 제작할 수 있다. datadog 테스트 패키지는 서드 파티 테스트 실행기를 사용하므로 gocov나 go test -cover와 같은 패키지와 함께 사용할 수 없다.

10

병렬 처리와 동시성

이 장에서 소개할 예제들은 워커 풀, 비동기 작업을 위한 대기 그룹^{wait group}, 컨텍스트
(context) 패키지의 사용에 대한 내용을 다룬다. 병렬 처리와 동시성은 Go 언어에서 가장
많이 강조되고 홍보되는 기능 중 하나다. 이 장에서는 병렬 처리와 동시성의 활용을 시
작하고 이해하는 데 도움을 주는 여러 유용한 패턴을 소개한다.

Go는 병렬 애플리케이션을 가능케 하는 기능을 제공한다. 고루틴^{Goroutine}을 사용하면
어떤 함수라도 비동기 및 동시성을 가진 함수로 만들 수 있다. 채널을 사용하면 애플리
케이션에서 고루틴과의 통신을 설정할 수 있다. Go에서 유명한 격언 중 하나는 '메모리
공유를 통해 통신하지 말고, 통신을 통해 메모리를 공유하라.'이다. https://blog.
golang.org/share-memory-by-communicating에서 관련 내용을 찾아볼 수 있다.

이 장에서 다루는 예제는 다음과 같다.

- 채널 및 select 구문 사용하기

- sync.WaitGroup을 활용한 비동기 작업 수행하기

- 원자적^{atomic} 연산 및 뮤텍스 사용하기

- context 패키지 사용하기

- 채널에 대한 상태 관리 실행하기

- 워커 풀 디자인 패턴 사용하기

- 워커를 사용해 파이프라인 생성하기

⁞⁞ 기술적 요구 사항

이 장의 모든 예제를 진행하기 위해서는 다음 단계에 따라 환경을 구성해야 한다.

1. https://golang.org/doc/install에서 여러분의 운영체제에 Go 1.12.6 이상의 버전을 다운로드하고 설치한다.

2. 터미널이나 콘솔 프로그램을 열고 프로젝트 디렉터리(~/projects/go-programming-cookbook 등)를 생성한 후 해당 경로로 이동한다. 모든 코드는 이 디렉터리에서 실행되고 수정될 것이다.

3. 최신 코드를 ~/projects/go-programming-cookbook-original 경로에 복제한다. 예제를 직접 입력하는 대신 이 디렉터리에서 작업할 것을 권장한다.

```
$ git clone git@github.com:PacktPublishing/Go-Programming-Cookbook-Second-
Edition.git go-programming-cookbook-original
```

⁞⁞ 채널 및 select 구문 사용하기

Go 채널은 고루틴과 함께 비동기 통신을 위한 일급 객체다. 채널은 select 구문을 사용할 때 특히 더 강력해진다. select 구문을 사용하면 고루틴에서 여러 채널의 요청을 한번에 지능적으로 처리할 수 있다.

예제 구현

다음 단계는 애플리케이션을 작성하고 실행하는 방법을 설명한다.

1. 터미널이나 콘솔 프로그램에서 ~/projects/go-programming-cookbook/chapter10/channels라는 이름의 새 디렉터리를 생성하고 이 디렉터리로 이동한다.

2. 다음 명령을 실행한다.

```
$ go mod init github.com/PacktPublishing/Go-Programming-Cookbook-Second-Edition/chapter10/channels
```

그러면 다음을 포함하는 go.mod라는 이름의 파일을 볼 수 있을 것이다.

```
module github.com/PacktPublishing/Go-Programming-Cookbook-Second-Edition/chapter10/channels
```

3. ~/projects/go-programming-cookbook-original/chapter10/channels에서 복사해 테스트하거나 이 코드를 예제로 여러분만의 코드를 작성해본다.

4. sender.go라는 이름의 파일을 생성하고 다음 내용을 작성한다.

```go
package channels

import "time"

// Sender 함수는 ch에 "done"이라는 문자열 값이
// 작성될 때까지 '틱(tick)' 단위로 계속 확인하다가
// done 값이 설정되면 "sender done." 메시지를 전송하고
// 종료한다
func Sender(ch chan string, done chan bool) {
    t := time.Tick(100 * time.Millisecond)
    for {
        select {
            case <-done:
                ch <- "sender done."
            return
                case <-t:
```

```
                    ch <- "tick"
            }
        }
    }
```

5. printer.go라는 이름의 파일을 생성하고 다음 내용을 작성한다.

```go
package channels

import (
    "context"
    "fmt"
    "time"
)

// Printer 함수는 ch chan에 있는 모든 값을 출력하며
// 200밀리초마다 tock을 출력한다
// 이 동작은 타임아웃이나 취소 등으로
// 컨텍스트(ctx 매개변수)가 완료될 때까지 반복된다
func Printer(ctx context.Context, ch chan string) {
    t := time.Tick(200 * time.Millisecond)
    for {
        select {
            case <-ctx.Done():
                fmt.Println("printer done.")
                return
            case res := <-ch:
                fmt.Println(res)
            case <-t:
                fmt.Println("tock")
        }
    }
}
```

6. example이라는 이름의 디렉터리를 생성하고 여기로 이동한다.

7. main.go라는 이름의 파일을 생성하고 다음 내용을 작성한다.

```go
package main
```

```
import (
    "context"
    "time"
    "github.com/PacktPublishing/Go-Programming-Cookbook-Second-Edition/
chapter10/channels"
)

func main() {
    ch := make(chan string)
    done := make(chan bool)

    ctx := context.Background()
    ctx, cancel := context.WithCancel(ctx)
    defer cancel()
    go channels.Printer(ctx, ch)
    go channels.Sender(ch, done)

    time.Sleep(2 * time.Second)
    done <- true
    cancel()
    // 채널을 정리할 수 있도록 잠시 정지한다
    time.Sleep(3 * time.Second)
}
```

8. go run main.go 명령을 실행한다.

9. 대신 다음 명령을 실행해도 된다.

```
$ go build
$ ./example
```

그러면 다음과 같은 결과를 확인할 수 있을 것이다. 출력 순서는 다를 수 있다.

```
$ go run main.go
tick
tock
tick
tick
tock
tick
```

```
tick
tock
tick
.
.
.
sender done.
printer done.
```

10. go.mod 파일이 업데이트됐을 것이며, 이제 go.sum 파일이 최상위 예제 디렉터리에 있을 것이다.

11. 코드를 복사하거나 테스트 코드를 직접 작성한 경우, 한 경로 위로 이동한 다음 go test 명령을 실행해 모든 테스트를 통과하는지 확인한다.

예제 분석

이 예제는 채널에서 값을 읽거나 채널에 쓸 수 있고 (잠재적으로) 두 가지를 모두 수행할 수 있는 워커 프로세스worker process를 실행하는 두 가지 방법을 보여준다. 채널에 done이 작성되거나 cancel 함수의 호출 또는 타임아웃을 통해 컨텍스트가 취소되면 워커가 종료된다. context 패키지는 'context 패키지 사용하기' 예제에서 더 자세히 다룰 예정이다.

main 패키지는 별도의 함수를 서로 연결하는 데 사용한다. main 패키지 덕분에 채널을 공유하지 않는 한 여러 쌍을 설정할 수 있다. 이 외에도 같은 채널에 대한 동작을 처리하는 여러 고루틴을 만들 수 있으며, 이 내용은 '워커 풀 디자인 패턴 사용하기' 예제에서 살펴볼 것이다.

마지막으로, 고루틴의 비동기적 특성으로 인해 정리 작업 및 종료 조건 설정이 까다로울 수 있다. 예를 들어 다음 코드는 흔히 저지를 수 있는 실수를 보여준다.

```
select{
    case <-time.Tick(200 * time.Millisecond):
        // 이 코드는 다른 case 구문이 선택될 때마다 재설정된다
}
```

select 구문에 Tick을 넣으면 이 case 구문이 실행되는 것을 막을 수 있다. 또한 select 구문에서 트래픽의 우선순위를 지정하는 간단한 방법도 없다.

⁝⁝ sync.WaitGroup을 활용한 비동기 작업 수행하기

때로는 여러 동작을 비동기로 수행하고 다음 단계로 넘어가기 전에 대기하는 것이 유용할 때가 있다. 예를 들어, 여러 API에서 정보를 가져와 이 정보들을 집계하는 동작이 있다고 할 때 이런 클라이언트의 요청을 비동기로 처리하면 도움이 된다. 이번 예제는 sync.WaitGroup을 사용해 의존성이 없는 작업을 병렬로 설정하는 방법을 살펴본다.

예제 구현

다음 단계는 애플리케이션을 작성하고 실행하는 방법을 설명한다.

1. 터미널이나 콘솔 프로그램에서 ~/projects/go-programming-cookbook/chapter10 /waitgroup이라는 이름의 새 디렉터리를 생성하고 이 디렉터리로 이동한다.

2. 다음 명령을 실행한다.

```
$ go mod init github.com/PacktPublishing/Go-Programming-Cookbook-Second-
Edition/chapter10/waitgroup
```

그러면 다음을 포함하는 go.mod라는 이름의 파일을 볼 수 있을 것이다.

```
module github.com/PacktPublishing/Go-Programming-Cookbook-Second-Edition/
chapter10/waitgroup
```

3. ~/projects/go-programming-cookbook-original/chapter10/waitgroup에서 복사해 테스트하거나 이 코드를 예제로 여러분만의 코드를 작성해본다.

10 병렬 처리와 동시성 | 357

4. task.go라는 이름의 파일을 생성하고 다음 내용을 작성한다.

```go
package waitgroup

import (
    "fmt"
    "log"
    "net/http"
    "strings"
    "time"
)

// GetURL 함수는 url을 받고 경과 시간을 로그로 기록한다
func GetURL(url string) (*http.Response, error) {
    start := time.Now()
    log.Printf("getting %s", url)
    resp, err := http.Get(url)
    log.Printf("completed getting %s in %s", url, time.Since(start))
    return resp, err
}

// CrawlError는 오류를 집계하기 위한 사용자 정의
// 오류 타입이다
type CrawlError struct {
    Errors []string
}

// 또 다른 오류를 추가한다
func (c *CrawlError) Add(err error) {
    c.Errors = append(c.Errors, err.Error())
}

// Error 함수는 error 인터페이스를 구현한다
func (c *CrawlError) Error() string {
    return fmt.Sprintf("All Errors: %s", strings.Join(c.Errors, ","))
}

// Present 함수는 오류를 반환할지 여부를 결정하는 데
// 사용할 수 있다
func (c *CrawlError) Present() bool {
    return len(c.Errors) != 0
}
```

5. process.go라는 이름의 파일을 생성하고 다음 내용을 작성한다.

```go
package waitgroup

import (
    "log"
    "sync"
    "time"
)

// Crawl 함수는 전달된 url 목록으로부터 응답을 수집한다
// 값을 반환하기 전에 모든 요청에 대한 처리를 완료할 때까지
// 대기한다
func Crawl(sites []string) ([]int, error) {
    start := time.Now()
    log.Printf("starting crawling")
    wg := &sync.WaitGroup{}

    var resps []int
    cerr := &CrawlError{}
    for _, v := range sites {
        wg.Add(1)
        go func(v string) {
            defer wg.Done()
            resp, err := GetURL(v)
            if err != nil {
                cerr.Add(err)
                return
            }
            resps = append(resps, resp.StatusCode)
        }(v)
    }
    wg.Wait()
    // crawl 오류를 발생시킨다
    if cerr.Present() {
        return resps, cerr
    }
    log.Printf("completed crawling in %s", time.Since(start))
    return resps, nil
}
```

6. example이라는 이름의 디렉터리를 생성하고 여기로 이동한다.

7. main.go라는 이름의 파일을 생성하고 다음 내용을 작성한다.

```go
package main

import (
    "fmt"
    "github.com/PacktPublishing/Go-Programming-Cookbook-Second-Edition/
chapter10/waitgroup"
)

func main() {
    sites := []string{
        "https://golang.org",
        "https://godoc.org",
        "https://www.google.com/search?q=golang",
    }

    resps, err := waitgroup.Crawl(sites)
    if err != nil {
        panic(err)
    }
    fmt.Println("Resps received:", resps)
}
```

8. `go run main.go` 명령을 실행한다.

9. 대신 다음 명령을 실행해도 된다.

```
$ go build
$ ./example
```

그러면 다음과 같은 결과를 확인할 수 있을 것이다.

```
$ go run main.go
2017/04/05 19:45:07 starting crawling
2017/04/05 19:45:07 getting https://www.google.com/search?
q=golang
2017/04/05 19:45:07 getting https://golang.org
```

```
2017/04/05 19:45:07 getting https://godoc.org
2017/04/05 19:45:07 completed getting https://golang.org in
178.22407ms
2017/04/05 19:45:07 completed getting https://godoc.org in
181.400873ms
2017/04/05 19:45:07 completed getting
https://www.google.com/search?q=golang in 238.019327ms
2017/04/05 19:45:07 completed crawling in 238.191791ms
Resps received: [200 200 200]
```

10. go.mod 파일이 업데이트됐을 것이며, 이제 go.sum 파일이 최상위 예제 디렉터리에 있을 것이다.

11. 코드를 복사하거나 테스트 코드를 직접 작성한 경우, 한 경로 위로 이동한 다음 go test 명령을 실행해 모든 테스트를 통과하는지 확인한다.

예제 분석

이 예제는 작업이 완료될 때까지 대기할 경우 동기화 메커니즘으로 waitgroup을 사용하는 방법을 보여준다. 본질적으로 waitgroup.Wait()은 내부 카운터^{counter}가 0에 도달할 때까지 대기한다. waitgroup.Add(int) 메소드는 입력된 양만큼 카운터를 증가시키며 waitgroup.Done()은 카운터를 1씩 감소시킨다. 따라서 다양한 고루틴이 waitgroup을 Done()으로 표시하는 동안 비동기적으로 Wait()을 실행해야 한다.

이 예제에서는 각 HTTP 요청을 전달하기 전에 카운터를 증가시킨 다음, wg.Done() 메소드를 지연 호출시켰으므로 고루틴이 종료할 때마다 카운터를 감소시킬 수 있었다. 그런 다음, 집계한 결과를 반환하기 전에 모든 고루틴이 종료할 때까지 대기한다.

실제로는 오류 및 응답을 전달하는 데 채널을 사용하는 것이 더 좋다.

이런 방법으로 작업을 비동기로 수행하는 경우, 공유 맵 수정과 같은 작업을 할 때 스레드 안정성을 고려해야 한다. 이를 명심하면, 모든 비동기 작업을 대기시키는 데 waitgroup이 유용하게 활용될 것이다.

⋙ 원자적 연산 및 뮤텍스 사용하기

비동기 작업과 병렬 처리를 활용해 제작할 수 있는 Go와 같은 언어에서는 스레드 안정성 등을 고려해야 한다. 예를 들면, 여러 고루틴에서 맵에 동시에 접근하는 것은 위험하다. Go는 sync와 sync/atomic 패키지를 통해 특정 이벤트를 한 번만 발생시키거나 어떤 작업에서 고루틴이 직렬화할 수 있도록 도와주는 여러 기능을 제공한다.

이번 예제는 이 패키지들을 활용해 여러 고루틴에서 맵을 안전하게 수정하고, 많은 고루틴이 전역 변수의 값을 유지하면서 안전하게 접근할 수 있는 방법을 보여준다. 또한 설정 파일 읽기나 변수 초기화 등 Go 애플리케이션이 한 번만 실행되도록 만들 때 사용할 수 있는 Once.Do 메소드의 사용법도 보여준다.

예제 구현

다음 단계는 애플리케이션을 작성하고 실행하는 방법을 설명한다.

1. 터미널이나 콘솔 프로그램에서 ~/projects/go-programming-cookbook/chapter10 /atomic이라는 이름의 새 디렉터리를 생성하고 이 디렉터리로 이동한다.

2. 다음 명령을 실행한다.

```
$ go mod init github.com/PacktPublishing/Go-Programming-Cookbook-Second-
Edition/chapter10/atomic
```

그러면 다음을 포함하는 go.mod라는 이름의 파일을 볼 수 있을 것이다.

```
module github.com/PacktPublishing/Go-Programming-Cookbook-Second-Edition/
chapter10/atomic
```

3. ~/projects/go-programming-cookbook-original/chapter10/atomic에서 복사해 테스트하거나 이 코드를 예제로 여러분만의 코드를 작성해본다.

4. map.go라는 이름의 파일을 생성하고 다음 내용을 작성한다.

```go
package atomic

import (
    "errors"
    "sync"
)

// SafeMap은 스레드 안정성을 유지하면서
// 값을 읽고 설정할 수 있도록 뮤텍스를 사용한다
type SafeMap struct {
    m map[string]string
    mu *sync.RWMutex
}

// NewSafeMap 함수는 SafeMap을 생성한다
func NewSafeMap() SafeMap {
    return SafeMap{m: make(map[string]string), mu: &sync.RWMutex{}}
}

// Set 함수는 lock을 작성하고 전달될 키로 값을 설정한다
func (t *SafeMap) Set(key, value string) {
    t.mu.Lock()
    defer t.mu.Unlock()
    t.m[key] = value
}

// Get 함수는 RW lock을 사용해 존재하는 경우 값을 읽고,
// 존재하지 않는 경우 오류를 반환한다
func (t *SafeMap) Get(key string) (string, error) {
    t.mu.RLock()
    defer t.mu.RUnlock()

    if v, ok := t.m[key]; ok {
        return v, nil
    }

    return "", errors.New("key not found")
}
```

5. ordinal.go라는 이름의 파일을 생성하고 다음 내용을 작성한다.

```go
package atomic

import (
    "sync"
    "sync/atomic"
)

// Ordinal은 한 번만 초기화할 수 있는
// 전역 값을 갖는다
type Ordinal struct {
    ordinal uint64
    once *sync.Once
}

// NewOrdinal 함수는 설정된 ordinal을 반환한다
func NewOrdinal() *Ordinal {
    return &Ordinal{once: &sync.Once{}}
}

// Init 함수는 ordinal 값을 설정하며
// 한 번만 실행될 수 있다
func (o *Ordinal) Init(val uint64) {
    o.once.Do(func() {
        atomic.StoreUint64(&o.ordinal, val)
    })
}

// GetOrdinal 함수는 현재의 ordinal 값을 반환한다
func (o *Ordinal) GetOrdinal() uint64 {
    return atomic.LoadUint64(&o.ordinal)
}

// Increment 함수는 현재의 ordinal 값을 증가시킨다
func (o *Ordinal) Increment() {
    atomic.AddUint64(&o.ordinal, 1)
}
```

6. example이라는 이름의 디렉터리를 생성하고 여기로 이동한다.

7. main.go라는 이름의 파일을 생성하고 다음 내용을 작성한다.

```go
package main

import (
    "fmt"
    "sync"
    "github.com/PacktPublishing/Go-Programming-Cookbook-Second-Edition/chapter10/atomic"
)

func main() {
    o := atomic.NewOrdinal()
    m := atomic.NewSafeMap()
    o.Init(1123)
    fmt.Println("initial ordinal is:", o.GetOrdinal())
    wg := sync.WaitGroup{}
    for i := 0; i < 10; i++ {
        wg.Add(1)
        go func(i int) {
            defer wg.Done()
            m.Set(fmt.Sprint(i), "success")
            o.Increment()
        }(i)
    }

    wg.Wait()
    for i := 0; i < 10; i++ {
        v, err := m.Get(fmt.Sprint(i))
        if err != nil || v != "success" {
            panic(err)
        }
    }

    fmt.Println("final ordinal is:", o.GetOrdinal())
    fmt.Println("all keys found and marked as: 'success'")
}
```

8. go run main.go 명령을 실행한다.

9. 대신 다음 명령을 실행해도 된다.

```
$ go build
$ ./example
```

그러면 다음과 같은 결과를 확인할 수 있을 것이다.

```
$ go run main.go
initial ordinal is: 1123
final ordinal is: 1133
all keys found and marked as: 'success'
```

10. go.mod 파일이 업데이트됐을 것이며, 이제 go.sum 파일이 최상위 예제 디렉터리에 있을 것이다.

11. 코드를 복사하거나 테스트 코드를 직접 작성한 경우, 한 경로 위로 이동한 다음 go test 명령을 실행해 모든 테스트를 통과하는지 확인한다.

예제 분석

맵map 예제에서는 ReadWrite 뮤텍스를 사용했다. 값을 읽으려는 이 뮤텍스의 기본 개념은 여러 Reader가 읽기read 락을 획득할 수 있지만 Writer는 하나만 쓰기write 락을 획득할 수 있다는 것이다. 또한 누군가(reader 또는 writer) 쓰기 락을 소유하면 다른 Writer는 쓰기 락을 획득할 수 없다. 이는 표준 뮤텍스와 비교했을 때 읽기 작업이 매우 빠르며 논블로킹non-blocking 방식이므로 유용하다. 데이터를 설정하려고 할 때마다 Lock() 객체를 사용하고 데이터를 읽으려고 할 때마다 RLock()을 사용한다. 따라서 Unlock()과 RUnlock()을 사용해 애플리케이션이 교착 상태deadlock에 빠지지 않도록 하는 것이 중요하다. Unlock() 객체를 지연 호출하는 것이 유용하지만, Unlock()을 직접 호출하는 것보다 느릴 수 있다.

락이 설정된 값으로 추가 작업을 그룹화하려는 경우에는 이 패턴이 유연하지 않을 수 있다. 예를 들어, 경우에 따라 락을 설정하고 추가적인 작업을 처리하면 이 작업을 완료한 후에만 락을 해제할 수 있다. 따라서 설계 시 이를 고려하는 것이 중요하다.

Ordinal 값을 읽고 설정할 때 sync/atomic 패키지를 사용했다. 또한 atomic.CompareAndSwapUInt64()와 같은 원자적 비교 연산도 매우 유용하다. 이 예제를 사용하면 Init 함수를 Ordinal 객체에 대해 한 번만 호출할 수 있기 때문에 Ordinal 값을 증가시킬 수 있고 원자적으로 처리할 수 있다.[1]

이 예제는 루프로 열 개의 고루틴(sync.Waitgroup으로 동기화)을 생성하고, Ordinal 값이 정확하게 열 번 증가하고 맵의 모든 키가 적절하게 설정된 것을 보여줬다.

context 패키지 사용하기

이 책의 여러 예제에서 context 패키지를 사용한다. 이번 예제는 컨텍스트를 생성하고 관리하는 기본적인 방법을 살펴본다. 컨텍스트를 이해하기 위한 좋은 참고 자료는 https://blog.golang.org/context다. 이 블로그 게시물이 작성되고, net/context에서 context 패키지로 이동했다. 이로 인해 GRPC와 같은 서드파티 라이브러리와 상호 작용할 때 여전히 종종 문제가 발생한다.

이번 예제는 컨텍스트, 취소, 타임아웃에 대한 값을 설정하고 가져오는 방법을 살펴본다.

예제 구현

다음 단계는 애플리케이션을 작성하고 실행하는 방법을 설명한다.

1. 터미널이나 콘솔 프로그램에서 ~/projects/go-programming-cookbook/chapter10 /context라는 이름의 새 디렉터리를 생성하고 이 디렉터리로 이동한다.

2. 다음 명령을 실행한다.

```
$ go mod init github.com/PacktPublishing/Go-Programming-Cookbook-Second-
Edition/chapter10/context
```

그러면 다음을 포함하는 go.mod라는 이름의 파일을 볼 수 있을 것이다.

---

1   한 번에 하나의 고루틴만 Ordinal 값에 접근해 처리할 수 있다는 의미다. – 옮긴이

```
module github.com/PacktPublishing/Go-Programming-Cookbook-Second-Edition/
chapter10/context
```

3. ~/projects/go-programming-cookbook-original/chapter10/context에서 복사해
   테스트하거나 이 코드를 예제로 여러분만의 코드를 작성해본다.

4. values.go라는 이름의 파일을 생성하고 다음 내용을 작성한다.

```go
package context

import "context"

type key string

const (
    timeoutKey key = "TimeoutKey"
    deadlineKey key = "DeadlineKey"
)

// Setup 함수는 값을 설정한다
func Setup(ctx context.Context) context.Context {

    ctx = context.WithValue(ctx, timeoutKey, "timeout exceeded")
    ctx = context.WithValue(ctx, deadlineKey, "deadline exceeded")

    return ctx
}

// GetValue 함수는 전달된 키로 값을 가져와
// 이 값의 문자열 표현으로 반환한다
func GetValue(ctx context.Context, k key) string {

    if val, ok := ctx.Value(k).(string); ok {
        return val
    }
    return ""
}
```

5. exec.go라는 이름의 파일을 생성하고 다음 내용을 작성한다.

```go
package context

import (
    "context"
    "fmt"
    "math/rand"
    "time"
)

// Exec 함수는 두 개의 랜덤 타이머를 설정하고
// 먼저 발생하는 타이머의 컨텍스트 값을 출력한다
func Exec() {

    // 기본 컨텍스트
    ctx := context.Background()
    ctx = Setup(ctx)

    rand.Seed(time.Now().UnixNano())

    timeoutCtx, cancel := context.WithTimeout(ctx,
    (time.Duration(rand.Intn(2)) * time.Millisecond))
    defer cancel()

    deadlineCtx, cancel := context.WithDeadline(ctx,
    time.Now().Add(time.Duration(rand.Intn(2))
    *time.Millisecond))
    defer cancel()

    for {
        select {
            case <-timeoutCtx.Done():
                fmt.Println(GetValue(ctx, timeoutKey))
                return
            case <-deadlineCtx.Done():
                fmt.Println(GetValue(ctx, deadlineKey))
                return
        }
    }
}
```

6. example이라는 이름의 디렉터리를 생성하고 여기로 이동한다.

7. main.go라는 이름의 파일을 생성하고 다음 내용을 작성한다.

```
package main

import "github.com/PacktPublishing/Go-Programming-Cookbook-Second-Edition/
chapter10/context"

func main() {
    context.Exec()
}
```

8. go run main.go 명령을 실행한다.

9. 대신 다음 명령을 실행해도 된다.

```
$ go build
$ ./example
```

그러면 다음과 같은 결과를 확인할 수 있을 것이다.

```
$ go run main.go
timeout exceeded
        또는
$ go run main.go
deadline exceeded
```

10. go.mod 파일이 업데이트됐을 것이며, 이제 go.sum 파일이 최상위 예제 디렉터리
   에 있을 것이다.

11. 코드를 복사하거나 테스트 코드를 직접 작성한 경우, 한 경로 위로 이동한 다음 go
   test 명령을 실행해 모든 테스트를 통과하는지 확인한다.

예제 분석

컨텍스트 값을 사용하는 작업을 할 때는 키를 표현하는 새로운 타입을 생성하는 것이

좋다. 이 예제에서는 key 타입을 생성한 다음, 가능한 모든 키를 표현하는 상수(const) 값을 선언했다.

Setup() 함수를 사용해 동시에 키-값 쌍의 데이터를 초기화한다. 함수가 컨텍스트를 수정할 때는 일반적으로 컨텍스트를 매개변수로 받고 컨텍스트 값을 반환한다. 따라서 함수의 서명은 대부분 다음과 비슷하다.

```
func ModifyContext(ctx context.Context) context.Context
```

경우에 따라 이 메소드는 오류나 context.WithCancel, context.WithTimeout, context.WithDeadline과 같은 cancel() 함수를 반환한다. 모든 자식 컨텍스트는 부모의 속성을 상속한다.

이 예제에서는 두 개의 자식 컨텍스트를 생성했다. 하나는 데드라인을 설정했고, 다른 하나는 타임아웃을 설정했다. 두 컨텍스트에서 임의의 범위로 타임아웃을 설정하고, 타임아웃이 발생하면 종료하도록 설정했다. 마지막으로, 전달된 키를 사용해 값을 가져와 출력했다.

⫶ 채널에 대한 상태 관리 실행하기

Go에서는 모든 타입이 채널이 될 수 있다. 구조체 채널을 사용하면 하나의 메시지로 많은 상태를 전달할 수 있다. 이번 예제는 채널을 사용해 복잡한 요청 구조체를 전달하고 그 결과를 복잡한 구조의 응답 구조체로 반환한다.

다음 예제는 다양한 작업의 처리가 가능한 범용 워커worker를 생성할 수 있는 워커 풀 디자인 패턴을 보여주므로 채널의 가치가 더욱 분명해질 것이다.

예제 구현

다음 단계는 애플리케이션을 작성하고 실행하는 방법을 설명한다.

1. 터미널이나 콘솔 프로그램에서 ~/projects/go-programming-cookbook/chapter10 /state라는 이름의 새 디렉터리를 생성하고 이 디렉터리로 이동한다.

2. 다음 명령을 실행한다.

```
$ go mod init github.com/PacktPublishing/Go-Programming-Cookbook-Second-
Edition/chapter10/state
```

그러면 다음을 포함하는 go.mod라는 이름의 파일을 볼 수 있을 것이다.

```
module github.com/PacktPublishing/Go-Programming-Cookbook-Second-Edition/
chapter10/state
```

3. ~/projects/go-programming-cookbook-original/chapter10/state에서 복사해 테스트하거나 이 코드를 예제로 여러분만의 코드를 작성해본다.

4. state.go라는 이름의 파일을 생성하고 다음 내용을 작성한다.

```go
package state

type op string

const (
    // 값을 더한다
    Add op = "add"
    // 값을 뺀다
    Subtract = "sub"
    // 값을 곱한다
    Multiply = "mult"
    // 값을 나눈다
    Divide = "div"
)

// WorkRequest는 두 값(Value1, Value2)에 대한 연산(op)을 처리한다
type WorkRequest struct {
    Operation op
    Value1 int64
    Value2 int64
}
```

```go
// WorkResponse는 연산의 결과와 발생한 오류를 반환한다
type WorkResponse struct {
    Wr *WorkRequest
    Result int64
    Err error
}
```

5. processor.go라는 이름의 파일을 생성하고 다음 내용을 작성한다.

```go
package state

import "context"

// Processor 함수는 처리할 작업을 분기한다
func Processor(ctx context.Context, in chan *WorkRequest, out
chan *WorkResponse) {
    for {
        select {
            case <-ctx.Done():
                return
            case wr := <-in:
                out <- Process(wr)
        }
    }
}
```

6. process.go라는 이름의 파일을 생성하고 다음 내용을 작성한다.

```go
package state

import "errors"

// Process 함수는 연산 타입별로 작업을 분기한 뒤
// 해당 연산을 처리한다
func Process(wr *WorkRequest) *WorkResponse {
    resp := WorkResponse{Wr: wr}

    switch wr.Operation {
        case Add:
            resp.Result = wr.Value1 + wr.Value2
        case Subtract:
```

```
                resp.Result = wr.Value1 - wr.Value2
        case Multiply:
                resp.Result = wr.Value1 * wr.Value2
        case Divide:
            if wr.Value2 == 0 {
                resp.Err = errors.New("divide by 0")
                break
            }
            resp.Result = wr.Value1 / wr.Value2
        default:
            resp.Err = errors.New("unsupported operation")
    }
    return &resp
}
```

7. example이라는 이름의 디렉터리를 생성하고 여기로 이동한다.

8. main.go라는 이름의 파일을 생성하고 다음 내용을 작성한다.

```
package main

import (
    "context"
    "fmt"
    "github.com/PacktPublishing/Go-Programming-Cookbook-Second-Edition/
chapter10/state"
)

func main() {
    in := make(chan *state.WorkRequest, 10)
    out := make(chan *state.WorkResponse, 10)
    ctx := context.Background()
    ctx, cancel := context.WithCancel(ctx)
    defer cancel()

    go state.Processor(ctx, in, out)
    req := state.WorkRequest{state.Add, 3, 4}
    in <- &req

    req2 := state.WorkRequest{state.Subtract, 5, 2}
    in <- &req2
```

```
    req3 := state.WorkRequest{state.Multiply, 9, 9}
    in <- &req3

    req4 := state.WorkRequest{state.Divide, 8, 2}
    in <- &req4

    req5 := state.WorkRequest{state.Divide, 8, 0}
    in <- &req5

    for i := 0; i < 5; i++ {
        resp := <-out
        fmt.Printf("Request: %v; Result: %v, Error: %v\n",
        resp.Wr, resp.Result, resp.Err)
    }
}
```

9. go run main.go 명령을 실행한다.

10. 대신 다음 명령을 실행해도 된다.

```
$ go build
$ ./example
```

그러면 다음과 같은 결과를 확인할 수 있을 것이다.

```
$ go run main.go
Request: &{add 3 4}; Result: 7, Error: <nil>
Request: &{sub 5 2}; Result: 3, Error: <nil>
Request: &{mult 9 9}; Result: 81, Error: <nil>
Request: &{div 8 2}; Result: 4, Error: <nil>
Request: &{div 8 0}; Result: 0, Error: divide by 0
```

11. go.mod 파일이 업데이트됐을 것이며, 이제 go.sum 파일이 최상위 예제 디렉터리에 있을 것이다.

12. 코드를 복사하거나 테스트 코드를 직접 작성한 경우, 한 경로 위로 이동한 다음 go test 명령을 실행해 모든 테스트를 통과하는지 확인한다.

예제 분석

이 예제의 Processor() 함수는 명시적으로 cancel을 호출하거나 타임아웃을 통해 컨텍스트가 취소될 때까지 계속 반복되는 함수다. 매개변수로 받은 다양한 연산에 따라 다른 함수를 실행할 수 있도록 모든 작업을 Process()로 전달한다. 각 기능을 훨씬 더 모듈화된 코드로 만들기 위해 각기 다른 함수를 전달하도록 구성할 수도 있다.

최종적으로 응답 채널에 응답이 반환되며, 루프를 통해 모든 응답을 확인한 후 맨 마지막에 출력한다. 또한 0으로 나누기(divide by 0)를 예로 들면서 오류 사례를 보여준다.

∴ 워커 풀 디자인 패턴 사용하기

워커 풀 디자인 패턴은 오래 실행되는 고루틴을 워커로 처리하는 패턴이다. 이들 워커는 앞의 예제에서 설명했듯이 여러 채널을 사용하거나 타입을 지정하는 상태 저장용 요청 구조체를 사용해 다양한 작업을 처리할 수 있다. 이번 예제는 상태 저장용 워커를 생성하고, 같은 채널에서 동시에 모든 요청을 처리하는 여러 워커가 서로 협력해 작업할 수 있도록 구성하는 방법을 보여준다. 이 워커들은 웹 인증 애플리케이션에서와 같은 암호화(crypto) 워커다. 암호화 워커의 목적은 bcrypt 패키지를 사용해 일반 텍스트 문자열을 해시로 만들고 텍스트 암호(비밀번호password)를 해시 값과 비교하는 것이다.

예제 구현

다음 단계는 애플리케이션을 작성하고 실행하는 방법을 설명한다.

1. 터미널이나 콘솔 프로그램에서 ~/projects/go-programming-cookbook/chapter10 /pool이라는 이름의 새 디렉터리를 생성하고 이 디렉터리로 이동한다.

2. 다음 명령을 실행한다.

```
$ go mod init github.com/PacktPublishing/Go-Programming-Cookbook-Second-
Edition/chapter10/pool
```

그러면 다음을 포함하는 go.mod라는 이름의 파일을 볼 수 있을 것이다.

```
module github.com/PacktPublishing/Go-Programming-Cookbook-Second-Edition/
chapter10/pool
```

3. ~/projects/go-programming-cookbook-original/chapter10/pool에서 복사해 테
   스트하거나 이 코드를 예제로 여러분만의 코드를 작성해본다.

4. worker.go라는 이름의 파일을 생성하고 다음 내용을 작성한다.

```go
package pool

import (
    "context"
    "fmt"
)

// Dispatch 함수는 매개변수로 전달된 numWorker 수만큼의 워커를 생성하고
// 작업 및 응답 추가를 위한 함수와 cancel 함수를 반환한다
// cancel 함수는 반드시 호출돼야 한다
func Dispatch(numWorker int) (context.CancelFunc, chan
WorkRequest, chan WorkResponse) {
    ctx := context.Background()
    ctx, cancel := context.WithCancel(ctx)
    in := make(chan WorkRequest, 10)
    out := make(chan WorkResponse, 10)

    for i := 0; i < numWorker; i++ {
        go Worker(ctx, i, in, out)
    }
    return cancel, in, out
}

// Worker 함수는 계속 반복 실행되며 워커 풀의 일부다
func Worker(ctx context.Context, id int, in chan WorkRequest,
out chan WorkResponse) {
    for {
```

```
            select {
                case <-ctx.Done():
                    return
                case wr := <-in:
                    fmt.Printf("worker id: %d, performing %s work\n", id,
wr.Op)

                    out <- Process(wr)
            }
        }
    }
```

5. work.go라는 이름의 파일을 생성하고 다음 내용을 작성한다.

```
package pool

import "errors"

type op string

const (
    // Hash는 bcrypt 작업 타입이다
    Hash op = "encrypt"
    // Compare는 bcrypt 비교 작업이다
    Compare = "decrypt"
)

// WorkRequest는 워커의 요청이다
type WorkRequest struct {
    Op op
    Text []byte
    Compare []byte // 옵션, 선택 사항
}

// WorkResponse는 워커의 응답이다
type WorkResponse struct {
    Wr WorkRequest
    Result []byte
    Matched bool
    Err error
}

// Process는 워커 풀 채널에 작업을 전달한다
```

```go
func Process(wr WorkRequest) WorkResponse {
    switch wr.Op {
        case Hash:
            return hashWork(wr)
        case Compare:
            return compareWork(wr)
        default:
            return WorkResponse{Err: errors.New("unsupported operation")}
    }
}
```

6. crypto.go라는 이름의 파일을 생성하고 다음 내용을 작성한다.

```go
package pool

import "golang.org/x/crypto/bcrypt"

func hashWork(wr WorkRequest) WorkResponse {
    val, err := bcrypt.GenerateFromPassword(wr.Text,
    bcrypt.DefaultCost)
    return WorkResponse{
        Result: val,
        Err: err,
        Wr: wr,
    }
}

func compareWork(wr WorkRequest) WorkResponse {
    var matched bool
    err := bcrypt.CompareHashAndPassword(wr.Compare, wr.Text)
    if err == nil {
        matched = true
    }
    return WorkResponse{
        Matched: matched,
        Err: err,
        Wr: wr,
    }
}
```

7. example이라는 이름의 디렉터리를 생성하고 여기로 이동한다.

8. main.go라는 이름의 파일을 생성하고 다음 내용을 작성한다.

```go
package main

import (
    "fmt"
    "github.com/PacktPublishing/Go-Programming-Cookbook-Second-Edition/
chapter10/pool"
)

func main() {
    cancel, in, out := pool.Dispatch(10)
    defer cancel()

    for i := 0; i < 10; i++ {
        in <- pool.WorkRequest{Op: pool.Hash, Text:
        []byte(fmt.Sprintf("messages %d", i))}
    }

    for i := 0; i < 10; i++ {
        res := <-out
        if res.Err != nil {
            panic(res.Err)
        }
        in <- pool.WorkRequest{Op: pool.Compare, Text:
        res.Wr.Text, Compare: res.Result}
    }

    for i := 0; i < 10; i++ {
        res := <-out
        if res.Err != nil {
            panic(res.Err)
        }
        fmt.Printf("string: \"%s\"; matched: %v\n", string(res.Wr.Text),
res.Matched)
    }
}
```

9. `go run main.go` 명령을 실행한다.

10. 대신 다음 명령을 실행해도 된다.

```
$ go build
$ ./example
```

그러면 다음과 같은 결과를 확인할 수 있을 것이다.

```
$ go run main.go
worker id: 9, performing encrypt work
worker id: 5, performing encrypt work
worker id: 2, performing encrypt work
worker id: 8, performing encrypt work
worker id: 6, performing encrypt work
worker id: 1, performing encrypt work
worker id: 0, performing encrypt work
worker id: 4, performing encrypt work
worker id: 3, performing encrypt work
worker id: 7, performing encrypt work
worker id: 2, performing decrypt work
worker id: 6, performing decrypt work
worker id: 8, performing decrypt work
worker id: 1, performing decrypt work
worker id: 0, performing decrypt work
worker id: 9, performing decrypt work
worker id: 3, performing decrypt work
worker id: 4, performing decrypt work
worker id: 7, performing decrypt work
worker id: 5, performing decrypt work
string: "messages 9"; matched: true
string: "messages 3"; matched: true
string: "messages 4"; matched: true
string: "messages 0"; matched: true
string: "messages 1"; matched: true
string: "messages 8"; matched: true
string: "messages 5"; matched: true
string: "messages 7"; matched: true
string: "messages 2"; matched: true
string: "messages 6"; matched: true
```

11. go.mod 파일이 업데이트됐을 것이며, 이제 go.sum 파일이 최상위 예제 디렉터리에 있을 것이다.

12. 코드를 복사하거나 테스트 코드를 직접 작성한 경우, 한 경로 위로 이동한 다음 go test 명령을 실행해 모든 테스트를 통과하는지 확인한다.

예제 분석

이 예제는 하나의 입력 채널, 출력 채널에 여러 워커를 생성하고 이 워커들을 하나의 cancel() 함수에 연결하기 위해 Dispatch()를 사용한다. 다른 목적으로 여러 풀을 만들려고 할 때 이 방법을 활용할 수 있다. 예를 들면, 별도의 풀을 사용해 열 개의 crypto와 20개의 비교 워커를 생성할 수 있을 것이다. 이 예제에서는 하나의 풀만 사용해 해시 요청을 워커에 전달하고 응답을 받은 다음, 같은 풀에서 비교 요청을 전달했다. 이로 인해 작업을 수행하는 워커가 매번 달라지지만, 워커는 두 유형의 작업을 모두 처리할 수 있다.

이 접근 방법의 장점은 두 요청 모두 병렬 처리를 허용하며 최대 동시성도 제어할 수 있다는 것이다. 고루틴의 최대 수를 제한하는 것 또한 메모리 제한에 중요할 수 있다. 예제에서는 crpyto를 선택했다. crpyto는 웹 서비스 등에서 새로운 요청마다 새 고루틴을 가동하려고 할 때 CPU나 메모리를 최대로 활용하는 좋은 예제 코드다.

⠿ 워커를 사용해 파이프라인 생성하기

이번 예제는 워커 풀의 그룹을 생성하고 파이프라인 형성을 위해 이들을 연결하는 방법을 보여준다. 이 예제에서는 두 개의 풀을 연결하지만, 미들웨어와 같이 훨씬 복잡한 작업에 이 패턴을 활용할 수 있다.

워커 풀은 워커를 비교적 단순하게 유지하고 동시성을 추가로 제어하는 데 유용할 수 있다. 예를 들면, 다른 작업을 병렬로 처리하는 동안 로깅을 직렬화하는 데 유용하다. 또한 시스템 리소스에 과부하가 걸리지 않도록 더 비싼 작업을 위한 작은 풀을 구성하는 것이 유용하다.

예제 구현

다음 단계는 애플리케이션을 작성하고 실행하는 방법을 설명한다.

1. 터미널이나 콘솔 프로그램에서 ~/projects/go-programming-cookbook/chapter10/pipeline이라는 이름의 새 디렉터리를 생성하고 이 디렉터리로 이동한다.

2. 다음 명령을 실행한다.

```
$ go mod init github.com/PacktPublishing/Go-Programming-Cookbook-Second-Edition/chapter10/pipeline
```

그러면 다음을 포함하는 go.mod라는 이름의 파일을 볼 수 있을 것이다.

```
module github.com/PacktPublishing/Go-Programming-Cookbook-Second-Edition/chapter10/pipeline
```

3. ~/projects/go-programming-cookbook-original/chapter10/pipeline에서 복사해 테스트하거나 이 코드를 예제로 여러분만의 코드를 작성해본다.

4. worker.go라는 이름의 파일을 생성하고 다음 내용을 작성한다.

```go
package pipeline

import "context"

// Worker는 Work 함수를 호출하는 시점을
// 결정하는 한 가지 역할을 맡는다
type Worker struct {
    in chan string
    out chan string
}

// Job은 워커가 수행할 수 있는 작업이다
type Job string

const (
    // Print는 모든 입력을 표준 출력(stdout)으로
```

```go
    // 똑같이 출력한다
    Print Job = "print"
    // 'encode'라는 입력 값을 base64로 인코딩한다
    Encode Job = "encode"
)

// Work 함수는 워커를 연결하는 방법을 보여주며,
// 여기서 작업이 할당된다
func (w *Worker) Work(ctx context.Context, j Job) {
    switch j {
        case Print:
            w.Print(ctx)
        case Encode:
            w.Encode(ctx)
        default:
            return
    }
}
```

5. print.go라는 이름의 파일을 생성하고 다음 내용을 작성한다.

```go
package pipeline

import (
    "context"
    "fmt"
)

// Print 함수는 w.in을 출력하고
// w.out에 이를 반복한다
func (w *Worker) Print(ctx context.Context) {
    for {
        select {
            case <-ctx.Done():
                return
            case val := <-w.in:
                fmt.Println(val)
                w.out <- val
        }
    }
}
```

6. encode.go라는 이름의 파일을 생성하고 다음 내용을 작성한다.

```go
package pipeline

import (
    "context"
    "encoding/base64"
    "fmt"
)

// Encode 함수는 일반 텍스트를 int로 받고
// base64 문자열 인코딩으로 인코딩된
// 문자열(string => <base64 string encoding>)을 출력으로 반환한다
func (w *Worker) Encode(ctx context.Context) {
    for {
        select {
        case <-ctx.Done():
            return
        case val := <-w.in:
            w.out <- fmt.Sprintf("%s => %s", val,
                base64.StdEncoding.EncodeToString([]byte(val)))
        }
    }
}
```

7. pipeline.go라는 이름의 파일을 생성하고 다음 내용을 작성한다.

```go
package pipeline

import "context"

// NewPipeline 함수는 워커를 초기화하고 이들을 연결한 다음,
// 파이프라인의 입력과 최종 출력을 반환한다
func NewPipeline(ctx context.Context, numEncoders, numPrinters
int) (chan string, chan string) {
    inEncode := make(chan string, numEncoders)
    inPrint := make(chan string, numPrinters)
    outPrint := make(chan string, numPrinters)

    for i := 0; i < numEncoders; i++ {
        w := Worker{
            in: inEncode,
```

```
                out: inPrint,
            }
            go w.Work(ctx, Encode)
        }

        for i := 0; i < numPrinters; i++ {
            w := Worker{
                in: inPrint,
                out: outPrint,
            }
            go w.Work(ctx, Print)
        }
        return inEncode, outPrint
    }
```

8. example이라는 이름의 디렉터리를 생성하고 여기로 이동한다.

9. main.go라는 이름의 파일을 생성하고 다음 내용을 작성한다.

```
package main

import (
    "context"
    "fmt"
    "github.com/PacktPublishing/Go-Programming-Cookbook-Second-Edition/
chapter10/pipeline"
)

func main() {
    ctx := context.Background()
    ctx, cancel := context.WithCancel(ctx)
    defer cancel()

    in, out := pipeline.NewPipeline(ctx, 10, 2)

    go func() {
        for i := 0; i < 20; i++ {
            in <- fmt.Sprint("Message", i)
        }
    }()

    for i := 0; i < 20; i++ {
```

```
        <-out
    }
}
```

10. `go run main.go` 명령을 실행한다.

11. 대신 다음 명령을 실행해도 된다.

```
$ go build
$ ./example
```

   그러면 다음과 같은 결과를 확인할 수 있을 것이다.

```
$ go run main.go
Message3 => TWVzc2FnZTM=
Message7 => TWVzc2FnZTc=
Message8 => TWVzc2FnZTg=
Message9 => TWVzc2FnZTk=
Message5 => TWVzc2FnZTU=
Message11 => TWVzc2FnZTEx
Message10 => TWVzc2FnZTEw
Message4 => TWVzc2FnZTQ=
Message12 => TWVzc2FnZTEy
Message6 => TWVzc2FnZTY=
Message14 => TWVzc2FnZTE0
Message13 => TWVzc2FnZTEz
Message0 => TWVzc2FnZTA=
Message15 => TWVzc2FnZTE1
Message1 => TWVzc2FnZTE=
Message17 => TWVzc2FnZTE3
Message16 => TWVzc2FnZTE2
Message19 => TWVzc2FnZTE5
Message18 => TWVzc2FnZTE4
Message2 => TWVzc2FnZTI=
```

12. go.mod 파일이 업데이트됐을 것이며, 이제 go.sum 파일이 최상위 예제 디렉터리에 있을 것이다.

13. 코드를 복사하거나 테스트 코드를 직접 작성한 경우, 한 경로 위로 이동한 다음 go

test 명령을 실행해 모든 테스트를 통과하는지 확인한다.

예제 분석

main 패키지는 열 개의 인코더와 두 개의 프린터로 구성된 파이프라인을 만든다. in 채널에서 20개의 문자열을 큐에 넣고 out 채널에서 20개의 응답을 대기한다. 메시지가 out 채널에 도달하면, 전체 파이프라인을 성공적으로 통과했다는 것을 나타낸다.

풀을 연결하는 데 NewPipeline 함수를 사용한다. NewPipeline 함수는 적절한 버퍼의 크기로 채널이 생성되고 일부 풀의 출력 채널이 다른 풀의 입력 채널에 적절하게 연결되도록 만든다. 또한 in 채널, out 채널의 배열을 사용해 각 워커, 이름이 설정된 여러 채널, 채널의 맵에 파이프라인을 연결할 수도 있다. 이를 통해 각 단계마다 로거에 메시지를 전달할 수도 있다.

11

분산 시스템

때로는 애플리케이션 수준의 병렬 처리로는 충분하지 않을 때가 있으며, 개발 중에는 단순해 보였던 것이 배포 과정에서는 복잡해질 수 있다. 분산 시스템은 단일 시스템에서 개발할 때는 찾을 수 없는 수많은 도전 과제를 준다. 이런 애플리케이션은 모니터링, 강력한 일관성 보장이 필요한 애플리케이션 작성, 서비스 검색 등과 같은 복잡한 것들이 추가된다. 게다가 데이터베이스 장애와 같이, 문제가 생기면 전체 시스템에 문제를 일으킬 수 있는 지점을 염두에 둬야 한다. 그렇지 않으면 이런 구성 요소 하나의 문제로 인해 분산 애플리케이션에 장애가 생길 수 있다.

이 장에서는 분산 데이터 관리, 오케스트레이션orchestration, 컨테이너화, 지표 수집, 모니터링 방법을 살펴본다. 이들은 마이크로서비스와 대규모 분산 애플리케이션을 작성하고 유지 보수를 하기 위한 도구의 일부가 될 것이다.

이 장에서 다루는 예제는 다음과 같다.

- Consul을 활용한 서비스 검색 사용하기
- Raft를 활용한 기본적인 합의(컨센서스consensus) 구현하기

- 도커^{Docker}를 활용한 컨테이너화 사용하기

- 오케스트레이션과 배포 전략

- 모니터링 애플리케이션

- 지표 수집

⁝⁝· 기술적 요구 사항

이 장의 모든 예제를 진행하기 위해서는 다음 단계에 따라 환경을 구성해야 한다.

1. https://golang.org/doc/install에서 여러분의 운영체제에 Go 1.12.6 이상의 버전을 다운로드하고 설치한다.

2. https://www.consul.io/intro/getting-started/install.html에서 Consul을 설치한다.

3. 터미널이나 콘솔 프로그램을 열고 프로젝트 디렉터리(~/projects/go-programming-cookbook 등) 를 생성한 후 해당 경로로 이동한다. 모든 코드는 이 디렉터리에서 실행되고 수정될 것이다.

4. 최신 코드를 ~/projects/go-programming-cookbook-original 경로에 복제한다. 예제를 직접 입력하는 대신 이 디렉터리에서 작업할 것을 권장한다.

```
$ git clone git@github.com:PacktPublishing/Go-Programming-Cookbook-Second-
Edition.git go-programming-cookbook-original
```

⁝⁝· Consul을 활용한 서비스 검색 사용하기

애플리케이션에 마이크로서비스 접근 방법을 사용하면 다양한 IP, 도메인, 포트를 수신 대기하는 많은 서버가 필요해신다. IP 주소는 환경에 따라 매우 다르며(개발 단계 vs. 생산 단계), 서비스 간의 구성을 위해 IP를 정적으로 유지하는 것은 까다로울 수 있다. 또한 네트워

크 파티션^{network partition}으로 인해 시스템이나 서비스가 다운되거나 응답하지 않는 경우도 알아야 한다. 네트워크 파티션은 네트워크의 두 부분이 서로 연결할 수 없는 상태일 때 발생한다. 예를 들어 두 데이터센터 사이의 전환 작업이 실패하면, 한 데이터센터의 서비스는 다른 데이터센터의 서비스에 도달할 수 없게 된다. Consul은 다양한 기능을 제공하는 도구다. 이 예제에서는 Consul을 활용해 서비스를 등록하고 다른 서비스에서 이를 요청하는 방법을 살펴볼 것이다.

예제 구현

다음 단계는 애플리케이션을 작성하고 실행하는 방법을 설명한다.

1. 터미널이나 콘솔 프로그램에서 ~/projects/go-programming-cookbook/chapter11 /discovery라는 이름의 새 디렉터리를 생성하고 이 디렉터리로 이동한다.

2. 다음 명령을 실행한다.

```
$ go mod init github.com/PacktPublishing/Go-Programming-Cookbook-Second-
Edition/chapter11/discovery
```

그러면 다음을 포함하는 go.mod라는 이름의 파일을 볼 수 있을 것이다.

```
module github.com/PacktPublishing/Go-Programming-Cookbook-Second-Edition/
chapter11/discovery
```

3. ~/projects/go-programming-cookbook-original/chapter11/discovery에서 복사해 테스트하거나 이 코드를 예제로 여러분만의 코드를 작성해본다.

4. client.go라는 이름의 파일을 생성하고 다음 내용을 작성한다.

```
package discovery

import "github.com/hashicorp/consul/api"
```

```go
// Client는 우리가 관심이 있는 api 메소드를 노출시킨다
type Client interface {
    Register(tags []string) error
    Service(service, tag string) ([]*api.ServiceEntry,
    *api.QueryMeta, error)
}

type client struct {
    client *api.Client
    address string
    name string
    port int
}

// NewClient 함수는 consul 클라이언트를 초기화한다
func NewClient(config *api.Config, address, name string, port
int) (Client, error) {
    c, err := api.NewClient(config)
    if err != nil {
        return nil, err
    }
    cli := &client{
        client: c,
        name: name,
        address: address,
        port: port,
    }
    return cli, nil
}
```

5. operations.go라는 이름의 파일을 생성하고 다음 내용을 작성한다.

```go
package discovery

import "github.com/hashicorp/consul/api"

// Register 함수는 consul에 서비스를 추가한다
func (c *client) Register(tags []string) error {
    reg := &api.AgentServiceRegistration{
        ID: c.name,
        Name: c.name,
        Port: c.port,
```

```
        Address: c.address,
        Tags: tags,
    }
    return c.client.Agent().ServiceRegister(reg)
}

// Service 함수는 서비스를 반환한다
func (c *client) Service(service, tag string)
([]*api.ServiceEntry, *api.QueryMeta, error) {
    return c.client.Health().Service(service, tag, false, nil)
}
```

6. exec.go라는 이름의 파일을 생성하고 다음 내용을 작성한다.

```
package discovery

import "fmt"

// Exec 함수는 consul 엔트리를 생성하고, 이를 요청한다
func Exec(cli Client) error {
    if err := cli.Register([]string{"Go", "Awesome"}); err != nil {
        return err
    }

    entries, _, err := cli.Service("discovery", "Go")
    if err != nil {
        return err
    }
    for _, entry := range entries {
        fmt.Printf("%#v\n", entry.Service)
    }

    return nil
}
```

7. example이라는 이름의 디렉터리를 생성하고 여기로 이동한다.

8. main.go라는 이름의 파일을 생성하고 다음 내용을 작성한다.

```go
package main

import (
    "github.com/PacktPublishing/Go-Programming-Cookbook-Second-Edition/
chapter11/discovery"
    consul "github.com/hashicorp/consul/api"
)

func main() {
    config := consul.DefaultConfig()
    config.Address = "localhost:8500"

    cli, err := discovery.NewClient(config, "localhost", "discovery", 8080)
    if err != nil {
        panic(err)
    }

    if err := discovery.Exec(cli); err != nil {
        panic(err)
    }
}
```

9. 별도의 터미널에서 consul agent -dev -node=localhost 명령을 사용해 Consul을 시작시킨다.

10. go run main.go 명령을 실행한다.

11. 대신 다음 명령을 실행해도 된다.

```
$ go build
$ ./example
```

그러면 다음과 같은 결과를 확인할 수 있을 것이다.

```
$ go run main.go
&api.AgentService{ID:"discovery", Service:"discovery", Tags:
[]string{"Go", "Awesome"}, Port:8080, Address:"localhost",
EnableTagOverride:false, CreateIndex:0x23, ModifyIndex:0x23}
```

12. go.mod 파일이 업데이트됐을 것이며, 이제 go.sum 파일이 최상위 예제 디렉터리에 있을 것이다.

13. 코드를 복사하거나 테스트 코드를 직접 작성한 경우, 한 경로 위로 이동한 다음 go test 명령을 실행해 모든 테스트를 통과하는지 확인한다.

예제 분석

Consul은 강력한 Go API 라이브러리를 제공한다. Consul을 처음 시작할 때는 기능이 너무 많기 때문에 위압감을 느낄 수 있지만, 이 예제는 Consul을 래핑하는 방법을 보여준다. Consul을 추가로 구성하는 것은 이 예제의 범위를 벗어난다. 예제는 서비스를 등록하고 다른 서비스를 요청하는 기본적인 내용에 중점을 뒀다.

Consul을 사용해 시작 시점에 새로운 마이크로서비스를 등록하고, 이와 의존 관계에 있는 모든 서비스를 요청하고, 종료할 때 등록을 해제하는 것이 가능하다. 모든 요청에 대해 Consul에 접근하지 않도록 이런 정보를 캐시에 저장할 수도 있지만, 이 예제는 여러분이 나중에 확장할 수 있도록 기본적인 도구만 제공한다. Consul 에이전트는 이런 요청을 빠르고 효율적으로 처리한다(https://www.consul.io/intro/getting-started/agent.html).

⠿ Raft를 활용한 기본적인 합의 구현하기

Raft는 합의(컨센서스) 알고리즘이다.[1] Raft를 사용하면 분산 시스템에서 공유 상태 및 관리 상태를 유지할 수 있다(https://raft.github.io/). Raft 시스템을 설정하는 작업은 여러 가지 면에서 복잡하다. 하나를 예로 들면, 투표election를 발생시키고 성공시키기 위한 합의가 필요하다. 이는 여러 노드로 작업할 때 시작하기가 어려울 수 있다. 단일 노드/리더leader에 기본 클러스터를 실행할 수 있지만, 데이터 복제를 통한 안정성을 원한다면 단일 노

---

1 Raft가 처음이라면, 다음 링크에서 Raft 알고리즘에 대한 내용을 확인할 수 있다. – 옮긴이
  https://ko.wikipedia.org/wiki/래프트_(컴퓨터_과학)

드에 장애가 발생했을 때 데이터 손실을 방지하기 위해 최소 세 개의 노드가 필요하다. 이 개념을 쿼럼quorum이라고 하며, 새로운 로그를 Raft 클러스터에 커밋하려면 (n/2)+1 개의 사용 가능한 노드를 유지해야 한다. 기본적으로 쿼럼을 유지할 수 있다면 클러스터는 정상적으로 사용 가능한 상태가 유지될 것이다.

이번 예제는 기본적인 인메모리 Raft 클러스터를 구현한다. 이를 위해 허용된 특정 상태 사이를 전환할 수 있는 상태 머신state machine을 만들고, 이 전환을 발생시킬 수 있는 웹 핸들러에 분산 상태 머신을 연결한다. 이 예제는 Raft가 요구하는 기본 유한 상태 머신 인터페이스를 구현하거나 테스트를 할 때 유용할 것이다. 이 예제는 기본 Raft 구현을 위해 https://github.com/hashicorp/raft를 사용한다.

예제 구현

다음 단계는 애플리케이션을 작성하고 실행하는 방법을 설명한다.

1. 터미널이나 콘솔 프로그램에서 ~/projects/go-programming-cookbook/chapter11 /consensus라는 이름의 새 디렉터리를 생성하고 이 디렉터리로 이동한다.

2. 다음 명령을 실행한다.

```
$ go mod init github.com/PacktPublishing/Go-Programming-Cookbook-Second-
Edition/chapter11/consensus
```

그러면 다음을 포함하는 go.mod라는 이름의 파일을 볼 수 있을 것이다.

```
module github.com/PacktPublishing/Go-Programming-Cookbook-Second-Edition/
chapter11/consensus
```

3. ~/projects/go-programming-cookbook-original/chapter11/consensus에서 복사해 테스트하거나 이 코드를 예제로 여러분만의 코드를 작성해본다.

4. state.go라는 이름의 파일을 생성하고 다음 내용을 작성한다.

```go
package consensus

type state string

const (
    first state = "first"
    second = "second"
    third = "third"
)

var allowedState map[state][]state

func init() {
    // 유효한 상태를 설정한다
    allowedState = make(map[state][]state)
    allowedState[first] = []state{second, third}
    allowedState[second] = []state{third}
    allowedState[third] = []state{first}
}

// CanTransition 함수는 새 상태가 유효한지 확인한다
func (s *state) CanTransition(next state) bool {
    for _, n := range allowedState[*s] {
        if n == next {
            return true
        }
    }
    return false
}

// Transition 함수는 가능한 경우 한 상태를
// 다음 상태로 이동시킨다
func (s *state) Transition(next state) {
    if s.CanTransition(next) {
        *s = next
    }
}
```

5. raftset.go라는 이름의 파일을 생성하고 다음 내용을 작성한다.

```go
package consensus

import (
    "fmt"
    "github.com/hashicorp/raft"
)

// 나중을 위해 raft의 맵을 유지한다
var rafts map[raft.ServerAddress]*raft.Raft

func init() {
    rafts = make(map[raft.ServerAddress]*raft.Raft)
}

// raftSet은 필요한 모든 설정 값을 저장한다
type raftSet struct {
    Config *raft.Config
    Store *raft.InmemStore
    SnapShotStore raft.SnapshotStore
    FSM *FSM
    Transport raft.LoopbackTransport
    Configuration raft.Configuration
}

// raft 클러스터를 실행시키기 위해 n개의 raft 설정을 생성한다
func getRaftSet(num int) []*raftSet {
    rs := make([]*raftSet, num)
    servers := make([]raft.Server, num)
    for i := 0; i < num; i++ {
        addr := raft.ServerAddress(fmt.Sprint(i))
        _, transport := raft.NewInmemTransport(addr)
        servers[i] = raft.Server{
            Suffrage: raft.Voter,
            ID: raft.ServerID(addr),
            Address: addr,
        }
        config := raft.DefaultConfig()
        config.LocalID = raft.ServerID(addr)

        rs[i] = &raftSet{
            Config: config,
```

```go
                Store: raft.NewInmemStore(),
                SnapShotStore: raft.NewInmemSnapshotStore(),
                FSM: NewFSM(),
                Transport: transport,
            }
        }

        // 구성 값(configuration)은 서비스 사이에서 일관되게 유지해야 하므로
        // 이 경우, 전체 서버 목록이 필요하다
        for _, r := range rs {
            r.Configuration = raft.Configuration{Servers: servers}
        }

        return rs
    }
```

6. config.go라는 이름의 파일을 생성하고 다음 내용을 작성한다.

```go
package consensus

import (
    "github.com/hashicorp/raft"
)

// Config 함수는 num개의 인메모리 raft 노드를 생성하고
// 이들을 연결한다
func Config(num int) {

    // 노드를 표현하는 데 필요한 모든 내용으로 구성된
    // n개의 "raft-sets"를 생성한다
    rs := getRaftSet(num)

    // 모든 통신 수단(transport)을 연결한다
    for _, r1 := range rs {
        for _, r2 := range rs {
            r1.Transport.Connect(r2.Transport.LocalAddr(), r2.Transport)
        }
    }

    // 각 노드를 실행하고 연결한다
    for _, r := range rs {
        if err := raft.BootstrapCluster(r.Config, r.Store, r.Store,
```

```
            r.SnapShotStore, r.Transport, r.Configuration); err != nil {
                panic(err)
        }
        raft, err := raft.NewRaft(r.Config, r.FSM, r.Store, r.Store,
        r.SnapShotStore, r.Transport)
        if err != nil {
            panic(err)
        }
        rafts[r.Transport.LocalAddr()] = raft
    }
}
```

7. fsm.go라는 이름의 파일을 생성하고 다음 내용을 작성한다.

```
package consensus

import (
    "io"
    "github.com/hashicorp/raft"
)

// FSM은 raft FSM 인터페이스를 구현하고
// 상태를 저장한다
type FSM struct {
    state state
}

// NewFSM 함수는 "first"라는 시작 상태 값을 갖는
// 새로운 FSM을 생성한다
func NewFSM() *FSM {
    return &FSM{state: first}
}

// Apply 함수는 FSM을 갱신한다
func (f *FSM) Apply(r *raft.Log) interface{} {
    f.state.Transition(state(r.Data))
    return string(f.state)
}

// Snapshot 함수는 raft FSM 인터페이스의 요구를 충족하기 위해 필요하다
func (f *FSM) Snapshot() (raft.FSMSnapshot, error) {
    return nil, nil
```

```go
}

// Restore 함수는 raft FSM 인터페이스의 요구를 충족하기 위해 필요하다
func (f *FSM) Restore(io.ReadCloser) error {
    return nil
}
```

8. handler.go라는 이름의 파일을 생성하고 다음 내용을 작성한다.

```go
package consensus

import (
    "net/http"
    "time"
)

// Handler 함수는 get 요청의 매개변수 ?next=의 값을 가져와
// 이 값에 포함된 상태로 전환을 시도한다
func Handler(w http.ResponseWriter, r *http.Request) {
    r.ParseForm()
    state := r.FormValue("next")
    for address, raft := range rafts {
        if address != raft.Leader() {
            continue
        }
        result := raft.Apply([]byte(state), 1*time.Second)
        if result.Error() != nil {
            w.WriteHeader(http.StatusBadRequest)
            return
        }
        newState, ok := result.Response().(string)
        if !ok {
            w.WriteHeader(http.StatusInternalServerError)
            return
        }

        if newState != state {
            w.WriteHeader(http.StatusBadRequest)
            w.Write([]byte("invalid transition"))
            return
        }
        w.WriteHeader(http.StatusOK)
```

```
        w.Write([]byte(newState))
        return
    }
}
```

9. example이라는 이름의 디렉터리를 생성하고 여기로 이동한다.

10. main.go라는 이름의 파일을 생성하고 다음 내용을 작성한다.

```
package main

import (
    "net/http"
    "github.com/PacktPublishing/Go-Programming-Cookbook-Second-Edition/
chapter11/consensus"
)

func main() {
    consensus.Config(3)
    http.HandleFunc("/", consensus.Handler)
    err := http.ListenAndServe(":3333", nil)
    panic(err)
}
```

11. go run main.go 명령을 실행하거나 다음 명령을 실행한다.

```
$ go build
$ ./example
```

그러면 다음과 같은 결과를 볼 수 있을 것이다.

```
$ go run main.go
2019/05/04 21:06:46 [INFO] raft: Initial configuration (index=1):
[{Suffrage:Voter ID:0 Address:0} {Suffrage:Voter ID:1 Address:1}
{Suffrage:Voter ID:2 Address:2}]
2019/05/04 21:06:46 [INFO] raft: Initial configuration (index=1):
[{Suffrage:Voter ID:0 Address:0} {Suffrage:Voter ID:1 Address:1}
{Suffrage:Voter ID:2 Address:2}]
2019/05/04 21:06:46 [INFO] raft: Node at 0 [Follower] entering
```

```
Follower state (Leader: "")
2019/05/04 21:06:46 [INFO] raft: Node at 1 [Follower] entering
Follower state (Leader: "")
2019/05/04 21:06:46 [INFO] raft: Initial configuration (index=1):
[{Suffrage:Voter ID:0 Address:0} {Suffrage:Voter ID:1 Address:1}
{Suffrage:Voter ID:2 Address:2}]
2019/05/04 21:06:46 [INFO] raft: Node at 2 [Follower] entering
Follower state (Leader: "")
2019/05/04 21:06:47 [WARN] raft: Heartbeat timeout from "" reached,
starting election
2019/05/04 21:06:47 [INFO] raft: Node at 0 [Candidate] entering
Candidate state in term 2
2019/05/04 21:06:47 [DEBUG] raft: Votes needed: 2
2019/05/04 21:06:47 [DEBUG] raft: Vote granted from 0 in term 2.
Tally: 1
2019/05/04 21:06:47 [DEBUG] raft: Vote granted from 1 in term 2.
Tally: 2
2019/05/04 21:06:47 [INFO] raft: Election won. Tally: 2
2019/05/04 21:06:47 [INFO] raft: Node at 0 [Leader] entering Leader
state
2019/05/04 21:06:47 [INFO] raft: Added peer 1, starting replication
2019/05/04 21:06:47 [INFO] raft: Added peer 2, starting replication
2019/05/04 21:06:47 [INFO] raft: pipelining replication to peer
{Voter 1 1}
2019/05/04 21:06:47 [INFO] raft: pipelining replication to peer
{Voter 2 2}
```

12. 별도의 터미널에서 다음 명령을 실행한다.

```
$ curl "http://localhost:3333/?next=second"
second

$ curl "http://localhost:3333/?next=third"
third

$ curl "http://localhost:3333/?next=second"
invalid transition

$ curl "http://localhost:3333/?next=first"
First
```

13. go.mod 파일이 업데이트됐을 것이며, 이제 go.sum 파일이 최상위 예제 디렉터리에 있을 것이다.

14. 코드를 복사하거나 테스트 코드를 직접 작성한 경우, 한 경로 위로 이동한 다음 go test 명령을 실행해 모든 테스트를 통과하는지 확인한다.

예제 분석

애플리케이션이 시작되면 다수의 Raft 객체를 초기화한다. 이 Raft 객체들은 각각 자신의 주소와 전송 수단을 가진다. InmemTransport{} 함수는 다른 운송 수단을 연결하기 위한 메소드를 제공하며 Connect() 함수를 호출한다. 이 연결들이 설정되면 Raft 클러스터는 투표election를 저장한다. Raft 클러스터에서 통신할 때 클라이언트는 반드시 리더leader와 통신해야 한다. 예제에서는 하나의 핸들러가 모든 노드와 대화할 수 있었다. 따라서 이 핸들러가 Raft 리더의 Apply() 객체 호출을 담당했다. 그러면 다른 모든 노드에서 차례로 apply()를 실행한다.

InmemTransport{} 함수는 모든 것을 메모리에 상주시켜 투표와 프로세스 시작을 단순화한다. 실제로는 고루틴이 공유 메모리에 자유롭게 접근할 수 있기 때문에 테스트를 하고 개념을 증명하는 경우를 제외하면 이 방법은 그리 유용하지 않다. 좀 더 생산적인 구현의 경우, 서비스 인스턴스가 장치들 사이에서 통신할 수 있는 HTTP 전송 등의 기능을 사용한다. 이를 위해서는 서비스 인스턴스가 수신 대기 및 서비스를 해야 할 뿐만 아니라, 서비스 인스턴스들이 서로를 연결하고 검색할 수 있어야 하기 때문에 추가적인 기록 또는 서비스 검색이 필요할 수 있다.

⁞⁞ 도커를 활용한 컨테이너화 사용하기

도커는 애플리케이션의 패키징과 배포를 위한 컨테이너 기술이다. 컨테이너가 호스트 OS에 상관없이 같은 방식으로 실행되기 때문에 이식성이라는 다른 이점을 얻을 수 있다. 도커는 가상 머신의 많은 장점을 제공하지만 좀 더 가벼운 버전의 컨테이너다. 개별

컨테이너의 리소스 소비를 제한하고 환경을 샌드박스^{sandbox}로 구성할 수 있으며, 로컬에서 애플리케이션의 환경을 동일하게 구성할 때와 코드를 생산 단계로 배포할 때 매우 유용하다. 도커는 Go로 작성됐으며, 오픈소스이기 때문에 클라이언트와 라이브러리의 장점을 쉽게 활용할 수 있다. 이번 예제는 기본적인 Go 애플리케이션을 위한 도커 컨테이너를 설정하고, 컨테이너에 관련된 버전 정보를 저장하고, 도커 엔드포인트에서 핸들러에 접근하는 방법을 보여준다.

준비

다음 단계에 따라 환경을 구성한다.

1. 이 장 초반의 '기술적 요구 사항' 절에 제시한 단계를 참고한다.

2. https://docs.docker.com/install에서 도커를 설치한다. 여기에는 도커 컴포즈^{Docker Compose}도 포함될 것이다.

예제 구현

다음 단계는 애플리케이션을 작성하고 실행하는 방법을 설명한다.

1. 터미널이나 콘솔 프로그램에서 ~/projects/go-programming-cookbook/chapter11/docker라는 이름의 새 디렉터리를 생성하고 이 디렉터리로 이동한다.

2. 다음 명령을 실행한다.

```
$ go mod init github.com/PacktPublishing/Go-Programming-Cookbook-Second-
Edition/chapter11/docker
```

그러면 다음을 포함하는 go.mod라는 이름의 파일을 볼 수 있을 것이다.

```
module github.com/PacktPublishing/Go-Programming-Cookbook-Second-Edition/
chapter11/docker
```

3. ~/projects/go-programming-cookbook-original/chapter11/docker에서 복사해
   테스트하거나 이 코드를 예제로 여러분만의 코드를 작성해본다.

4. dockerfile이라는 이름의 파일을 생성하고 다음 내용을 작성한다.

```
FROM alpine

ADD ./example/example /example
EXPOSE 8000
ENTRYPOINT /example
```

5. setup.sh라는 이름의 파일을 생성하고 다음 내용을 작성한다.

```
#!/usr/bin/env bash

pushd example
env GOOS=linux go build -ldflags "-X main.version=1.0 -X
main.builddate=$(date +%s)"
popd
docker build . -t example
docker run -d -p 8000:8000 example
```

6. version.go라는 이름의 파일을 생성하고 다음 내용을 작성한다.

```
package docker

import (
    "encoding/json"
    "net/http"
    "time"
)

// VersionInfo는 빌드 시점에 전달되는 값들을 저장한다
type VersionInfo struct {
    Version string
```

```
        BuildDate time.Time
        Uptime time.Duration
    }

    // VersionHandler 함수는 최신 버전 정보를 쓴다
    func VersionHandler(v *VersionInfo) http.HandlerFunc {
        t := time.Now()
        return func(w http.ResponseWriter, r *http.Request) {
            v.Uptime = time.Since(t)
            vers, err := json.Marshal(v)
            if err != nil {
                w.WriteHeader(http.StatusInternalServerError)
                return
            }
            w.WriteHeader(http.StatusOK)
            w.Write(vers)
        }
    }
```

7. example이라는 이름의 디렉터리를 생성하고 여기로 이동한다.

8. main.go라는 이름의 파일을 생성하고 다음 내용을 작성한다.

```
package main

import (
    "fmt"
    "net/http"
    "strconv"
    "time"
    "github.com/PacktPublishing/Go-Programming-Cookbook-Second-Edition/chapter11/docker"
)

// 이 값들은 빌드 시점에 설정된다
var (
    version string
    builddate string
)

var versioninfo docker.VersionInfo
```

```go
func init() {
    // 빌드 시간 변수를 해석(파싱)한다
    versioninfo.Version = version
    i, err := strconv.ParseInt(builddate, 10, 64)
    if err != nil {
        panic(err)
    }
    tm := time.Unix(i, 0)
    versioninfo.BuildDate = tm
}

func main() {
    http.HandleFunc("/version",
    docker.VersionHandler(&versioninfo))
    fmt.Printf("version %s listening on :8000\n",
    versioninfo.Version)
    panic(http.ListenAndServe(":8000", nil))
}
```

9. 시작 디렉터리로 이동한다.

10. 다음 명령을 실행한다.

```
$ bash setup.sh
```

그러면 다음과 같은 결과를 확인할 수 있을 것이다.

```
$ bash setup.sh
~/go/src/github.com/PacktPublishing/Go-Programming-Cookbook-
Second-Edition/chapter11/docker/example
~/go/src/github.com/PacktPublishing/Go-Programming-Cookbook-
Second-Edition/chapter11/docker
~/go/src/github.com/PacktPublishing/Go-Programming-Cookbook-
Second-Edition/chapter11/docker
Sending build context to Docker daemon 6.031 MB
Step 1/4 : FROM alpine
 ---> 4a415e366388
Step 2/4 : ADD ./example/example /example
 ---> de34c3c5451e
Removing intermediate container bdcd9c4f4381
```

```
Step 3/4 : EXPOSE 8000
    ---> Running in 188f450d4e7b
    ---> 35d1a2652b43
Removing intermediate container 188f450d4e7b
Step 4/4 : ENTRYPOINT /example
    ---> Running in cf0af4f48c3a
    ---> 3d737fc4e6e2
Removing intermediate container cf0af4f48c3a
Successfully built 3d737fc4e6e2
b390ef429fbd6e7ff87058dc82e15c3e7a8b2e
69a601892700d1d434e9e8e43b
```

11. 다음 명령을 실행한다.

```
$ docker ps
CONTAINER ID IMAGE COMMAND CREATED STATUS PORTS NAMES
b390ef429fbd example "/bin/sh -c /example" 22 seconds ago Up 23
seconds 0.0.0.0:8000->8000/tcp optimistic_wescoff

$ curl localhost:8000/version
{"Version":"1.0","BuildDate":"2017-04-
30T21:55:56Z","Uptime":48132111264}

$docker kill optimistic_wescoff # grab from first output
optimistic_wescoff
```

12. go.mod 파일이 업데이트됐을 것이며, 이제 go.sum 파일이 최상위 예제 디렉터리
    에 있을 것이다.

13. 코드를 복사하거나 테스트 코드를 직접 작성한 경우, 한 경로 위로 이동한 다음 go
    test 명령을 실행해 모든 테스트를 통과하는지 확인한다.

예제 분석

이 예제는 리눅스 아키텍처용으로 Go 바이너리를 컴파일하고 main.go 파일에 다양한
private 변수를 설정하는 스크립트를 작성한다. 버전 엔드포인트에서 버전 정보를 반환

하기 위해 이 변수들을 사용한다. 바이너리가 컴파일되면 이 바이너리를 포함하는 도커 컨테이너가 생성된다. 바이너리에 자체 Go 런타임이 포함되기 때문에 아주 작은 컨테이너 이미지를 사용할 수 있다. 그런 다음, 컨테이너가 HTTP 트래픽을 수신하는 포트를 노출하면서 컨테이너를 실행한다. 마지막으로, 포트를 localhost로 설정해 curl 명령을 실행함으로써 버전 정보가 반환되는지 확인한다.

⁂ 오케스트레이션 및 배포 전략

도커는 오케스트레이션^{orchestration}과 배포를 훨씬 더 간단하게 만들어준다. 이번 예제에서는 MongoDB에 연결을 설정한 다음, 문서를 삽입하고 도커 컨테이너에서 삽입한 모든 정보를 요청한다. 이 예제는 6장, '데이터베이스와 저장소의 모든 것'의 'MongoDB를 활용한 NoSQL 사용하기' 절의 예제와 같은 환경을 설정한다. 하지만 컨테이너에서 애플리케이션과 환경을 실행하고 이들을 구성하고 연결하기 위해 도커 컴포즈를 사용한다.

도커 컴포즈는 나중에 통합 도커 도구인 도커 스웜^{Docker Swarm}과 함께 사용해 클러스터를 관리하고, 쉽게 확장하거나 축소할 수 있는 노드를 생성하며, 로드 밸런싱을 관리할 수 있다(https://docs.docker.com/engine/swarm/). 컨테이너 오케스트레이션의 또 다른 좋은 예는 쿠버네티스^{Kubernetes}(https://kubernetes.io/)로, Go 프로그래밍 언어를 사용해 구글에서 작성한 컨테이너 오케스트레이션 프레임워크다.

예제 구현

다음 단계는 애플리케이션을 작성하고 실행하는 방법을 설명한다.

1. 터미널이나 콘솔 프로그램에서 ~/projects/go-programming-cookbook/chapter11
   /orchestrate라는 이름의 새 디렉터리를 생성하고 이 디렉터리로 이동한다.

2. 다음 명령을 실행한다.

```
$ go mod init github.com/PacktPublishing/Go-Programming-Cookbook-Second-
Edition/chapter11/orchestrate
```

그러면 다음을 포함하는 go.mod라는 이름의 파일을 볼 수 있을 것이다.

```
module github.com/PacktPublishing/Go-Programming-Cookbook-Second-Edition/
chapter11/orchestrate
```

3. ~/projects/go-programming-cookbook-original/chapter11/orchestrate에서 복
   사해 테스트하거나 이 코드를 예제로 여러분만의 코드를 작성해본다.

4. dockerfile이라는 이름의 파일을 생성하고 다음 내용을 작성한다.

```
FROM golang:1.12.4-alpine3.9

ENV GOPATH /code/
ADD . /code/src/github.com/PacktPublishing/Go-Programming-Cookbook-
Second-Edition/chapter11/docker
WORKDIR /code/src/github.com/PacktPublishing/Go-Programming-
Cookbook-Second-Edition/chapter11/docker/example
RUN GO111MODULE=on GOPROXY=off go build -mod=vendor

ENTRYPOINT /code/src/github.com/PacktPublishing/Go-Programming-
Cookbook-Second-Edition/chapter11/docker/example/example
```

5. docker-compose.yml이라는 이름의 파일을 생성하고 다음 내용을 작성한다.

```
version: '2'
services:
    app:
        build: .
    mongodb:
        image: "mongo:latest"
```

6. config.go라는 이름의 파일을 생성하고 다음 내용을 작성한다.

```go
package mongodb

import (
    "context"
    "fmt"
    "time"
    "go.mongodb.org/mongo-driver/mongo"
    "go.mongodb.org/mongo-driver/mongo/options"
)

// Setup 함수는 mongo 클라이언트를 초기화한다
func Setup(ctx context.Context, address string) (*mongo.Client, error) {
    ctx, cancel := context.WithTimeout(ctx, 1*time.Second)
    defer cancel()

    fmt.Println(address)
    client, err := mongo.NewClient(options.Client().ApplyURI(address))
    if err != nil {
        return nil, err
    }

    if err := client.Connect(ctx); err != nil {
        return nil, err
    }
    return client, nil
}
```

7. exec.go라는 이름의 파일을 생성하고 다음 내용을 작성한다.

```go
package mongodb

import (
    "context"
    "fmt"
    "go.mongodb.org/mongo-driver/bson"
)

// State는 데이터 모델이다
type State struct {
    Name string `bson:"name"`
```

```go
    Population int `bson:"pop"`
}

// Exec 함수는 예제를 생성하고 이를 쿼리한다
func Exec(address string) error {
    ctx := context.Background()
    db, err := Setup(ctx, address)
    if err != nil {
        return err
    }

    conn := db.Database("gocookbook").Collection("example")

    vals := []interface{}{&State{"Washington", 7062000},
    &State{"Oregon", 3970000}}

    // 여러 열(row)을 한 번에 삽입한다
    if _, err := conn.InsertMany(ctx, vals); err != nil {
        return err
    }

    var s State
    if err := conn.FindOne(ctx, bson.M{"name":
        "Washington"}).Decode(&s); err != nil {
        return err
    }

    if err := conn.Drop(ctx); err != nil {
        return err
    }

    fmt.Printf("State: %#v\n", s)
    return nil
}
```

8. example이라는 이름의 디렉터리를 생성하고 여기로 이동한다.

9. main.go라는 이름의 파일을 생성하고 다음 내용을 작성한다.

```go
package main

import mongodb "github.com/PacktPublishing/Go-Programming-Cookbook-Second-
```

```
Edition/chapter11/orchestrate"

func main() {
    if err := mongodb.Exec("mongodb://mongodb:27017"); err != nil {
        panic(err)
    }
}
```

10. 시작 디렉터리로 다시 이동한다.

11. go mod vendor 명령을 실행한다.

12. docker-compose up -d 명령을 실행한다.

13. docker logs orchestrate-app-1 명령을 실행한다. 그러면 다음과 같은 결과를 확인
    할 수 있을 것이다.

```
$ docker logs orchestrate-app-1
State: docker.State{Name:"Washington", Population:7062000}
```

14. go.mod 파일이 업데이트됐을 것이며, 이제 go.sum 파일이 최상위 예제 디렉터리
    에 있을 것이다.

15. 코드를 복사하거나 테스트 코드를 직접 작성한 경우, 한 경로 위로 이동한 다음 go
    test 명령을 실행해 모든 테스트를 통과하는지 확인한다.

예제 분석

이 구성은 로컬 개발에 좋다. docker-compose up 명령이 실행되면 로컬 디렉터리가 재빌
드되며, 도커는 최신 버전을 사용해 MongoDB 인스턴스에 연결을 생성하고 동작을 시
작한다. 이 예제는 의존성 관리^{dependency management}를 위해 go mod vender를 사용한다.
결과적으로 go mod cache를 비활성화하고, go build 명령에서 예제에서 생성한 vendor
디렉터리를 사용하도록 지정했다.

이 예제는 외부 서비스에 연결해야 하는 앱 개발을 시작할 때 좋은 기준을 제공한다. 6장, '데이터베이스와 저장소의 모든 것'에서 다룬 모든 예제에서는 데이터베이스의 로컬 인스턴스를 생성하는 대신 이 방법을 활용할 수 있다. 생산 단계에서는 도커 컨테이너 뒤에서 데이터 저장소를 실행하지 않으려고 할 수 있지만, 일반적으로는 구성을 위한 정적 호스트 이름을 사용할 수 있을 것이다.

⁑ 모니터링 애플리케이션

Go 애플리케이션을 모니터링하는 다양한 방법이 있다. 가장 쉬운 방법 중 하나는 Go로 작성된 모니터링 애플리케이션인 프로메테우스^{Prometheus}(https://prometheus.io)를 설정하는 것이다. 프로메테우스는 구성 파일을 기반으로 엔드포인트를 폴링^{polling}하고 고루틴의 수와 메모리 사용량 등 앱에 대한 많은 정보를 수집하는 애플리케이션이다. 이 예제는 프로메테우스를 호스팅하고 연결하기 위해 도커 환경을 설정하는 데 이전 예제에서 사용한 기술을 사용한다.

예제 구현

다음 단계는 애플리케이션을 작성하고 실행하는 방법을 설명한다.

1. 터미널이나 콘솔 프로그램에서 ~/projects/go-programming-cookbook/chapter11/monitoring이라는 이름의 새 디렉터리를 생성하고 이 디렉터리로 이동한다.

2. 다음 명령을 실행한다.

```
$ go mod init github.com/PacktPublishing/Go-Programming-Cookbook-Second-
Edition/chapter11/monitoring
```

그러면 다음을 포함하는 go.mod라는 이름의 파일을 볼 수 있을 것이다.

```
module github.com/PacktPublishing/Go-Programming-Cookbook-Second-Edition/
chapter11/monitoring
```

3. ~/projects/go-programming-cookbook-original/chapter11/monitoring에서 복
   사해 테스트하거나 이 코드를 예제로 여러분만의 코드를 작성해본다.

4. dockerfile이라는 이름의 파일을 생성하고 다음 내용을 작성한다.

```
FROM golang:1.12.4-alpine3.9

ENV GOPATH /code/
ADD . /code/src/github.com/agtorre/gocookbook/
chapter11/monitoring
WORKDIR /code/src/github.com/agtorre/gocookbook/
chapter11/monitoring
RUN GO111MODULE=on GOPROXY=off go build -mod=vendor

ENTRYPOINT /code/src/github.com/agtorre/gocookbook/
chapter11/monitoring/monitoring
```

5. docker-compose.yml이라는 이름의 파일을 생성하고 다음 내용을 작성한다.

```
version: '2'
services:
    app:
        build: .
    prometheus:
        ports:
        - 9090:9090
        volumes:
        - ./prometheus.yml:/etc/prometheus/prometheus.yml
        image: "prom/prometheus"
```

6. main.go라는 이름의 파일을 생성하고 다음 내용을 작성한다.

```
package main

import (
```

```
        "net/http"
        "github.com/prometheus/client_golang/prometheus/promhttp"
    )

    func main() {
        http.Handle("/metrics", promhttp.Handler())
        panic(http.ListenAndServe(":80", nil))
    }
```

7. prometheus.yml이라는 이름의 파일을 생성하고 다음 내용을 작성한다.

```
    global:
        scrape_interval: 15s # 기본적으로, scrape은 15초마다 대상을 지정한다

    # 정확히 하나의 엔드포인트를 포함하는 scrape 구성:
    # 다음은 프로메테우스 자체 설정이다
    scrape_configs:
        # job name은 이 설정에서 스크랩된 시계열 데이터에 `job=<job_name>` 레이블로 추가된다
        - job_name: 'app'

        # 5초마다 이 작업에서 전역 기본 값 및 scrape 대상을 덮어 쓴다
        scrape_interval: 5s

        static_configs:
            - targets: ['app:80']
```

8. go mod vendor 명령을 실행한다.

9. docker-compose up 명령을 실행한다. 그러면 다음과 같은 결과를 확인할 수 있을 것이다.

```
    $ docker-compose up
    Starting monitoring_prometheus_1 ... done
    Starting monitoring_app_1 ... done
    Attaching to monitoring_app_1, monitoring_prometheus_1
    prometheus_1 | time="2019-05-05T03:10:25Z" level=info msg="Starting
    prometheus (version=1.6.1, branch=master,
    revision=4666df502c0e239ed4aa1d80abbbfb54f61b23c3)"
    source="main.go:88"
    prometheus_1 | time="2019-05-05T03:10:25Z" level=info msg="Build
```

context (go=go1.8.1, user=root@7e45fa0366a7,
date=20170419-14:32:22)" source="main.go:89"
prometheus_1 | time="2019-05-05T03:10:25Z" level=info msg="Loading
configuration file /etc/prometheus/prometheus.yml"
source="main.go:251"
prometheus_1 | time="2019-05-05T03:10:25Z" level=info msg="Loading
series map and head chunks..." source="storage.go:421"
prometheus_1 | time="2019-05-05T03:10:25Z" level=warning
msg="Persistence layer appears dirty." source="persistence.go:846"
prometheus_1 | time="2019-05-05T03:10:25Z" level=warning
msg="Starting crash recovery. Prometheus is inoperational until
complete." source="crashrecovery.go:40"
prometheus_1 | time="2019-05-05T03:10:25Z" level=warning msg="To
avoid crash recovery in the future, shut down Prometheus with
SIGTERM or a HTTP POST to /-/quit." source="crashrecovery.go:41"
prometheus_1 | time="2019-05-05T03:10:25Z" level=info msg="Scanning
files." source="crashrecovery.go:55"
prometheus_1 | time="2019-05-05T03:10:25Z" level=info msg="File
scan complete. 43 series found." source="crashrecovery.go:83"
prometheus_1 | time="2019-05-05T03:10:25Z" level=info msg="Checking
for series without series file." source="crashrecovery.go:85"
prometheus_1 | time="2019-05-05T03:10:25Z" level=info msg="Check
for series without series file complete."
source="crashrecovery.go:131"
prometheus_1 | time="2019-05-05T03:10:25Z" level=info msg="Cleaning
up archive indexes." source="crashrecovery.go:411"
prometheus_1 | time="2019-05-05T03:10:25Z" level=info msg="Clean-up
of archive indexes complete." source="crashrecovery.go:504"
prometheus_1 | time="2019-05-05T03:10:25Z" level=info
msg="Rebuilding label indexes." source="crashrecovery.go:512"
prometheus_1 | time="2019-05-05T03:10:25Z" level=info msg="Indexing
metrics in memory." source="crashrecovery.go:513"
prometheus_1 | time="2019-05-05T03:10:25Z" level=info msg="Indexing
archived metrics." source="crashrecovery.go:521"
prometheus_1 | time="2019-05-05T03:10:25Z" level=info msg="All
requests for rebuilding the label indexes queued. (Actual
processing may lag behind.)" source="crashrecovery.go:540"
prometheus_1 | time="2019-05-05T03:10:25Z" level=warning msg="Crash
recovery complete." source="crashrecovery.go:153"
prometheus_1 | time="2019-05-05T03:10:25Z" level=info msg="43
series loaded." source="storage.go:432"
prometheus_1 | time="2019-05-05T03:10:25Z" level=info msg="Starting
target manager..." source="targetmanager.go:61"

```
prometheus_1 | time="2019-05-05T03:10:25Z" level=info
msg="Listening on :9090" source="web.go:259"
```

10. go.mod 파일이 업데이트됐을 것이며, 이제 go.sum 파일이 최상위 예제 디렉터리 에 있을 것이다.

11. 브라우저에서 http://localhost:9090/의 주소로 이동하면, 앱에 관련된 다양한 정보 를 확인할 수 있을 것이다.

예제 분석

이 예제는 실행 중인 애플리케이션에 대한 통계를 prometheus go 클라이언트를 사용 해 프로메테우스로 내보내는 간단한 핸들러를 Go로 작성한다. 도커에서 실행되는 프로 메테우스 서버에 애플리케이션을 연결하고 docker-compose를 사용해 네트워크 연결과 시작을 위한 작업을 처리한다. 데이터 수집 빈도, 애플리케이션에서 제공할 포트, 앱의 이름에 대한 설정은 모두 prometheus.yml 파일에 지정돼 있다. 두 컨테이너가 시작되 면, 프로메테우스 서버는 지정된 포트에서 앱에 대한 정보를 수집하고 모니터링을 시작 한다. 또한 앱에 대한 정보를 자세히 확인할 수 있도록 브라우저에서 방문 가능한 웹 인 터페이스도 제공한다.

프로메테우스 클라이언트 핸들러는 프로메테우스 서버에 애플리케이션에 대한 다양한 통계를 반환한다. 이를 통해 앱을 재구성하거나 재배포하지 않고도 앱에서 여러 프로메 테우스 서버를 가리킬 수 있다. 이 통계 정보의 대부분은 포괄적이며 메모리 누수 감지 등에 유용하다. 다른 많은 솔루션에서는 서버에 주기적으로 정보를 보내야 한다. 다음 예제인 지표 수집에서는 사용자 정의 정보를 프로메테우스 서버로 전달하는 방법을 보 여준다.

⁝ 지표 수집

앱에 대한 일반적인 정보 외에도 앱에 특화된 정보를 수집하는 것이 도움이 될 수 있다. 타이밍 데이터를 수집하거나 이벤트가 발생한 횟수를 추적하는 경우를 예로 들 수 있다.

이번 예제는 github.com/rcrowley/go-metrics 패키지를 사용해 정보를 수집하고 엔드포인트를 통해 이 정보를 노출시킨다. 프로메테우스, InfluxDB^(Go로 작성됨)와 같은 곳으로 수집한 정보를 전달하는 데 사용할 수 있는 다양한 내보내기 도구^{exporter tool}가 있다.

준비

다음 단계에 따라 환경을 구성한다.

1. 이 장 초반의 '기술적 요구 사항' 절에 제시한 단계를 참고한다.

2. go get github.com/rcrowley/go-metrics 명령을 실행한다.

예제 구현

다음 단계는 애플리케이션을 작성하고 실행하는 방법을 설명한다.

1. 터미널이나 콘솔 프로그램에서 ~/projects/go-programming-cookbook/chapter11 /metrics라는 이름의 새 디렉터리를 생성하고 이 디렉터리로 이동한다.

2. 다음 명령을 실행한다.

```
$ go mod init github.com/PacktPublishing/Go-Programming-Cookbook-Second-
Edition/chapter11/metrics
```

그러면 다음을 포함하는 go.mod라는 이름의 파일을 볼 수 있을 것이다.

```
module github.com/PacktPublishing/Go-Programming-Cookbook-Second-Edition/
chapter11/metrics
```

3. ~/projects/go-programming-cookbook-original/chapter11/metrics에서 복사해
   테스트하거나 이 코드를 예제로 여러분만의 코드를 작성해본다.

4. handler.go라는 이름의 파일을 생성하고 다음 내용을 작성한다.

```go
package metrics

import (
    "net/http"
    "time"
    metrics "github.com/rcrowley/go-metrics"
)

// CounterHandler 함수는 호출될 때마다 카운터(counter)를 갱신한다
func CounterHandler(w http.ResponseWriter, r *http.Request) {
    c := metrics.GetOrRegisterCounter("counterhandler.counter", nil)
    c.Inc(1)
    w.WriteHeader(http.StatusOK)
    w.Write([]byte("success"))
}

// TimerHandler 함수는 완료하는 데까지 필요한 시간(기간)을 기록한다
func TimerHandler(w http.ResponseWriter, r *http.Request) {
    currt := time.Now()
    t := metrics.GetOrRegisterTimer("timerhandler.timer", nil)
    w.WriteHeader(http.StatusOK)
    w.Write([]byte("success"))
    t.UpdateSince(currt)
}
```

5. report.go라는 이름의 파일을 생성하고 다음 내용을 작성한다.

```go
package metrics

import (
    "net/http"
    gometrics "github.com/rcrowley/go-metrics"
```

```
)

// ReportHandler 함수는 현재 수집한 정보를 json 포맷으로 발행한다
func ReportHandler(w http.ResponseWriter, r *http.Request) {
    w.WriteHeader(http.StatusOK)

    t := gometrics.GetOrRegisterTimer("reporthandler.writemetrics", nil)
    t.Time(func() {
        gometrics.WriteJSONOnce(gometrics.DefaultRegistry, w)
    })
}
```

6. example이라는 이름의 디렉터리를 생성하고 여기로 이동한다.

7. main.go라는 이름의 파일을 생성하고 다음 내용을 작성한다.

```
package main

import (
    "net/http"
    "github.com/PacktPublishing/Go-Programming-Cookbook-Second-Edition/
chapter11/metrics"
)

func main() {
    // 정보 생성을 위한 핸들러
    http.HandleFunc("/counter", metrics.CounterHandler)
    http.HandleFunc("/timer", metrics.TimerHandler)
    http.HandleFunc("/report", metrics.ReportHandler)
    fmt.Println("listening on :8080")
    panic(http.ListenAndServe(":8080", nil))
}
```

8. go run main.go 명령을 실행하거나 다음 명령을 실행한다.

```
$ go build
$ ./example
```

그러면 다음과 같은 결과를 확인할 수 있을 것이다.

```
$ go run main.go
listening on :8080
```

9. 별도의 셸^{shell}에서 다음 명령을 실행한다.

```
$ curl localhost:8080/counter
success

$ curl localhost:8080/timer
success

$ curl localhost:8080/report
{"counterhandler.counter":{"count":1},
"reporthandler.writemetrics":
{"15m.rate":0,"1m.rate":0,"5m.rate":0,"75%":0,"95%":0,"99%":0,"99.9
%":0,"count":0,"max":0,"mean":0,"mean.rate":0,"median":0,"min":0,"s
tddev":0},"timerhandler.timer":{"15m.rate":0.0011080303990206543,"1
m.rate":0.015991117074135343,"5m.rate":0.0033057092356765017,"75%":
60485,"95%":60485,"99%":60485,"99.9%":60485,"count":1,"max":60485,"
mean":60485,"mean.rate":1.1334543719787356,"median":60485,"min":604
85,"stddev":0}}
```

10. 엔드포인트에 여러 번 더 접속해서 정보가 어떻게 바뀌는지 확인한다.

11. go.mod 파일이 업데이트됐을 것이며, 이제 go.sum 파일이 최상위 예제 디렉터리에 있을 것이다.

12. 코드를 복사하거나 테스트 코드를 직접 작성한 경우, 한 경로 위로 이동한 다음 go test 명령을 실행해 모든 테스트를 통과하는지 확인한다.

예제 분석

gometrics는 수집 정보를 모두 레지스트리에 보관한다. gometrics가 설정되면 카운터나 타이머와 같은 수집 정보 발행 옵션을 사용할 수 있으며, 이에 대한 업데이트 정보를 레지스트리에 저장한다. 이런 수집 정보들을 서드파티 도구에 내보내는 여러 도구가 있다. 예제에서는 모든 수집 정보를 JSON 포맷으로 생성하는 핸들러를 설정했다.

카운터를 증가시키는 핸들러, 핸들러 종료 시간을 기록하는 핸들러, 보고서를 출력하는 핸들러(또한 추가 카운터를 증가시킴) 이렇게 세 개의 핸들러를 설정했다. GetOrRegister 함수는 스레드 안전한 방식으로 동작하며, 원자적으로atomically 수집 정보를 가져오거나 현재 존재하지 않는 경우에는 정보 발행기를 생성하는 데 유용하다. 또한 사전에 한 번 모든 정보를 등록할 수도 있다.

12

반응형 프로그래밍과 데이터 스트림

이 장에서는 Go의 반응형 프로그래밍reactive programming 디자인 패턴을 설명한다. 반응형 프로그래밍은 데이터 스트림data stream과 변경 사항을 전파하는 데 중점을 둔 프로그래밍 개념이다. 카프카Kafka와 같은 기술을 사용하면 데이터 스트림을 빠르게 생성하고 소비할 수 있다. 결론적으로 이런 기술은 다른 기술들과 잘 어울린다. '카프카를 Goflow 에 연결하기' 예제에서는 kafka 메시지 큐와 goflow의 결합을 통해 이런 기술들을 사용하는 실제 예를 보여준다. 이 장에서는 또한 카프카에 연결하고 메시지를 처리하는 다양한 방법을 살펴본다. 마지막으로는 Go에서 기본적인 graphql 서버를 생성하는 방법을 보여준다.

이 장에서 다루는 예제는 다음과 같다.

- 데이터 흐름 프로그래밍에 Goflow 사용하기

- 카프카와 Sarama 사용하기

- 카프카를 활용한 비동기 생산자async producer 사용하기

- 카프카를 Goflow에 연결하기

- Go로 GraphQL 서버 작성하기

⫶⃗ 기술적 요구 사항

이 장의 모든 예제를 진행하기 위해서는 다음 단계에 따라 환경을 구성해야 한다.

1. https://golang.org/doc/install에서 여러분의 운영체제에 Go 1.12.6 이상의 버전을 다운로드하고 설치한다.

2. 터미널이나 콘솔 프로그램을 열고 프로젝트 디렉터리(~/projects/go-programming-cookbook 등) 를 생성한 후 해당 경로로 이동한다. 모든 코드는 이 디렉터리에서 실행되고 수정될 것이다.

3. 최신 코드를 ~/projects/go-programming-cookbook-original 경로에 복제한다. 예제를 직접 입력하는 대신 이 디렉터리에서 작업할 것을 권장한다.

```
$ git clone git@github.com:PacktPublishing/Go-Programming-Cookbook-Second-
Edition.git go-programming-cookbook-original
```

⫶⃗ 데이터 흐름 프로그래밍에 Goflow 사용하기

github.com/trustmaster/goflow 패키지는 데이터 흐름 기반 애플리케이션을 제작하는 데 유용하다. 이 패키지는 데이터 흐름 프로그래밍을 추상화하기 때문에 컴포넌트를 작성하고 사용자 정의 네트워크를 사용해 이들을 연결할 수 있다. 이 예제는 9장, 'Go 코드 테스트하기'에서 설명했던 애플리케이션을 다시 작성한다. 하지만 이번에는 goflow 패키지를 사용해 작성한다.

예제 구현

다음 단계는 애플리케이션을 작성하고 실행하는 방법을 설명한다.

1. 터미널이나 콘솔 프로그램에서 ~/projects/go-programming-cookbook/chapter12
/goflow라는 이름의 새 디렉터리를 생성하고 이 디렉터리로 이동한다.

2. 다음 명령을 실행한다.

```
$ go mod init github.com/PacktPublishing/Go-Programming-Cookbook-Second-
Edition/chapter12/goflow
```

그러면 다음을 포함하는 go.mod라는 이름의 파일을 볼 수 있을 것이다.

```
module github.com/PacktPublishing/Go-Programming-Cookbook-Second-Edition/
chapter12/goflow
```

3. ~/projects/go-programming-cookbook-original/chapter12/goflow에서 복사해
테스트하거나 이 코드를 예제로 여러분만의 코드를 작성해본다.

4. components.go라는 이름의 파일을 생성하고 다음 내용을 작성한다.

```go
package goflow

import (
    "encoding/base64"
    "fmt"
)

// Encoder는 모든 입력을 base64로 인코딩한다
type Encoder struct {
    Val <-chan string
    Res chan<- string
}

// Process 함수는 인코딩을 한 다음, Res로 결과를 보낸다
func (e *Encoder) Process() {
    for val := range e.Val {
```

```go
        encoded := base64.StdEncoding.EncodeToString([]byte(val))
        e.Res <- fmt.Sprintf("%s => %s", val, encoded)
    }
}

// Printer는 표준 출력(stdout)으로 출력하기 위한 컴포넌트다
type Printer struct {
    Line <-chan string
}

// Process 함수는 전달받은 현재 라인(line)을 출력한다
func (p *Printer) Process() {
    for line := range p.Line {
        fmt.Println(line)
    }
}
```

5. network.go라는 이름의 파일을 생성하고 다음 내용을 작성한다.

```go
package goflow

import (
    "github.com/trustmaster/goflow"
)

// NewEncodingApp 함수는 컴포넌트들을 연결한다
func NewEncodingApp() *goflow.Graph {
    e := goflow.NewGraph()

    // 컴포넌트 타입을 정의한다
    e.Add("encoder", new(Encoder))
    e.Add("printer", new(Printer))

    // 채널을 사용해 컴포넌트들을 연결한다
    e.Connect("encoder", "Res", "printer", "Line")

    // in 채널을 OnVal 함수에 연결된 Val에 대응시킨다
    e.MapInPort("In", "encoder", "Val")

    return e
}
```

6. example이라는 이름의 디렉터리를 생성하고 여기로 이동한다.

7. main.go라는 이름의 파일을 생성하고 다음 내용을 작성한다.

```go
package main

import (
    "fmt"
    "github.com/PacktPublishing/Go-Programming-Cookbook-Second-Edition/
chapter12/goflow"
    flow "github.com/trustmaster/goflow"
)

func main() {

    net := goflow.NewEncodingApp()

    in := make(chan string)
    net.SetInPort("In", in)

    wait := flow.Run(net)

    for i := 0; i < 20; i++ {
        in <- fmt.Sprint("Message", i)
    }

    close(in)
    <-wait
}
```

8. go run main.go 명령을 실행한다.

9. 다음 명령을 대신 실행해도 된다.

```
$ go build
$ ./example
```

그러면 다음과 같은 결과를 확인할 수 있을 것이다.

```
$ go run main.go
Message6 => TWVzc2FnZTY=
Message5 => TWVzc2FnZTU=
Message1 => TWVzc2FnZTE=
Message0 => TWVzc2FnZTA=
Message4 => TWVzc2FnZTQ=
Message8 => TWVzc2FnZTg=
Message2 => TWVzc2FnZTI=
Message3 => TWVzc2FnZTM=
Message7 => TWVzc2FnZTc=
Message10 => TWVzc2FnZTEw
Message9 => TWVzc2FnZTk=
Message12 => TWVzc2FnZTEy
Message11 => TWVzc2FnZTEx
Message14 => TWVzc2FnZTE0
Message13 => TWVzc2FnZTEz
Message16 => TWVzc2FnZTE2
Message15 => TWVzc2FnZTE1
Message18 => TWVzc2FnZTE4
Message17 => TWVzc2FnZTE3
Message19 => TWVzc2FnZTE5
```

10. go.mod 파일이 업데이트됐을 것이며, 이제 go.sum 파일이 최상위 예제 디렉터리
    에 있을 것이다.

11. 코드를 복사하거나 테스트 코드를 직접 작성한 경우, 한 경로 위로 이동한 다음 go
    test 명령을 실행해 모든 테스트를 통과하는지 확인한다.

예제 분석

github.com/trustmaster/goflow 패키지는 네트워크(또는 그래프)를 정의하고 여러 컴포넌트
를 등록한 다음, 이 컴포넌트들을 연결하는 방식으로 동작한다. 문자열을 사용해 컴포
넌트를 정의하기 때문에 오류가 발생할 수 있지만, 일반적으로는 애플리케이션이 설정
되고 제대로 동작할 때까지 런타임 초기에 장애가 발생하므로 대응이 가능하다.

이 예제에서는 두 개의 컴포넌트를 설정했다. 하나는 전달받은 문자열을 Base64로 인

코딩하는 컴포넌트이고, 다른 하나는 전달된 모든 내용을 출력하는 컴포넌트다. 두 컴포넌트를 main.go에서 초기화한 in 채널에 연결했다. 이를 통해 이 채널(in 채널)로 전달되는 모든 내용이 예제의 파이프라인을 통해 흘러가게 된다.

이 접근 방법에서 많이 중점을 둔 부분은 내부에서 무슨 일이 일어나고 있는지를 무시하는 것이다. 모든 것을 연결된 블랙박스처럼 다루고 나머지를 goflow에 맡긴다. 예제를 통해 이 작업 파이프라인을 달성하기 위한 코드의 양이 얼마나 적은지를 볼 수 있다. 특히 다른 것보다 워커의 수를 제어하는 내용이 얼마나 작은지 확인할 수 있다.

⁙ 카프카와 Sarama 사용하기

카프카는 분산 시스템 구축을 위한 여러 고급 기능을 갖춘 분산 메시지 큐이며 널리 사용된다. 이번 예제는 비동기 생산자를 사용해 카프카 주제topic를 작성하는 방법과 파티션 소비자partition consumer를 사용해 동일한 주제를 소비하는 방법을 보여준다. 카프카의 다른 구성에 대한 내용은 이 예제의 범위를 벗어나기 때문에 다루지 않지만, https://kafka.apache.org/intro에서 관련 내용을 참고해 시작해보길 바란다.

준비

다음 단계에 따라 환경을 구성한다.

1. 이 장 초반의 '기술적 요구 사항' 절에 제시한 단계를 참고한다.

2. https://www.tutorialspoint.com/apache_kafka/apache_kafka_installation_steps. htm에 설명된 단계를 따라 카프카를 설치한다.

3. 또는 https://github.com/spotify/docker-kafka에서 다운로드해 설치할 수도 있다.

예제 구현

다음 단계는 애플리케이션을 작성하고 실행하는 방법을 설명한다.

1. 터미널이나 콘솔 프로그램에서 ~/projects/go-programming-cookbook/chapter12
   /synckafka라는 이름의 새 디렉터리를 생성하고 이 디렉터리로 이동한다.

2. 다음 명령을 실행한다.

   ```
   $ go mod init github.com/PacktPublishing/Go-Programming-Cookbook-Second-
   Edition/chapter12/synckafka
   ```

   그러면 다음을 포함하는 go.mod라는 이름의 파일을 볼 수 있을 것이다.

   ```
   module github.com/PacktPublishing/Go-Programming-Cookbook-Second-Edition/
   chapter12/synckafka
   ```

3. ~/projects/go-programming-cookbook-original/chapter12/synckafka에서 복사
   해 테스트하거나 이 코드를 예제로 여러분만의 코드를 작성해본다.

4. 카프카가 localhost:9092에서 실행 중인지 확인한다.

5. consumer라는 이름의 디렉터리에 main.go라는 이름의 파일을 생성하고 다음 내용
   을 작성한다.

   ```go
   package main

   import (
       "log"

       sarama "github.com/Shopify/sarama"
   )

   func main() {
       consumer, err :=
       sarama.NewConsumer([]string{"localhost:9092"}, nil)
       if err != nil {
   ```

432

```
        panic(err)
    }
    defer consumer.Close()

    partitionConsumer, err :=
    consumer.ConsumePartition("example", 0,
    sarama.OffsetNewest)
    if err != nil {
        panic(err)
    }
    defer partitionConsumer.Close()

    for {
        msg := <-partitionConsumer.Messages()
        log.Printf("Consumed message: \"%s\" at offset: %d\n",
        msg.Value, msg.Offset)
    }
}
```

6. producer라는 이름의 디렉터리에 main.go라는 이름의 파일을 생성하고 다음 내용을 작성한다.

```
package main

import (
    "fmt"
    "log"
    sarama "github.com/Shopify/sarama"
)

func sendMessage(producer sarama.SyncProducer, value string) {
    msg := &sarama.ProducerMessage{Topic: "example", Value:
    sarama.StringEncoder(value)}
    partition, offset, err := producer.SendMessage(msg)
    if err != nil {

        log.Printf("FAILED to send message: %s\n", err)
        return
    }
    log.Printf("> message sent to partition %d at offset %d\n",
    partition, offset)
```

```
    }

    func main() {
        producer, err :=
        sarama.NewSyncProducer([]string{"localhost:9092"}, nil)
        if err != nil {
            panic(err)
        }
        defer producer.Close()

        for i := 0; i < 10; i++ {
            sendMessage(producer, fmt.Sprintf("Message %d", i))
        }
    }
```

7. 디렉터리를 한 단계 위로 이동한다.

8. go run ./consumer 명령을 실행한다.

9. 같은 디렉터리에서 별도의 터미널을 실행하고 go run ./producer 명령을 실행한다.

10. producer를 실행한 터미널에서 다음과 같은 결과를 확인할 수 있을 것이다.

```
$ go run ./producer
2017/05/07 11:50:38 > message sent to partition 0 at offset 0
2017/05/07 11:50:38 > message sent to partition 0 at offset 1
2017/05/07 11:50:38 > message sent to partition 0 at offset 2
2017/05/07 11:50:38 > message sent to partition 0 at offset 3
2017/05/07 11:50:38 > message sent to partition 0 at offset 4
2017/05/07 11:50:38 > message sent to partition 0 at offset 5
2017/05/07 11:50:38 > message sent to partition 0 at offset 6
2017/05/07 11:50:38 > message sent to partition 0 at offset 7
2017/05/07 11:50:38 > message sent to partition 0 at offset 8
2017/05/07 11:50:38 > message sent to partition 0 at offset 9
```

consumer를 실행한 터미널에서 다음과 같은 결과를 확인할 수 있을 것이다.

```
$ go run ./consumer
2017/05/07 11:50:38 Consumed message: "Message 0" at offset: 0
2017/05/07 11:50:38 Consumed message: "Message 1" at offset: 1
2017/05/07 11:50:38 Consumed message: "Message 2" at offset: 2
2017/05/07 11:50:38 Consumed message: "Message 3" at offset: 3
2017/05/07 11:50:38 Consumed message: "Message 4" at offset: 4
2017/05/07 11:50:38 Consumed message: "Message 5" at offset: 5
2017/05/07 11:50:38 Consumed message: "Message 6" at offset: 6
2017/05/07 11:50:38 Consumed message: "Message 7" at offset: 7
2017/05/07 11:50:38 Consumed message: "Message 8" at offset: 8
2017/05/07 11:50:38 Consumed message: "Message 9" at offset: 9
```

11. go.mod 파일이 업데이트됐을 것이며, 이제 go.sum 파일이 최상위 예제 디렉터리에 있을 것이다.

12. 코드를 복사하거나 테스트 코드를 직접 작성한 경우, 한 경로 위로 이동한 다음 go test 명령을 실행해 모든 테스트를 통과하는지 확인한다.

예제 분석

이 예제는 카프카를 통해 단순한 메시지를 전달하는 방법을 보여준다. 더 복잡한 메시지는 json, gob, protobuf 등과 같은 직렬화 포맷을 사용해야 한다. 생산자producer는 sendMessage를 통해 동기 방식으로 카프카에 메시지를 보낼 수 있다. 여기서는 카프카 클러스터가 다운될 수 있는 각각의 경우를 처리하지 않기 때문에 프로세스가 정지될 수 있다. 이는 타임아웃과 카프카에 대한 강한 의존성 문제가 발생할 수 있으므로 웹 핸들러와 같은 애플리케이션에서 고려해야 할 사항이다.

메시지 큐가 정상적으로 동작한다고 가정하면 소비자consumer는 카프카 스트림을 관찰하고 결과를 내기 위해 어떤 작업을 수행한다. 이 장의 이전 예제라면 이 스트림을 사용해 필요한 작업을 처리할 수 있을 것이다.

⠿ 카프카를 활용한 비동기 생산자 사용하기

다음 작업으로 넘어가기 전까지 카프카 생산자^{producer}의 완료를 기다리지 않는 방식이 유용할 때가 있다. 이런 경우에 비동기 생산자를 사용할 수 있다. 이 생산자는 한 채널에서 Sarama 메시지를 받고, 별도로 확인해 성공/오류 채널을 반환하는 메소드^(함수)를 가진다.

이번 예제에서는 핸들러가 결과에 관계없이 메시지를 큐에 보내도록 허용하는 동안에 성공과 실패 메시지를 처리하는 고루틴을 만든다.

준비

'카프카와 Sarama 사용하기' 예제의 '준비' 절을 참고한다.

예제 구현

다음 단계는 애플리케이션을 작성하고 실행하는 방법을 설명한다.

1. 터미널이나 콘솔 프로그램에서 ~/projects/go-programming-cookbook/chapter12 /asynckafka라는 이름의 새 디렉터리를 생성하고 이 디렉터리로 이동한다.

2. 다음 명령을 실행한다.

```
$ go mod init github.com/PacktPublishing/Go-Programming-Cookbook-Second-
Edition/chapter12/asynckafka
```

그러면 다음을 포함하는 go.mod라는 이름의 파일을 볼 수 있을 것이다.

```
module github.com/PacktPublishing/Go-Programming-Cookbook-Second-Edition/
chapter12/asynckafka
```

3. ~/projects/go-programming-cookbook-original/chapter12/asynckafka에서 복사해 테스트하거나 이 코드를 예제로 여러분만의 코드를 작성해본다.

4. 카프카가 localhost:9092에서 실행 중인지 확인한다.

5. 이전 예제에서 consumer 디렉터리를 복사한다.

6. producer라는 이름의 디렉터리를 생성하고 여기로 이동한다.

7. producer.go라는 이름의 파일을 생성하고 다음 내용을 작성한다.

```go
package main

import (
    "log"
    sarama "github.com/Shopify/sarama"
)

// ProcessResponse 함수는 producer로부터 결과와 오류를 비동기로 받는다
func ProcessResponse(producer sarama.AsyncProducer) {
    for {
        select {
            case result := <-producer.Successes():
                log.Printf("> message: \"%s\" sent to partition
                %d at offset %d\n", result.Value,
                result.Partition, result.Offset)
            case err := <-producer.Errors():
                log.Println("Failed to produce message", err)
        }
    }
}
```

8. handler.go라는 이름의 파일을 생성하고 다음 내용을 작성한다.

```go
package main

import (
    "net/http"
    sarama "github.com/Shopify/sarama"
)
```

```go
// KafkaController는 producer를 핸들러에 연결할 수 있도록 해준다
type KafkaController struct {
    producer sarama.AsyncProducer
}

// Handler 함수는 GET 파라미터로부터 메시지를 가져와
// 이 메시지를 kafka 큐에 비동기 방식으로 보낸다
func (c *KafkaController) Handler(w http.ResponseWriter, r
    *http.Request) {
    if err := r.ParseForm(); err != nil {
        w.WriteHeader(http.StatusBadRequest)
        return
    }

    msg := r.FormValue("msg")
    if msg == "" {
        w.WriteHeader(http.StatusBadRequest)
        w.Write([]byte("msg must be set"))
        return
    }
    c.producer.Input() <- &sarama.ProducerMessage{Topic:
    "example", Key: nil, Value:
    sarama.StringEncoder(msg)}
    w.WriteHeader(http.StatusOK)
}
```

9. main.go라는 이름의 파일을 생성하고 다음 내용을 작성한다.

```go
package main

import (
    "fmt"
    "net/http"
    sarama "github.com/Shopify/sarama"
)

func main() {
    config := sarama.NewConfig()
    config.Producer.Return.Successes = true
    config.Producer.Return.Errors = true
    producer, err :=
    sarama.NewAsyncProducer([]string{"localhost:9092"}, config)
```

```
    if err != nil {
        panic(err)
    }
    defer producer.AsyncClose()

    go ProcessResponse(producer)

    c := KafkaController{producer}
    http.HandleFunc("/", c.Handler)
    fmt.Println("Listening on port :3333")
    panic(http.ListenAndServe(":3333", nil))
}
```

10. 디렉터리를 한 단계 위로 이동한다.

11. go run ./consumer 명령을 실행한다.

12. 같은 디렉터리에서 별도의 터미널을 실행하고 go run ./producer 명령을 실행한다.

13. 세 번째 터미널을 열고, 다음 명령을 실행한다.

```
$ curl "http://localhost:3333/?msg=this"
$ curl "http://localhost:3333/?msg=is"
$ curl "http://localhost:3333/?msg=an"
$ curl http://localhost:3333/?msg=example
```

producer를 실행한 터미널에서 다음과 같은 결과를 확인할 수 있을 것이다.

```
$ go run ./producer
Listening on port :3333
2017/05/07 13:52:54 > message: "this" sent to partition 0 at offset 0
2017/05/07 13:53:25 > message: "is" sent to partition 0 at offset 1
2017/05/07 13:53:27 > message: "an" sent to partition 0 at offset 2
2017/05/07 13:53:29 > message: "example" sent to partition 0 at offset 3
```

14. consumer를 실행한 터미널에서 다음과 같은 결과를 확인할 수 있을 것이다.

```
$ go run ./consumer
2017/05/07 13:52:54 Consumed message: "this" at offset: 0
```

```
2017/05/07 13:53:25 Consumed message: "is" at offset: 1
2017/05/07 13:53:27 Consumed message: "an" at offset: 2
2017/05/07 13:53:29 Consumed message: "example" at offset: 3
```

15. go.mod 파일이 업데이트됐을 것이며, 이제 go.sum 파일이 최상위 예제 디렉터리에 있을 것이다.

16. 코드를 복사하거나 테스트 코드를 직접 작성한 경우, 한 경로 위로 이동한 다음 go test 명령을 실행해 모든 테스트를 통과하는지 확인한다.

예제 분석

이 장에서 수정한 내용은 모두 생산자에 대한 것이다. 이번에는 성공과 오류를 처리하는 별도의 고루틴을 만들었다. 이를 처리하지 않으면 애플리케이션이 교착 상태가 될수 있다. 다음으로 생산자를 핸들러에 연결하고, 핸들러에 GET 요청을 전달해 메시지를 수신할 때마다 메시지를 발생시켰다.

핸들러는 응답에 관계없이 메시지를 보내면 그 즉시 성공을 반환한다. 이 방식이 허용되지 않는 경우에는 동기 방식을 대신 사용해야 한다. 예제는 나중에 성공 및 오류를 개별적으로 처리해도 되는 경우였다.

마지막으로 몇 가지 다른 메시지를 가진 curl 명령을 실행했고, 이를 통해 핸들러에서 시작해 이전 절에서 작성한 카프카 소비자가 최종적으로 출력하는 곳까지의 흐름을 확인할 수 있다.

⠿ 카프카를 Goflow에 연결하기

이 예제는 카프카와 Goflow 파이프라인을 연결한다. 소비자^{consumer}가 카프카로부터 메시지를 받으면 string.ToUpper() 함수를 실행한 다음, 그 결과를 출력한다. Goflow가 들어오는 스트림^{incoming stream}에서 동작하도록 설계됐고, 이는 카프카가 제공하는 것과

정확히 일치하기 때문에 자연스럽게 짝을 이룬다.

준비

'카프카와 Sarama 사용하기' 예제의 '준비' 절을 참고한다.

예제 구현

다음 단계는 애플리케이션을 작성하고 실행하는 방법을 설명한다.

1. 터미널이나 콘솔 프로그램에서 ~/projects/go-programming-cookbook/chapter12 /kafkaflow라는 이름의 새 디렉터리를 생성하고 이 디렉터리로 이동한다.
2. 다음 명령을 실행한다.

```
$ go mod init github.com/PacktPublishing/Go-Programming-Cookbook-Second-
Edition/chapter12/kafkaflow
```

그러면 다음을 포함하는 go.mod라는 이름의 파일을 볼 수 있을 것이다.

```
module github.com/PacktPublishing/Go-Programming-Cookbook-Second-Edition/
chapter12/kafkaflow
```

3. ~/projects/go-programming-cookbook-original/chapter12/kafkaflow에서 복사해 테스트하거나 이 코드를 예제로 여러분만의 코드를 작성해본다.
4. 카프카가 localhost:9092에서 실행 중인지 확인한다.
5. components.go라는 이름의 파일을 생성하고 다음 내용을 작성한다.

```
package kafkaflow

import (
```

```
    "fmt"
    "strings"
    flow "github.com/trustmaster/goflow"
)

// Upper는 대문자로 들어오는 문자열을 저장한다
type Upper struct {
    Val <-chan string
    Res chan<- string
}

// Process 함수는 입력 값을 루프로 처리하면서 입력 값의 대문자 문자열 버전을
// Res에 쓴다
func (e *Upper) Process() {
    for val := range e.Val {
        e.Res <- strings.ToUpper(val)
    }
}

// Printer는 표준 출력(stdout)에 출력하기 위한 컴포넌트다
type Printer struct {
    flow.Component
    Line <-chan string
}

// Process 함수는 현재 받은 라인(line)을 출력한다
func (p *Printer) Process() {
    for line := range p.Line {
        fmt.Println(line)
    }
}
```

6. network.go라는 이름의 파일을 생성하고 다음 내용을 작성한다.

```
package kafkaflow

import "github.com/trustmaster/goflow"

// NewUpperApp 함수는 컴포넌트들을 서로 연결한다
func NewUpperApp() *goflow.Graph {
    u := goflow.NewGraph()
```

```
    u.Add("upper", new(Upper))
    u.Add("printer", new(Printer))

    u.Connect("upper", "Res", "printer", "Line")
    u.MapInPort("In", "upper", "Val")

    return u
}
```

7. consumer라는 이름의 디렉터리에 main.go라는 이름의 파일을 생성하고 다음 내용을 작성한다.

```
package main

import (
    "github.com/PacktPublishing/Go-Programming-Cookbook-Second-Edition/chapter12/kafkaflow"
    sarama "github.com/Shopify/sarama"
    flow "github.com/trustmaster/goflow"
)

func main() {
    consumer, err := sarama.NewConsumer([]string{"localhost:9092"}, nil)
    if err != nil {
        panic(err)
    }
    defer consumer.Close()

    partitionConsumer, err := consumer.ConsumePartition("example", 0,
    sarama.OffsetNewest)
    if err != nil {
        panic(err)
    }
    defer partitionConsumer.Close()

    net := kafkaflow.NewUpperApp()

    in := make(chan string)
    net.SetInPort("In", in)

    wait := flow.Run(net)
```

```
    defer func() {
        close(in)
        <-wait
    }()

    for {
        msg := <-partitionConsumer.Messages()
        in <- string(msg.Value)
    }
}
```

8. '카프카와 Sarama 사용하기' 예제에서 producer 디렉터리를 복사한다.

9. `go run ./consumer` 명령을 실행한다.

10. 같은 디렉터리에서 별도의 터미널을 실행하고 `go run ./producer` 명령을 실행한다.

11. producer를 실행한 터미널에서 다음과 같은 결과를 확인할 수 있을 것이다.

```
$ go run ./producer
2017/05/07 18:24:12 > message "Message 0" sent to partition 0 at
offset 0
2017/05/07 18:24:12 > message "Message 1" sent to partition 0 at
offset 1
2017/05/07 18:24:12 > message "Message 2" sent to partition 0 at
offset 2
2017/05/07 18:24:12 > message "Message 3" sent to partition 0 at
offset 3
2017/05/07 18:24:12 > message "Message 4" sent to partition 0 at
offset 4
2017/05/07 18:24:12 > message "Message 5" sent to partition 0 at
offset 5
2017/05/07 18:24:12 > message "Message 6" sent to partition 0 at
offset 6
2017/05/07 18:24:12 > message "Message 7" sent to partition 0 at
offset 7
2017/05/07 18:24:12 > message "Message 8" sent to partition 0 at
offset 8
2017/05/07 18:24:12 > message "Message 9" sent to partition 0 at
offset 9
```

consumer를 실행한 터미널에서 다음과 같은 결과를 확인할 수 있을 것이다.

```
$ go run ./consumer
MESSAGE 0
MESSAGE 1
MESSAGE 2
MESSAGE 3
MESSAGE 4
MESSAGE 5
MESSAGE 6
MESSAGE 7
MESSAGE 8
MESSAGE 9
```

12. go.mod 파일이 업데이트됐을 것이며, 이제 go.sum 파일이 최상위 예제 디렉터리에 있을 것이다.

13. 코드를 복사하거나 테스트 코드를 직접 작성한 경우, 한 경로 위로 이동한 다음 go test 명령을 실행해 모든 테스트를 통과하는지 확인한다.

예제 분석

이 예제는 이전 예제들의 아이디어를 합쳤다. 이전 예제에서는 카프카 소비자와 생산자를 설정했다. 이번 예제는 '카프카와 Sarama 예제 사용하기' 예제의 동기 생산자synchronous producer를 사용하지만, 비동기 생산자를 대신 사용할 수도 있다. '데이터 흐름 프로그래밍에 Goflow 사용하기' 예제에서 했듯이, 메시지를 받으면 in 채널의 큐에 메시지를 추가한다. 들어오는 문자열을 Base64 인코딩하는 대신, 대문자로 변환하도록 컴포넌트를 수정했다. 출력 컴포넌트를 재사용했으며 네트워크 구성은 비슷하게 설정했다.

결과적으로 카프카 소비자를 통해 받은 메시지는 모두 흐름 기반flow-based 작업 파이프라인으로 전송된다. 이를 통해 파이프라인 컴포넌트를 모듈화하고 재사용할 수 있으며, 같은 컴포넌트를 다른 환경에서 여러 번 사용할 수 있다. 마찬가지로 카프카에 쓰는 모든 생산자로부터 트래픽을 수신하기 때문에 여러 생산자를 하나의 데이터 스트림에 연결할 수 있다.

Go로 GraphQL 서버 작성하기

GraphQL은 페이스북에서 제작한 REST의 대안이다(http://graphql.org/). 이 기술을 사용하면 서버는 스키마를 구현하고 게시할 수 있으며, 클라이언트는 서로 다른 다양한 API를 이해한 뒤 사용할 필요 없이, 필요한 정보를 요청할 수 있다.

이 예제를 위해 카드놀이 패^{deck}를 나타내는 Graphql 스키마를 생성할 것이다. 한 리소스 카드를 공개할 것인데, 이 카드는 카드의 패와 값으로 필터링할 수 있다. 매개변수가 지정되지 않은 경우에 이 스키마는 패의 모든 카드를 반환할 수 있다.

예제 구현

다음 단계는 애플리케이션을 작성하고 실행하는 방법을 설명한다.

1. 터미널이나 콘솔 프로그램에서 ~/projects/go-programming-cookbook/chapter12
/graphql이라는 이름의 새 디렉터리를 생성하고 이 디렉터리로 이동한다.
2. 다음 명령을 실행한다.

```
$ go mod init github.com/PacktPublishing/Go-Programming-Cookbook-Second-
Edition/chapter12/graphql
```

그러면 다음을 포함하는 go.mod라는 이름의 파일을 볼 수 있을 것이다.

```
module github.com/PacktPublishing/Go-Programming-Cookbook-Second-Edition/
chapter12/graphql
```

3. ~/projects/go-programming-cookbook-original/chapter12/graphql에서 복사해 테스트하거나 이 코드를 예제로 여러분만의 코드를 작성해본다.

4. cards라는 이름의 디렉터리를 생성하고 여기로 이동한다.

5. card.go라는 이름의 파일을 생성하고 다음 내용을 작성한다.

```go
package cards

// Card는 표준 카드놀이를 나타낸다
type Card struct {
    Value string
    Suit string
}

var cards []Card

func init() {
    cards = []Card{
        {"A", "Spades"}, {"2", "Spades"}, {"3", "Spades"},
        {"4", "Spades"}, {"5", "Spades"}, {"6", "Spades"},
        {"7", "Spades"}, {"8", "Spades"}, {"9", "Spades"},
        {"10", "Spades"}, {"J", "Spades"}, {"Q", "Spades"},
        {"K", "Spades"},
        {"A", "Hearts"}, {"2", "Hearts"}, {"3", "Hearts"},
        {"4", "Hearts"}, {"5", "Hearts"}, {"6", "Hearts"},
        {"7", "Hearts"}, {"8", "Hearts"}, {"9", "Hearts"},
        {"10", "Hearts"}, {"J", "Hearts"}, {"Q", "Hearts"},
        {"K", "Hearts"},
        {"A", "Clubs"}, {"2", "Clubs"}, {"3", "Clubs"},
        {"4", "Clubs"}, {"5", "Clubs"}, {"6", "Clubs"},
        {"7", "Clubs"}, {"8", "Clubs"}, {"9", "Clubs"},
        {"10", "Clubs"}, {"J", "Clubs"}, {"Q", "Clubs"},
        {"K", "Clubs"},
        {"A", "Diamonds"}, {"2", "Diamonds"}, {"3", "Diamonds"},
        {"4", "Diamonds"}, {"5", "Diamonds"}, {"6", "Diamonds"},
        {"7", "Diamonds"}, {"8", "Diamonds"}, {"9", "Diamonds"},
        {"10", "Diamonds"}, {"J", "Diamonds"}, {"Q", "Diamonds"},
        {"K", "Diamonds"},
    }
}
```

6. type.go라는 이름의 파일을 생성하고 다음 내용을 작성한다.

```go
package cards

import "github.com/graphql-go/graphql"

// CardType 함수는 card graphql 객체를 반환한다
func CardType() *graphql.Object {
    cardType := graphql.NewObject(graphql.ObjectConfig{
        Name: "Card",
        Description: "A Playing Card",
        Fields: graphql.Fields{
            "value": &graphql.Field{
                Type: graphql.String,
                Description: "Ace through King",
                Resolve: func(p graphql.ResolveParams)
                (interface{}, error) {
                    if card, ok := p.Source.(Card); ok {
                        return card.Value, nil
                    }
                    return nil, nil
                },
            },
            "suit": &graphql.Field{
                Type: graphql.String,
                Description: "Hearts, Diamonds, Clubs, Spades",
                Resolve: func(p graphql.ResolveParams)
                (interface{}, error) {
                    if card, ok := p.Source.(Card); ok {
                        return card.Suit, nil
                    }
                    return nil, nil
                },
            },
        },
    })
    return cardType
}
```

7. resolve.go라는 이름의 파일을 생성하고 다음 내용을 작성한다.

```
package cards

import (
    "strings"
    "github.com/graphql-go/graphql"
)

// Resolve 함수는 패(suit)와 값(value)으로 카드 필터링을 처리한다
func Resolve(p graphql.ResolveParams) (interface{}, error) {
    finalCards := []Card{}
    suit, suitOK := p.Args["suit"].(string)
    suit = strings.ToLower(suit)

    value, valueOK := p.Args["value"].(string)
    value = strings.ToLower(value)

    for _, card := range cards {
        if suitOK && suit != strings.ToLower(card.Suit) {
            continue
        }
        if valueOK && value != strings.ToLower(card.Value) {
            continue
        }

        finalCards = append(finalCards, card)
    }
    return finalCards, nil
}
```

8. schema.go라는 이름의 파일을 생성하고 다음 내용을 작성한다.

```
package cards

import "github.com/graphql-go/graphql"

// Setup 함수는 카드 스키마를 준비하고 반환한다
func Setup() (graphql.Schema, error) {
    cardType := CardType()
    // 스키마
    fields := graphql.Fields{
```

```go
            "cards": &graphql.Field{
                Type: graphql.NewList(cardType),
                Args: graphql.FieldConfigArgument{
                    "suit": &graphql.ArgumentConfig{
                        Description: "Filter cards by card suit
                        (hearts, clubs, diamonds, spades)",
                        Type: graphql.String,
                    },
                    "value": &graphql.ArgumentConfig{
                        Description: "Filter cards by card
                        value (A-K)",
                        Type: graphql.String,
                    },
                },
                Resolve: Resolve,
            },
        }

        rootQuery := graphql.ObjectConfig{Name: "RootQuery",
        Fields: fields}
        schemaConfig := graphql.SchemaConfig{Query:
        graphql.NewObject(rootQuery)}
        schema, err := graphql.NewSchema(schemaConfig)

        return schema, err
    }
```

9. graphql 디렉터리로 다시 이동한다.

10. example이라는 이름의 디렉터리를 생성하고 여기로 이동한다.

11. main.go라는 이름의 파일을 생성하고 다음 내용을 작성한다.

```go
package main

import (
    "encoding/json"
    "fmt"
    "log"

    "github.com/PacktPublishing/Go-Programming-Cookbook-Second-Edition/
chapter12/graphql/cards"
```

```go
        "github.com/graphql-go/graphql"
    )

    func main() {
        // 스키마를 가져온다
        schema, err := cards.Setup()
        if err != nil {
            panic(err)
        }

        // 요청한다
        query := `
        {
            cards(value: "A"){
                value
                suit
            }
        }`
        params := graphql.Params{Schema: schema, RequestString: query}
        r := graphql.Do(params)
        if len(r.Errors) > 0 {
            log.Fatalf("failed to execute graphql operation,
            errors: %+v", r.Errors)
        }
        rJSON, err := json.MarshalIndent(r, "", " ")
        if err != nil {
            panic(err)
        }
        fmt.Printf("%s \n", rJSON)
    }
```

12. go run main.go 명령을 실행한다.

13. 대신 다음 명령을 실행해도 된다.

```
$ go build
$ ./example
```

그러면 다음과 같은 결과를 확인할 수 있을 것이다.

```
$ go run main.go
{
    "data": {
        "cards": [
            {
                "suit": "Spades",
                "value": "A"
            },
            {
                "suit": "Hearts",
                "value": "A"
            },
            {
                "suit": "Clubs",
                "value": "A"
            },
            {
                "suit": "Diamonds",
                "value": "A"
            }
        ]
    }
}
```

14. 다음 명령과 같이 다른 요청을 테스트해본다.

    ○ cards(suit: "Spades")

    ○ cards(value: "3", suit:"Diamonds")[1]

15. go.mod 파일이 업데이트됐을 것이며, 이제 go.sum 파일이 최상위 예제 디렉터리에 있을 것이다.

16. 코드를 복사하거나 테스트 코드를 직접 작성한 경우, 한 경로 위로 이동한 다음 go test 명령을 실행해 모든 테스트를 통과하는지 확인한다.

---

1 main.go 파일에서 query 변수의 값을 변경해보면서 다시 실행해보자. – 옮긴이

예제 분석

cards.go 파일은 카드 객체를 정의하고 cards라는 이름의 전역 변수에 기본 카드 패를 초기화한다. 데이터베이스와 같은 장기 저장소에도 이 상태를 보관할 수 있다. 그런 다음, types.go 파일에 CardType을 정의해 graphql이 카드 객체로 응답할 수 있도록 설정한다. 이어서 resolve.go 파일로 이동해 값과 타입으로 카드를 필터링하는 방법을 정의한다. schema.go 파일에 정의한 최종 스키마에서 이 Resolve 함수를 사용한다.

필요에 따라서는 데이터베이스를 검색하기 위해 이 예제의 Resolve 함수를 수정할 수도 있다. 마지막으로 스키마를 불러와 이 스키마에 대해 쿼리를 실행한다. 적은 양의 수정을 통해 스키마를 REST 엔드포인트에 올렸지만, 코드의 간결성을 위해 하드코딩된 쿼리를 실행한다. http://graphql.org/learn/queries/에서 GraphQL 쿼리에 대한 더 자세한 내용을 참고할 수 있다.

13

서버리스 프로그래밍

13장은 서버리스 아키텍처^{serverless architecture}를 Go 언어와 함께 사용하는 방법에 중점을 둔다. 서버리스 아키텍처란 개발자가 백엔드 서버를 관리하지 않는 아키텍처를 말한다. 여기에는 구글 앱 엔진^{Google App Engine}, 파이어베이스^{Firebase} 등의 서비스가 포함된다. 이런 서비스를 통해 애플리케이션을 신속하게 배포하고 웹에 데이터를 저장할 수 있다.

이 장의 모든 예제는 요금이 청구되는 서드파티 서비스를 다룬다. 그렇기 때문에 사용을 완료한 후에는 요금이 청구되지 않도록 정리해야 한다. 아니면, 이 예제를 이런 플랫폼을 활용하는 좀 더 큰 애플리케이션을 위한 시작점이라 생각하자.

이 장에서 다루는 예제는 다음과 같다.

- Go와 구글 앱 엔진

- firebase.google.com/go 패키지를 활용한 파이어베이스 작업

⁝⁝ Go와 구글 앱 엔진

앱 엔진^{App Engine}은 웹 애플리케이션을 빠르게 배포할 수 있는 기능을 제공하는 구글의
서비스다. 앱 엔진을 사용하는 애플리케이션은 클라우드 저장소와 다양한 구글 API에
접근할 수 있다. 앱 엔진이 로드^{load}에 따라 쉽게 확장되고 앱 호스팅과 관련된 모든 운
영 관리를 간소화한다는 것이 기본 개념이다. 이번 예제는 기본적인 앱 엔진 애플리케
이션을 작성하고 선택적으로 이를 배포하는 방법을 살펴본다. 이 예제에서는 구글 클라
우드^{Google Cloud} 계정 설정, 결제 설정, 인스턴스 정리에 대한 세부 내용은 다루지 않는
다. 이 예제를 진행하기 위해서는 구글 클라우드 데이터베이스^{Google Cloud Database}(https://
cloud.google.com/datastore/docs/concepts/overview)에 접근할 수 있어야 한다.

준비

이 장의 모든 예제를 진행하기 위해서는 다음 단계에 따라 환경을 구성해야 한다.

1. https://golang.org/doc/install에서 여러분의 운영체제에 Go 1.11.1 이상의 버전을
   다운로드하고 설치한다.

2. https://cloud.google.com/appengine/docs/flexible/go/quickstart에서 구글 클라
   우드^{Google Cloud} SDK를 다운로드한다.

3. 데이터스토어^{DataStore}에 접근 가능하고 앱 이름을 기록할 수 있는 앱을 생성한다. 이
   예제에서는 go-cookbook을 사용한다.

4. `gcloud components install app-engine-go` 명령을 통해 Go 앱 엔진 컴포넌트를 설치
   한다.

5. 터미널이나 콘솔 프로그램을 열고 프로젝트 디렉터리(~/projects/go-programming-cookbook 등)
   를 생성한 후 해당 경로로 이동한다. 모든 코드는 이 디렉터리에서 실행되고 수정될
   것이다.

6. 최신 코드를 ~/projects/go-programming-cookbook-original 경로에 복제한다.

예제를 직접 입력하는 대신 이 디렉터리에서 작업할 것을 권장한다.

```
$ git clone git@github.com:PacktPublishing/Go-Programming-Cookbook-Second-
Edition.git go-programming-cookbook-original
```

예제 구현

다음 단계는 애플리케이션을 작성하고 실행하는 방법을 설명한다.

1. 터미널이나 콘솔 프로그램에서 ~/projects/go-programming-cookbook/chapter13
   /appengine이라는 이름의 새 디렉터리를 생성하고 이 디렉터리로 이동한다.

2. 다음 명령을 실행한다.

```
$ go mod init github.com/PacktPublishing/Go-Programming-Cookbook-Second-
Edition/chapter13/appengine
```

그러면 다음을 포함하는 go.mod라는 이름의 파일을 볼 수 있을 것이다.

```
module github.com/PacktPublishing/Go-Programming-Cookbook-Second-Edition/
chapter13/appengine
```

3. app.yml이라는 이름의 파일을 생성하고 아래 내용을 작성한 다음, '준비' 절에서 생
   성한 앱의 이름으로 go-cookbook 항목을 바꾼다.

```
runtime: go112

manual_scaling:
    instances: 1

#[START env_variables]
env_variables:
    GCLOUD_DATASET_ID: go-cookbook
#[END env_variables]
```

4. message.go라는 이름의 파일을 생성하고 다음 내용을 작성한다.

```go
package main

import (
    "context"
    "time"
    "cloud.google.com/go/datastore"
)

// Message는 저장할 객체다
type Message struct {
    Timestamp time.Time
    Message string
}

func (c *Controller) storeMessage(ctx context.Context, message string) error {
    m := &Message{
        Timestamp: time.Now(),
        Message: message,
    }

    k := datastore.IncompleteKey("Message", nil)
    _, err := c.store.Put(ctx, k, m)
    return err
}

func (c *Controller) queryMessages(ctx context.Context, limit int) ([]*Message, error) {
    q := datastore.NewQuery("Message").
    Order("-Timestamp").
    Limit(limit)
    messages := make([]*Message, 0)
    _, err := c.store.GetAll(ctx, q, &amp;amp;messages)
    return messages, err
}
```

5. controller.go라는 이름의 파일을 생성하고 다음 내용을 작성한다.

```go
package main
```

```go
import (
    "context"
    "fmt"
    "log"
    "net/http"
    "cloud.google.com/go/datastore"
)

// Controller는 저장소 및 기타 상태를 저장한다
type Controller struct {
    store *datastore.Client
}

func (c *Controller) handle(w http.ResponseWriter, r *http.Request) {
    if r.Method != http.MethodGet {
        http.Error(w, "invalid method",
        http.StatusMethodNotAllowed)
        return
    }

    ctx := context.Background()

    // 새 메시지를 저장한다
    r.ParseForm()
    if message := r.FormValue("message"); message != "" {
        if err := c.storeMessage(ctx, message); err != nil {
            log.Printf("could not store message: %v", err)
            http.Error(w, "could not store message",
            http.StatusInternalServerError)
            return
        }
    }

    // 현재 메시지를 가져와 보여준다
    fmt.Fprintln(w, "Messages:")
    messages, err := c.queryMessages(ctx, 10)
    if err != nil {
        log.Printf("could not get messages: %v", err)
        http.Error(w, "could not get messages",
        http.StatusInternalServerError)
        return
    }
```

```
        for _, message := range messages {
            fmt.Fprintln(w, message.Message)
        }
    }
```

6. main.go라는 이름의 파일을 생성하고 다음 내용을 작성한다.

```
package main

import (
    "log"
    "net/http"
    "os"

    "cloud.google.com/go/datastore"
    "golang.org/x/net/context"
    "google.golang.org/appengine"
)

func main() {
    ctx := context.Background()
    log.SetOutput(os.Stderr)

    // 프로덕션 환경에서 실행할 때 app.yaml에 다음 코드를 설정한다
    projectID := os.Getenv("GCLOUD_DATASET_ID")
    datastoreClient, err := datastore.NewClient(ctx, projectID)
    if err != nil {
        log.Fatal(err)
    }

    c := Controller{datastoreClient}

    http.HandleFunc("/", c.handle)
    port := os.Getenv("PORT")
    if port == "" {
        port = "8080"
        log.Printf("Defaulting to port %s", port)
    }
    log.Printf("Listening on port %s", port)
    log.Fatal(http.ListenAndServe(fmt.Sprintf(":%s", port), nil))
}
```

7. `gcloud config set project go-cookbook` 명령을 실행한다(여기서 go-cookbook은 '준비' 절에서 생성했던 프로젝트의 이름으로 대체한다).

8. `gcloud auth application-default login` 명령을 실행하고 나타나는 지시 사항을 따른다.

9. 윈도우에서는 환경 변수를 추가한다.

10. `export GCLOUD_DATASET_ID=go-cookbook` 명령을 실행한다(여기서 go-cookbook은 '준비' 절에서 생성했던 프로젝트의 이름으로 대체한다).

11. `go build` 명령을 실행한다.

12. `./appengine` 명령을 실행한다.

13. 웹 브라우저에서 http://localhost:8080/?message=hello there 주소로 이동한다.

14. 몇 가지 다른 메시지를 더 시도해본다(예: ?message=안녕).

15. `gcloud app deploy`를 사용해 선택적으로 앱을 인스턴스에 배포할 수 있다.

16. `gcloud app browse`를 사용해 배포된 앱으로 이동한다.

17. 다음 URL에서 선택적으로 appengine 인스턴스와 datastore를 정리한다.

    ○ https://console.cloud.google.com/datastore

    ○ https://console.cloud.google.com/appengine

18. go.mod 파일이 업데이트됐을 것이며, 이제 go.sum 파일이 최상위 예제 디렉터리에 있을 것이다.

19. 코드를 복사하거나 테스트 코드를 직접 작성한 경우, 한 경로 위로 이동한 다음 `go test` 명령을 실행해 모든 테스트를 통과하는지 확인한다.

예제 분석

클라우드 SDK가 애플리케이션을 가리키도록 설정하고 인증을 완료하면, GCloud 도구를 사용해 로컬 애플리케이션이 구글 서비스를 사용할 수 있도록 빠른 배포와 구성이 가능하다.

포트의 인증과 설정을 완료한 후 localhost에서 애플리케이션을 실행하고 나면 코드 작업을 시작할 수 있다. 애플리케이션은 데이터 저장소에서 저장하고 검색할 수 있는 메시지 객체를 정의한다. 이 예제는 이런 유형의 코드를 분리시키는 방법을 보여준다. 또한 이전 장에서와 마찬가지로 storage/database 인터페이스를 사용할 수도 있다.

다음으로, 데이터 저장소에 메시지를 삽입한 후 모든 메시지를 검색하고 브라우저에 보여주는 핸들러를 설정했다. 여기서는 기본적인 방명록과 비슷하게 생긴 화면을 보여준다. 모든 메시지가 바로 나타나는 것은 아니며, 메시지 파라미터 없이 페이지를 탐색하거나 다른 메시지를 보내면 다시 로드할 때 메시지가 나타난다.

끝으로, 더 이상 사용하지 않는 인스턴스를 정리했는지 확인한다.

⁘ firebase.google.com/go 패키지를 활용한 파이어베이스 작업

파이어베이스는 확장 가능하고 관리가 쉬운 데이터베이스를 생성할 수 있는 구글 클라우드 서비스의 한 종류다. 이 데이터베이스는 인증을 지원할 수 있으며 특히 모바일 애플리케이션에서 잘 동작한다. 이번 예제에서는 최신 파이어스토어Firestore를 데이터베이스 백엔드로 사용한다. 파이어베이스 서비스는 이 예제에서 다루는 내용보다 훨씬 더 많은 기능을 제공한다. 하지만 예제에서는 데이터를 저장하고 검색하는 기능만 살펴볼 것이다. 또한 애플리케이션의 인증을 설정하고 파이어베이스 클라이언트를 자체 사용자 정의 클라이언트로 래핑하는 방법도 살펴본다.

준비

다음 단계에 따라 환경을 구성해야 한다.

1. https://golang.org/doc/install에서 여러분의 운영체제에 Go 1.11.1 이상의 버전을 다운로드하고 설치한다.

2. https://console.firebase.google.com/에서 파이어베이스 계정, 프로젝트, 데이터베이스를 생성한다.

> **NOTE**
>
> 이 예제는 테스트 모드에서 실행하기 때문에 기본적으로 안전하지 않다는 점을 주의한다.

3. https://console.firebase.google.com/project/go-cookbook/settings/serviceaccounts/adminsdk로 이동해 서비스 관리자 토큰service admin token을 생성한다. 앞의 링크에서 go-cookbook은 여러분이 만든 프로젝트 이름으로 바꾼다.

4. 다운로드된 토큰을 /tmp/service_account.json으로 옮긴다.

5. 터미널이나 콘솔 프로그램을 열고 프로젝트 디렉터리(~/projects/go-programming-cookbook 등)를 생성한 후 해당 경로로 이동한다. 모든 코드는 이 디렉터리에서 실행되고 수정될 것이다.

6. 최신 코드를 ~/projects/go-programming-cookbook-original 경로에 복제한다. 예제를 직접 입력하는 대신 이 디렉터리에서 작업할 수 있다.

```
$ git clone git@github.com:PacktPublishing/Go-Programming-Cookbook-Second-
Edition.git go-programming-cookbook-original
```

예제 구현

다음 단계는 애플리케이션을 작성하고 실행하는 방법을 설명한다.

1. 터미널이나 콘솔 프로그램에서 ~/projects/go-programming-cookbook/chapter13
   /firebase라는 이름의 새 디렉터리를 생성하고 이 디렉터리로 이동한다.

2. 다음 명령을 실행한다.

   ```
   $ go mod init github.com/PacktPublishing/Go-Programming-Cookbook-Second-
   Edition/chapter13/firebase
   ```

   그러면 다음을 포함하는 go.mod라는 이름의 파일을 볼 수 있을 것이다.

   ```
   module github.com/PacktPublishing/Go-Programming-Cookbook-Second-Edition/
   chapter13/firebase
   ```

3. client.go라는 이름의 파일을 생성하고 다음 내용을 작성한다.

   ```go
   package firebase

   import (
       "context"
       "cloud.google.com/go/firestore"
       "github.com/pkg/errors"
   )

   // Client는 모의 테스트를 위한 인터페이스다
   type Client interface {
       Get(ctx context.Context, key string) (interface{}, error)
       Set(ctx context.Context, key string, value interface{}) error
       Close() error
   }

   // firestore.Client는 Get과 Set을 생성하는
   // Close()를 구현한다
   type firebaseClient struct {
       *firestore.Client
       collection string
   }

   func (f *firebaseClient) Get(ctx context.Context, key string) (interface{},
   error) {
       data, err := f.Collection(f.collection).Doc(key).Get(ctx)
   ```

```
    if err != nil {
        return nil, errors.Wrap(err, "get failed")
    }
    return data.Data(), nil
}

func (f *firebaseClient) Set(ctx context.Context, key string, value
interface{}) error {
    set := make(map[string]interface{})
    set[key] = value
    _, err := f.Collection(f.collection).Doc(key).Set(ctx, set)
    return errors.Wrap(err, "set failed")
}
```

4. auth.go라는 이름의 파일을 생성하고 다음 내용을 작성한다.

```
package firebase

import (
    "context"

    firebase "firebase.google.com/go"
    "github.com/pkg/errors"
    "google.golang.org/api/option"
)

// Authenticate 함수는
// https://console.firebase.google.com/project/go-cookbook/settings/
serviceaccounts/adminsdk에서 생성된
// service_account.json 파일을 사용해 oauth 범위를 가져온다
func Authenticate(ctx context.Context, collection string) (Client, error) {
    opt := option.WithCredentialsFile("/tmp/service_account.json")
    app, err := firebase.NewApp(ctx, nil, opt)
    if err != nil {
        return nil, errors.Wrap(err, "error initializing app")
    }

    client, err := app.Firestore(ctx)
    if err != nil {
        return nil, errors.Wrap(err, "failed to intialize filestore")
    }
    return &firebaseClient{Client: client, collection:
```

```
    collection}, nil
}
```

5. example이라는 이름의 디렉터리를 생성하고 여기로 이동한다.

6. main.go라는 이름의 파일을 생성하고 다음 내용을 작성한다.

```
package main

import (
    "context"
    "fmt"
    "log"
    "github.com/PacktPublishing/Go-Programming-Cookbook-Second-Edition/
chapter13/firebase"
)

func main() {
    ctx := context.Background()
    c, err := firebase.Authenticate(ctx, "collection")
    if err != nil {
        log.Fatalf("error initializing client: %v", err)
    }
    defer c.Close()

    if err := c.Set(ctx, "key", []string{"val1", "val2"}); err != nil {
        log.Fatalf(err.Error())
    }

    res, err := c.Get(ctx, "key")
    if err != nil {
        log.Fatalf(err.Error())
    }
    fmt.Println(res)

    if err := c.Set(ctx, "key2", []string{"val3", "val4"}); err != nil {
        log.Fatalf(err.Error())
    }
    res, err = c.Get(ctx, "key2")
    if err != nil {
        log.Fatalf(err.Error())
    }
```

```
        fmt.Println(res)
    }
```

7. `go run main.go` 명령을 실행한다.

8. `go build ./example` 명령을 대신 실행해도 된다. 그러면 다음과 같은 결과를 확인할
   수 있을 것이다.

```
$ go run main.go
[val1 val2]
[val3 val4]
```

9. go.mod 파일이 업데이트됐을 것이며, 이제 go.sum 파일이 최상위 예제 디렉터리에
   있을 것이다.

10. 코드를 복사하거나 테스트 코드를 직접 작성한 경우, 한 경로 위로 이동한 다음 go
    test 명령을 실행해 모든 테스트를 통과하는지 확인한다.

예제 분석

파이어베이스는 자격 증명credencials 파일로 로그인할 수 있는 편의 기능을 제공한다. 로
그인을 완료한 후에는 맵과 비슷한 객체를 저장할 수 있다. 예제에서는 map[string]
interface{}를 저장한다. 이 데이터는 웹과 모바일을 포함한 여러 클라이언트에서 사용
(접근)할 수 있다.

클라이언트 코드는 테스트의 용이성을 위해 인터페이스의 모든 동작을 래핑한다. 이 방
법은 클라이언트 코드를 작성할 때 일반적인 패턴이며 다른 예제에서도 사용한다. 이
예제에서는 키로 값을 저장하고 검색하는 Get과 Set 함수를 만든다. 또한 클라이언트를
사용하는 코드에서 close()를 지연 호출해 마지막에 연결을 정리할 수 있도록 Close()
함수를 공개(노출)한다.

14

성능 향상, 팁, 유용한 기법

14장은 애플리케이션을 최적화하고 병목 현상을 찾는 데 중점을 둔다. 이 내용은 기존의 애플리케이션에서 바로 사용할 수 있는 유용한 팁과 기법이다. 14장에서 소개하는 예제 중 다수는 여러분이나 여러분의 조직에서 완전히 재현 가능한 빌드가 필요할 때 필수적이다. 또한 애플리케이션의 성능을 벤치마킹할 때도 유용하다. 마지막 예제는 HTTP의 속도를 높이는 데 중점을 둔다. 하지만 웹 세계는 빠르게 바뀐다는 사실을 항상 명심하는 것이 중요하다. 따라서 모범 사례에 따라 코드를 업데이트하는 것이 좋다. 예를 들어, HTTP/2가 필요한 경우에는 1.6 버전 이상의 Go net/http 내장 패키지를 사용해 개발해야 한다.

이 장에서 다루는 예제는 다음과 같다.

- pprof 도구 사용하기

- 벤치마킹 및 병목 현상 찾기

- 메모리 할당과 힙heap 관리

- fasthttprouter와 fasthttp 사용하기

⠿ 기술적 요구 사항

이 장의 모든 예제를 진행하기 위해서는 다음 단계에 따라 환경을 구성해야 한다.

1. https://golang.org/doc/install에서 여러분의 운영체제에 Go 1.12.6 이상의 버전을 다운로드하고 설치한다.

2. 터미널이나 콘솔 프로그램을 열고 프로젝트 디렉터리(~/projects/go-programming-cookbook 등)를 생성한 후 해당 경로로 이동한다. 모든 코드는 이 디렉터리에서 실행되고 수정될 것이다.

3. 최신 코드를 ~/projects/go-programming-cookbook-original 경로에 복제한다. 예제를 직접 입력하는 대신 이 디렉터리에서 작업할 것을 권장한다.

```
$ git clone git@github.com:PacktPublishing/Go-Programming-Cookbook-Second-
Edition.git go-programming-cookbook-original
```

4. 선택적으로 https://www.graphviz.org/에서 Graphviz를 설치한다.

⠿ pprof 도구 사용하기

pprof를 사용하면 Go 애플리케이션에서 런타임에 프로파일링 데이터를 수집하고 내보낼 수 있다. 웹 인터페이스에서 도구를 사용하기 위한 웹훅webhook도 제공한다. 이 예제는 일반 텍스트 암호와 bcrypt-hashed 암호를 비교해 확인하는 기본적인 애플리케이션을 만든 다음, 애플리케이션을 프로파일링한다.

11장, '분산 시스템'에서 여러 자료 수집 및 모니터링 방법과 함께 pprof 도구를 다룰 것으로 예상했을지도 모른다. 하지만 그 대신, pprof 도구가 벤치마킹에서 사용하는 것과 동일한 방법으로 프로그램을 분석하고 개선하는 데 사용될 것이므로 이 장에 넣었다. 결과적으로, 이 예제는 애플리케이션의 메모리 사용량을 분석하고 개선하는 데 pprof를 사용하는 방법에 중점을 둔다.

예제 구현

다음 단계는 애플리케이션을 작성하고 실행하는 방법을 설명한다.

1. 터미널이나 콘솔 프로그램에서 ~/projects/go-programming-cookbook/chapter14
/pprof라는 이름의 새 디렉터리를 생성하고 이 디렉터리로 이동한다.

2. 다음 명령을 실행한다.

```
$ go mod init github.com/PacktPublishing/Go-Programming-Cookbook-Second-
Edition/chapter14/pprof
```

그러면 다음을 포함하는 go.mod라는 이름의 파일을 볼 수 있을 것이다.

```
module github.com/PacktPublishing/Go-Programming-Cookbook-Second-Edition/
chapter14/pprof
```

3. ~/projects/go-programming-cookbook-original/chapter14/pprof에서 복사해 테
스트하거나 이 코드를 예제로 여러분만의 코드를 작성해본다.

4. crypto라는 이름의 디렉터리를 생성하고 여기로 이동한다.

5. handler.go라는 이름의 파일을 생성하고 다음 내용을 작성한다.

```go
package crypto

import (
    "net/http"

    "golang.org/x/crypto/bcrypt"
)

// GuessHandler 함수는 ?message=password 매개변수의 값을 확인한다
func GuessHandler(w http.ResponseWriter, r *http.Request) {
    if err := r.ParseForm(); err != nil{
        // 폼 객체를 파싱(해석)할 수 없는 경우
        // 형식이 잘못됐다고 가정한다
        w.WriteHeader(http.StatusBadRequest)
```

```
        w.Write([]byte("error reading guess"))
        return
    }

    msg := r.FormValue("message")

    // "암호(password)"
    real :=
    []byte("$2a$10$2ovnPWuIjMx2S0HvCxP/mutzdsGhyt8rq/
    JqnJg/6OyC3B0APMGlK")

    if err := bcrypt.CompareHashAndPassword(real, []byte(msg));
    err != nil {
        w.WriteHeader(http.StatusBadRequest)
        w.Write([]byte("try again"))
        return
    }

    w.WriteHeader(http.StatusOK)
    w.Write([]byte("you got it"))
    return
}
```

6. 디렉터리를 한 단계 위로 이동한다.

7. example이라는 이름의 디렉터리를 생성하고 여기로 이동한다.

8. main.go라는 이름의 파일을 생성하고 다음 내용을 작성한다.

```
package main

import (
    "fmt"
    "log"
    "net/http"
    _ "net/http/pprof"

    "github.com/PacktPublishing/Go-Programming-Cookbook-Second-Edition/
chapter14/pprof/crypto"
)

func main() {
```

```
        http.HandleFunc("/guess", crypto.GuessHandler)
        fmt.Println("server started at localhost:8080")
        log.Panic(http.ListenAndServe("localhost:8080", nil))
    }
```

9. go run main.go 명령을 실행한다.

10. 대신 다음 명령을 실행해도 된다.

```
$ go build
$ ./example
```

   그러면 다음과 같은 결과를 확인할 수 있을 것이다.

```
$ go run main.go
server started at localhost:8080
```

11. 별도의 터미널을 열고 다음 명령을 실행한다.

```
$ go tool pprof http://localhost:8080/debug/pprof/profile
```

12. 30초 후에 실행될 것이다.

13. pprof가 실행되는 동안 curl 명령을 여러 번 실행한다.

```
$ curl "http://localhost:8080/guess?message=test"
try again
$curl "http://localhost:8080/guess?message=password"
you got it
 .
 .
 .
 .
$curl "http://localhost:8080/guess?message=password"
you got it
```

14. pprof 명령으로 돌아가서 완료될 때까지 기다린다.

15. pprof 프롬프트에서 top10 명령을 실행한다.

```
(pprof) top 10
930ms of 930ms total ( 100%)
Showing top 10 nodes out of 15 (cum >= 930ms)
flat flat% sum% cum cum%
870ms 93.55% 93.55% 870ms 93.55%
golang.org/x/crypto/blowfish.encryptBlock
30ms 3.23% 96.77% 900ms 96.77%
golang.org/x/crypto/blowfish.ExpandKey
30ms 3.23% 100% 30ms 3.23% runtime.memclrNoHeapPointers
0 0% 100% 930ms 100% github.com/agtorre/gocookbook/
chapter13/pprof/crypto.GuessHandler
0 0% 100% 930ms 100%
golang.org/x/crypto/bcrypt.CompareHashAndPassword
0 0% 100% 30ms 3.23% golang.org/x/crypto/bcrypt.base64Encode
0 0% 100% 930ms 100% golang.org/x/crypto/bcrypt.bcrypt
0 0% 100% 900ms 96.77%
golang.org/x/crypto/bcrypt.expensiveBlowfishSetup
0 0% 100% 930ms 100% net/http.(*ServeMux).ServeHTTP
0 0% 100% 930ms 100% net/http.(*conn).serve
```

16. Graphviz를 설치했거나 이를 지원하는 브라우저가 있는 경우에는 pprof 프롬프트
    에서 web 명령을 실행한다. 그러면 다음 그림과 비슷한 화면을 볼 수 있을 것이다(오른
    쪽의 빨간색 상자 체인은 훨씬 더 길게 보일 것이다).

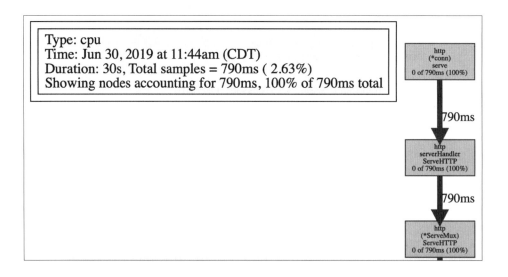

17. go.mod 파일이 업데이트됐을 것이며, 이제 go.sum 파일이 최상위 예제 디렉터리에 있을 것이다.

18. 코드를 복사하거나 테스트 코드를 직접 작성한 경우, 한 경로 위로 이동한 다음 go test 명령을 실행해 모든 테스트를 통과하는지 확인한다.

예제 분석

pprof 도구는 애플리케이션에 대한 다양한 런타임 정보를 제공한다. 일반적으로 net/pprof 패키지를 사용하는 것이 구성하는 데 가장 간단한 방법이다(필요한 작업은 포트에서 대기하고 임포트하는 것이 전부다).

예제에서는 pprof를 활용해 프로파일링을 할 때 분명하게 볼 수 있도록 계산량이 많은 애플리케이션(bcrypt)을 사용하는 핸들러를 작성했다. 이렇게 하면 애플리케이션에서 병목 현상을 발생시키는 코드를 빠르게 분리할 수 있다.

pprof가 30초 동안 애플리케이션 엔드포인트를 살피면서 일반적인 프로파일 데이터를 수집했다. 그런 다음, 결과 생성에 도움을 주기 위해 엔드포인트에 대한 트래픽을 발생시켰다. 이 방법은 단일 핸들러나 코드 분기를 확인하려는 경우에 유용하다.

마지막으로 CPU 사용량 측면에서 상위 열 개의 함수를 살펴봤다. pprof http://localhost:8080/debug/pprof/heap 명령을 통해 메모리/힙 관리를 살펴볼 수도 있다. pprof 콘솔의 web 명령을 사용하면, CPU/메모리 프로파일 결과를 시각화해 살펴보고 좀 더 활동적인 코드를 강조하는 데 도움을 줄 수 있다

⁝⁝⁝ 벤치마킹 및 병목 현상 찾기

코드의 느린 부분을 확인하는 다른 방법은 벤치마크를 사용하는 것이다. 벤치마크를 사용하면 함수를 평균 성능과 비교해 테스트할 수 있으며, 병렬로 벤치마크를 실행할 수도 있다. 여러 함수를 비교하거나 특정 코드에 대한 세부 최적화를 진행할 때 유용하고,

특히 함수를 동시에 사용할 때 함수가 어떻게 동작하는지를 확인하는 데 유용하다. 이 예제에서는 원자적 카운터atomic counter를 구현하는 두 개의 구조체를 생성한다. 첫 번째는 sync 패키지를 사용하고, 두 번째는 sync/atomic 패키지를 사용한다. 그런 다음, 두 솔루션을 벤치마킹한다.

예제 구현

다음 단계는 애플리케이션을 작성하고 실행하는 방법을 설명한다.

1. 터미널이나 콘솔 프로그램에서 ~/projects/go-programming-cookbook/chapter14 /bench라는 이름의 새 디렉터리를 생성하고 이 디렉터리로 이동한다.

2. 다음 명령을 실행한다.

```
$ go mod init github.com/PacktPublishing/Go-Programming-Cookbook-Second-
Edition/chapter14/bench
```

그러면 다음을 포함하는 go.mod라는 이름의 파일을 볼 수 있을 것이다.

```
module github.com/PacktPublishing/Go-Programming-Cookbook-Second-Edition/
chapter14/bench
```

3. ~/projects/go-programming-cookbook-original/chapter14/bench에서 복사해 테스트하거나 이 코드를 예제로 여러분만의 코드를 작성해본다.

NOTE

복사한 테스트에는 이 예제에서 나중에 작성한 벤치마크도 포함된다는 점을 주의한다.

4. lock.go라는 이름의 파일을 생성하고 다음 내용을 작성한다.

```
package bench
```

```
import "sync"

// Counter는 sync.RWMutex를 사용해 안전하게 값을 변경한다
type Counter struct {
    value int64
    mu *sync.RWMutex
}

// Add 함수는 카운터를 증가시킨다
func (c *Counter) Add(amount int64) {
    c.mu.Lock()
    c.value += amount
    c.mu.Unlock()
}

// Read 함수는 현재 카운터의 양을 반환한다
func (c *Counter) Read() int64 {
    c.mu.RLock()
    defer c.mu.RUnlock()
    return c.value
}
```

5. atomic.go라는 이름의 파일을 생성하고 다음 내용을 작성한다.

```
package bench

import "sync/atomic"

// AtomicCounter는 atomic 패키지를 사용해
// 원자적 락을 구현한다
type AtomicCounter struct {
    value int64
}

// Add 함수는 카운터를 증가시킨다
func (c *AtomicCounter) Add(amount int64) {
    atomic.AddInt64(&c.value, amount)
}

// Read 함수는 현재 카운터의 양을 반환한다
func (c *AtomicCounter) Read() int64 {
    var result int64
```

```
        result = atomic.LoadInt64(&c.value)
        return result
    }
```

6. lock_test.go라는 이름의 파일을 생성하고 다음 내용을 작성한다.

```
package bench

import (
    "sync"
    "testing"
)

func BenchmarkCounterAdd(b *testing.B) {
    c := Counter{0, &sync.RWMutex{}}
    for n := 0; n < b.N; n++ {
        c.Add(1)
    }
}

func BenchmarkCounterRead(b *testing.B) {
    c := Counter{0, &sync.RWMutex{}}
    for n := 0; n < b.N; n++ {
        c.Read()
    }
}

func BenchmarkCounterAddRead(b *testing.B) {
    c := Counter{0, &sync.RWMutex{}}
    b.RunParallel(func(pb *testing.PB) {
        for pb.Next() {
            c.Add(1)
            c.Read()
        }
    })
}
```

7. atomic_test.go라는 이름의 파일을 생성하고 다음 내용을 작성한다.

```
package bench
```

```
import "testing"

func BenchmarkAtomicCounterAdd(b *testing.B) {
    c := AtomicCounter{0}
    for n := 0; n < b.N; n++ {
        c.Add(1)
    }
}

func BenchmarkAtomicCounterRead(b *testing.B) {
    c := AtomicCounter{0}
    for n := 0; n < b.N; n++ {
        c.Read()
    }
}

func BenchmarkAtomicCounterAddRead(b *testing.B) {
    c := AtomicCounter{0}
    b.RunParallel(func(pb *testing.PB) {
        for pb.Next() {
            c.Add(1)
            c.Read()
        }
    })
}
```

8. `go test -bench .` 명령을 실행하면 다음과 같은 결과를 확인할 수 있을 것이다.

```
$ go test -bench .
BenchmarkAtomicCounterAdd-4 200000000 8.38 ns/op
BenchmarkAtomicCounterRead-4 1000000000 2.09 ns/op
BenchmarkAtomicCounterAddRead-4 50000000 24.5 ns/op
BenchmarkCounterAdd-4 50000000 34.8 ns/op
BenchmarkCounterRead-4 20000000 66.0 ns/op
BenchmarkCounterAddRead-4 10000000 146 ns/op
PASS
ok github.com/PacktPublishing/Go-Programming-Cookbook-Second-
Edition/chapter14/bench 10.919s
```

9. 코드를 복사하거나 테스트 코드를 직접 작성한 경우, 한 경로 위로 이동한 다음 go
test 명령을 실행해 모든 테스트를 통과하는지 확인한다.

예제 분석

이 예제는 중요한 코드 경로를 비교하는 예를 보여준다. 때로는 애플리케이션에서 특정 기능을 자주, 또는 매번 실행해야 하는 경우가 있다. 예제에서는 이를 위해 고루틴에서 값을 더하거나 읽을 수 있는 원자적 카운터를 작성했다.

첫 번째 솔루션은 RWMutex와 Lock 또는 RLock 객체를 각각 사용해 값을 쓰고 읽는다. 두 번째 솔루션은 기본 패키지와 동일한 기능을 제공하는 atomic 패키지를 사용한다. 벤치마크를 조금만 수정해 재사용할 수 있고 동일한 atomic integer 인터페이스를 만족시킬 수 있도록 함수의 서명을 동일하게 만들었다.

마지막으로, 값을 더하고 읽는 표준 벤치마크를 작성한다. 그런 다음, Add와 Read 함수를 호출하는 병렬 벤치마크를 작성한다. 병렬 벤치마크는 락^{lock} 경합이 많이 발생하기 때문에 속도 저하를 예상할 수 있다. 뜻밖에도 atomic 패키지가 RWMutex보다 성능이 훨씬 더 뛰어났다.

⫶⫶⫶ 메모리 할당과 힙 관리

일부 애플리케이션은 최적화를 통해 많은 이득을 얻을 수 있으며, 이후 예제에서 살펴볼 라우터를 그 예로 들 수 있다. 다행히 벤치마크 제품군은 메모리 할당 크기뿐 아니라 메모리 할당 횟수를 수집하는 옵션을 제공한다. 이 두 가지 항목을 최소화할 때는 특정 코드 경로를 조정하는 것이 도움이 될 수 있다.

이 예제는 strings.Join("a", "b", "c")와 비슷하게 공백과 함께 여러 문자열을 합치는 함수를 작성하는 두 가지 방법을 보여준다. 하나는 문자열 연결^{string concatenation}을 사용하고, 다른 하나는 strings 패키지를 사용한다. 그런 다음, 둘 사이의 성능과 메모리 할당을 비교한다.

예제 구현

다음 단계는 애플리케이션을 작성하고 실행하는 방법을 설명한다.

1. 터미널이나 콘솔 프로그램에서 ~/projects/go-programming-cookbook/chapter14 /tuning이라는 이름의 새 디렉터리를 생성하고 이 디렉터리로 이동한다.

2. 다음 명령을 실행한다.

```
$ go mod init github.com/PacktPublishing/Go-Programming-Cookbook-Second-
Edition/chapter14/tuning
```

그러면 다음을 포함하는 go.mod라는 이름의 파일을 볼 수 있을 것이다.

```
module github.com/PacktPublishing/Go-Programming-Cookbook-Second-Edition/
chapter14/tuning
```

3. ~/projects/go-programming-cookbook-original/chapter14/tuning에서 복사해 테스트하거나 이 코드를 예제로 여러분만의 코드를 작성해본다.

> **NOTE**
>
> 복사한 테스트에는 이 예제에서 나중에 작성한 벤치마크도 포함된다는 점을 주의한다.

4. concat.go라는 이름의 파일을 생성하고 다음 내용을 작성한다.

```go
package tuning

func concat(vals ...string) string {
    finalVal := ""
    for i := 0; i < len(vals); i++ {
        finalVal += vals[i]
        if i != len(vals)-1 {
            finalVal += " "
        }
    }
    return finalVal
```

```
    }
```

5. join.go라는 이름의 파일을 생성하고 다음 내용을 작성한다.

```
package tuning

import "strings"

func join(vals ...string) string {
    c := strings.Join(vals, " ")
    return c
}
```

6. concat_test.go라는 이름의 파일을 생성하고 다음 내용을 작성한다.

```
package tuning

import "testing"

func Benchmark_concat(b *testing.B) {

    b.Run("one", func(b *testing.B) {
        one := []string{"1"}
        for i := 0; i < b.N; i++ {
            concat(one...)
        }
    })

    b.Run("five", func(b *testing.B) {
        five := []string{"1", "2", "3", "4", "5"}
        for i := 0; i < b.N; i++ {
            concat(five...)
        }
    })

    b.Run("ten", func(b *testing.B) {
        ten := []string{"1", "2", "3", "4", "5",
        "6", "7", "8", "9", "10"}
        for i := 0; i < b.N; i++ {
            concat(ten...)
```

```
            }
        })
    }
```

7. join_test.go라는 이름의 파일을 생성하고 다음 내용을 작성한다.

```
package tuning

import "testing"

func Benchmark_join(b *testing.B) {

    b.Run("one", func(b *testing.B) {
        one := []string{"1"}
        for i := 0; i < b.N; i++ {
            join(one...)
        }
    })

    b.Run("five", func(b *testing.B) {
        five := []string{"1", "2", "3", "4", "5"}
        for i := 0; i < b.N; i++ {
            join(five...)
        }
    })

    b.Run("ten", func(b *testing.B) {
        ten := []string{"1", "2", "3", "4", "5",
        "6", "7", "8", "9", "10"}
        for i := 0; i < b.N; i++ {
            join(ten...)
        }
    })
}
```

8. GOMAXPROCS=1 go test -bench=. -benchmem -benchtime=1s 명령을 실행하면 다음과 같은 결과를 확인할 수 있을 것이다.

```
$ GOMAXPROCS=1 go test -bench=. -benchmem -benchtime=1s
Benchmark_concat/one 100000000 13.6 ns/op 0 B/op 0 allocs/op
```

```
Benchmark_concat/five 5000000 386 ns/op 48 B/op 8 allocs/op
Benchmark_concat/ten 2000000 992 ns/op 256 B/op 18 allocs/op
Benchmark_join/one 200000000 6.30 ns/op 0 B/op 0 allocs/op
Benchmark_join/five 10000000 124 ns/op 32 B/op 2 allocs/op
Benchmark_join/ten 10000000 183 ns/op 64 B/op 2 allocs/op
PASS
ok github.com/PacktPublishing/Go-Programming-Cookbook-Second-
Edition/chapter14/tuning 12.003s
```

9. 코드를 복사하거나 테스트 코드를 직접 작성한 경우, go test 명령을 실행해 모든 테
   스트를 통과하는지 확인한다.

예제 분석

벤치마킹은 애플리케이션을 조정하고 메모리 할당과 같은 세부 최적화를 진행하는 데
도움을 준다. 입력이 있는 애플리케이션에 대한 할당을 벤치마킹할 때는 입력이 할당에
영향을 미치는지 여부를 확인하기 위해 다양한 크기의 입력을 시도해보는 것이 중요하
다. 예제에서는 concat과 join이라는 두 개의 함수를 작성했다. 두 함수 모두 가변 문자
열 매개변수를 공백white space과 함께 합치기 때문에 매개변수 (a, b, c)는 문자열 a b c
를 반환한다.

concat 함수의 접근 방법은 문자열 연결을 통해 문자열을 합친다. 문자열을 생성하고
for 루프에서 목록에 있는 문자열과 공백을 추가한다. 마지막 루프에서는 공백을 추가
하지 않는다. join 함수는 내부에서 Strings.Join 함수를 사용해 문자열을 합치기 때문
에 대부분의 경우에서 훨씬 더 효율적으로 작업을 처리한다. 직접 구현한 함수를 표준
라이브러리와 비교해 벤치마킹하면 성능, 단순성, 기능성에 대한 장단점을 좀 더 잘 이
해하는 데 도움이 될 수 있다.

서브 벤치마크sub-benchmark를 사용해 모든 매개변수를 테스트했으며, 이는 테스트 기반
벤치마크에서도 훌륭하게 동작한다. 적어도 단일 길이의 입력에 대해 concat 함수의 방
식이 join 함수의 방식보다 훨씬 더 많은 할당을 발생시킨다는 것을 확인할 수 있었다.
가변 길이의 입력 문자열과 여러 매개변수를 사용해 벤치마크를 시도해보는 것이 좋다.

⁝⁝⁝ fasthttprouter와 fasthttp 사용하기

Go 표준 라이브러리는 HTTP 서버를 실행하는 데 필요한 모든 기능을 제공하지만, 라우팅과 요청 시간 같은 추가 최적화가 필요한 경우가 있다. 이 예제는 요청 처리 속도를 높여주는 fasthttp(https://github.com/valyala/fasthttp)라는 이름의 라이브러리와 라우팅 성능을 크게 향상시키는 fasthttprouter(https://github.com/buaazp/fasthttprouter)라는 이름의 라우터를 살펴본다. fasthttp는 빠르지만, HTTP/2(https://github.com/valyala/fasthttp/issues/45)를 지원하지 않는다는 점에 주의해야 한다.

예제 구현

다음 단계는 애플리케이션을 작성하고 실행하는 방법을 설명한다.

1. 터미널이나 콘솔 프로그램에서 ~/projects/go-programming-cookbook/chapter14 /fastweb이라는 이름의 새 디렉터리를 생성하고 이 디렉터리로 이동한다.

2. 다음 명령을 실행한다.

```
$ go mod init github.com/PacktPublishing/Go-Programming-Cookbook-Second-
Edition/chapter14/fastweb
```

그러면 다음을 포함하는 go.mod라는 이름의 파일을 볼 수 있을 것이다.

```
module github.com/PacktPublishing/Go-Programming-Cookbook-Second-Edition/
chapter14/fastweb
```

3. ~/projects/go-programming-cookbook-original/chapter14/fastweb에서 복사해 테스트하거나 이 코드를 예제로 여러분만의 코드를 작성해본다.

4. items.go라는 이름의 파일을 생성하고 다음 내용을 작성한다.

```go
package main

import (
    "sync"
)

var items []string
var mu *sync.RWMutex

func init() {
    mu = &sync.RWMutex{}
}

// AddItem 함수는 스레드 안전한 방식으로
// 목록에 항목(item)을 추가한다
func AddItem(item string) {
    mu.Lock()
    items = append(items, item)
    mu.Unlock()
}

// ReadItems 함수는 스레드 안전한 방식으로
// 항목의 목록을 반환한다
func ReadItems() []string {
    mu.RLock()
    defer mu.RUnlock()
    return items
}
```

5. handlers.go라는 이름의 파일을 생성하고 다음 내용을 작성한다.

```go
package main

import (
    "encoding/json"
    "github.com/valyala/fasthttp"
)

// GetItems 함수는 items 객체를 반환한다
func GetItems(ctx *fasthttp.RequestCtx) {
```

```
        enc := json.NewEncoder(ctx)
        items := ReadItems()
        enc.Encode(&items)
        ctx.SetStatusCode(fasthttp.StatusOK)
    }

    // AddItems 함수는 배열을 수정한다
    func AddItems(ctx *fasthttp.RequestCtx) {
        item, ok := ctx.UserValue("item").(string)
        if !ok {
            ctx.SetStatusCode(fasthttp.StatusBadRequest)
            return
        }

        AddItem(item)
        ctx.SetStatusCode(fasthttp.StatusOK)
    }
```

6. main.go라는 이름의 파일을 생성하고 다음 내용을 작성한다.

```
    package main

    import (
        "fmt"
        "log"

        "github.com/buaazp/fasthttprouter"
        "github.com/valyala/fasthttp"
    )

    func main() {
        router := fasthttprouter.New()
        router.GET("/item", GetItems)
        router.POST("/item/:item", AddItems)
        fmt.Println("server starting on localhost:8080")
        log.Fatal(fasthttp.ListenAndServe("localhost:8080", router.Handler))
    }
```

7. go build 명령을 실행한다.

8. ./fastweb 명령을 실행한다.

```
$ ./fastweb
server starting on localhost:8080
```

9. 별도의 터미널을 열고 curl 명령을 실행해 테스트한다.

```
$ curl "http://localhost:8080/item/hi" -X POST

$ curl "http://localhost:8080/item/how" -X POST

$ curl "http://localhost:8080/item/are" -X POST

$ curl "http://localhost:8080/item/you" -X POST

$ curl "http://localhost:8080/item" -X GET
["hi","how", "are", "you"]
```

10. go.mod 파일이 업데이트됐을 것이며, 이제 go.sum 파일이 최상위 예제 디렉터리에 있을 것이다.

11. 코드를 복사하거나 테스트 코드를 직접 작성한 경우, go test 명령을 실행해 모든 테스트를 통과하는지 확인한다.

예제 분석

fasthttp와 fasthttprouter 패키지는 웹 요청의 속도를 향상시키는 데 필요한 많은 기능을 제공한다. 두 패키지 모두 중요한 코드 경로에 대한 많은 최적화를 처리하지만, 안타깝게도 기존 방식의 요청 및 응답 writer 대신 새로운 방식의 context 객체를 사용하도록 핸들러를 다시 작성해야 한다.

라우팅과 비슷한 방식을 사용하는 다양한 프레임워크가 존재하며, 일부 프레임워크는 fasthttp를 직접 통합한다. 이런 프로젝트는 README 파일에 최신 정보를 유지한다.

예제에서는 한 엔드포인트에 추가할 수 있고 다른 엔드포인트에서 반환할 수 있는 간단한 리스트 객체를 구현했다. 이 예제의 주된 목적은 이 두 패키지가 표준 핸들러와 비슷하지만 다양한 이점을 제공한다는 점을 보여주는 데 있다. 이를 위해 매개변수를 사용해 작업하는 방법과 제네릭 Handle 및 HandleFunc 대신에 지원되는 함수를 명시적으로 정의하는 라우터를 설정하는 방법을 살펴봤다.

찾아보기

ㄱ

고루틴　179
관계형 데이터베이스　203
교착 상태　366
구글 앱 엔진　455
구조체 태그　089

ㄴ

네트워크 프로그래밍　173

ㄷ

대기 그룹　351
데이터 스트림　425
도커　404
동작 기반 개발　349
동작 테스트　344

ㄹ

레코드　053
로깅　150
리버스 프록시 애플리케이션　308
리플렉션　128

ㅁ

마샬링　052
마이크로서비스　155
메모리/힙 관리　475

메트릭　308
명령줄 매개변수　065
명령줄 애플리케이션　065
모의 객체　329
모의 테스트　324
뮤텍스　184
미들웨어　308

ㅂ

반응형 프로그래밍　425
벤치마크　475
병목 현상　469
분산 시스템　389
비관계형 데이터베이스　203

ㅅ

서버리스 아키텍처　455
스레드 안전성　035
스택 추적　150
스트리밍 애플리케이션　040
스트림　029
신호　093

ㅇ

암호화 워커　376
엔드 투 엔드 테스트　349
연결 풀　210
연결 풀링　210

오류 처리　141
오케스트레이션　389
워커 풀　351
워커 풀 디자인 패턴　371
워커 프로세스　356
웹소켓　173, 188
웹 핸들러　282
웹훅　470
유닉스 파이프　090
유효성 검사　298
의존성 관리　414
인메모리 데이터　029
인코딩　052
인터페이스 리플렉션　107
일급 객체　269

ㅈ

저장소　203
지연 호출　171
직렬화　135

ㅊ

채널　096
출력 상세도 수준　071

ㅋ

카프카　425
컨테이너화　389
쿠키　264
클로저　101
키-값 저장소　203

ㅌ

타입 시스템　101
테스트　056

테이블 기반 테스트　324
템플릿　056
트랜잭션　210

ㅍ

파이어베이스　455
파이프라인　382
패닉　168
페어 프로그래밍　349
프로메테우스　415

ㅎ

환경 변수　077

B

Base64 인코딩　128
BDD　349
Behavior-Driven Development　349
BSON　230

C

closure　101
connection pooling　210
cookie　264
CPU/메모리 프로파일　475
CPU 사용량　475
CSV 포맷　029

D

data stream　425
deadlock　366
dependency management　414
DNS　173
DNS 조회　184

done 채널　096

mutex　184

E

Error 인터페이스　141

F

Firebase　455

G

Gob 인코딩　128
Google App Engine　455
Go 인터페이스　029
Go 표준 템플릿　029
Go 프로세스　123
GraphQL　446
GRPC　123, 270

I

InfluxDB　420
io.Reader　031
io.Writer 인터페이스　031
I/O 인터페이스　030

J

JSON　066

K

Kafka　425

M

marshaling　052
metric　308

O

OAuth2　252
orchestration　389

P

pair programming　349
Prometheus　415

R

reactive programming　425
record　053
Redis　220
REST　173
REST API　243
RPC　123, 173
RRPC　173

S

serverless architecture　455
signal　093
stack trace　150
stream　029
struct tag　089

T

TCP/IP　173
template　056
thread safe　035
TOML　066

U

UDP   173

W

wait group   351
web handler   282
webhook   470
WebSocket   173
worker process   356

Y

YAML   066

GO 프로그래밍 쿡북 2/e

다양한 Golang 애플리케이션을 만드는 85가지 레시피

발 행 | 2022년 3월 21일

지은이 | 애런 토레스
옮긴이 | 장 세 윤

펴낸이 | 권 성 준
편집장 | 황 영 주
편 집 | 조 유 나
　　　　 김 진 아
디자인 | 윤 서 빈

에이콘출판주식회사
서울특별시 양천구 국회대로 287 (목동)
전화 02-2653-7600, 팩스 02-2653-0433
www.acornpub.co.kr / editor@acornpub.co.kr

한국어판 ⓒ 에이콘출판주식회사, 2022, Printed in Korea.
ISBN 979-11-6175-615-8
http://www.acornpub.co.kr/book/go-cookbook-2e

책값은 뒤표지에 있습니다.